Meinen Kraftort finden

Urania

Wulfing von Rohr

Meinen Kraftort finden

Mythen, Botschaften, Hilfen

Mit 48 Farbkarten von Marlena Lewandowska

Mit Hinweisen auf 100 Kraftorte
in Deutschland, Österreich und der Schweiz

Urania

Originalausgabe
1. Auflage 2006

ISBN 10: 3-03819-068-3
ISBN 13: 3-978-03819-068-4
(Dieses Buch ist nur im Set mit den dazugehörenden Karten erhältlich)

Umschlaggestaltung: punkt KOMMA strich, Freiburg i. Br.
Satz und Layout Buch und Karten: teha, thea@mails.at
Illustrationen: Marlena Lewandowska, Bydgoszcz
Lektorat: Astrid Ogbeiwi, astrid@ogbeiwi.de
Druck Karten: Carta Mundi, Turnhout/Belgien
Druck Buch: Graphicom, Vicenza/Italien
Produkt Manager: Silvie Bachmann
Herstellung: Marcus Caluori
www.uraniaverlag.ch, www.tarotworld.com

Inhaltsverzeichnis

Meinen Kraftort finden

Ein Vorwort

Kraftplätze aus alter Zeit wie Heilquellen, Erdlinien, Erzvorkommen, Tempel, Kirchen, Labyrinthe, Orte der Heilung und Inspiration – das und ähnliches kommt uns vermutlich in den Sinn, wenn wir uns mit Kraftorten befassen. In diesem Buch geht es darum, wie du außen in der Welt und innen im Geiste solche Plätze findest, die dir optimale Kraft, Inspiration und Heilung geben.

Wir suchen ja bewusst oder unbewusst immer und ständig nach Kraftorten. Es ist offensichtlich, dass es für jeden Menschen nicht nur einen einzigen Kraftplatz, sondern viele verschiedene gibt. Einen zum Schlafen, einen zum Arbeiten; einen zum Ausspannen und einen zur Meditation; einen zum Miteinander und einen zum Alleinsein. Also nicht nur einen, sondern zahlreiche, je nachdem, wann du wo bist.

Es gibt äußere Kraftorte. Das sind irdischgeographische, an die man fahren bzw. die man sich zuhause einrichten kann. Und es gibt innere, geistig-spirituelle Kraftorte, also solche, die gewissermaßen virtuell sind.

Kraftorte wirken aus vielerlei Gründen: weil dort starke kosmische oder irdische Kräfte strahlen; weil sich dort Menschen versammeln, die hohe spirituelle Ideale anstreben; weil in früheren Zeiten Heilige oder Erleuchtete dort gelebt oder gewirkt haben – oder aus ganz anderen Gründen, zum Beispiel, weil du einen Ort mit deinem eigenen Bewusstsein, mit deinen Ritualen, Gebeten und Meditationen erfüllst!

Dieses Buch will dir helfen, Kraftorte zu fühlen, einzuordnen und zu nutzen. Es soll dich dazu inspirieren, an manche Orte tatsächlich körperlich zu reisen, um ihre Kraft zu spüren, und andere "virtuelle" Kraftorte vielleicht nur im Geiste aufzusuchen.

Du findest zusätzlich zu den 48 Karten mit Kraftorten Hinweise auf zahlreiche weitere Kraftorte aus dem deutschsprachigen

Raum, aus Europa und aus aller Welt. Bei den Karten wird dir ausdrücklich der Freiraum angeboten, einen eigenen Kraftort zu benennen. Natürlich tauchen in diesem Rahmen nicht annähernd alle wichtigen Kraftorte auf. Die Auswahl soll dir Impulse geben, dich einzustimmen auf jene Kraftorte, die dir persönlich wichtig sind.

Erinnern wir uns an das Wort der Bibel: "In meines Vaters Haus sind viele Wohnungen." Es gibt zahlreiche und unterschiedliche Kraftorte. Was du persönlich als Kraftort empfindest, ist genauso "richtig" und "wertvoll" wie solche Plätze, die hier genannt oder "anerkannt" sind.

Wie du mit diesem Buch umgehen kannst

Wenn du spürst, dass du dich ein bisschen philosophisch auf das Thema einstimmen möchtest, dann solltest du dir die Mühe machen, die ersten drei kurzen Kapitel zu lesen. Das wird dir vermutlich eine recht weite Perspektive zum Thema vermitteln.

Wenn dir jedoch eher danach ist, gleich intuitiv ins Thema einzusteigen, dann kannst du die Karten auspacken, zu den Kapiteln 4 und 5 blättern, und gleich praktisch damit anfangen, dir Orakel-Botschaften und Weisheits-Einsichten zu dir und deinen Kraftorten zu erschließen.

Übrigens: Die Reihenfolge der Gruppen und die Nummerierung dienen der besseren Übersichtlichkeit und haben darüber hinaus keine weitere Bedeutung.

Viel Freude beim Lesen und spielerischen Umgang mit den Karten, aber auch Hilfe für deine Suche und dein Finden.

Wulfing von Rohr
Anif, am magischen Untersberg
Neujahr 2005/2006

Teil I: Kräfte und Orte erkunden

1. Sehnsucht und Pilgerschaft nach Orten der Kraft

Unser Leben im Raum

Wie war das zur Zeit des Biedermeier in romantischen Liedern und Gedichten und auf den Gemälden eines Spitzweg? Da sitzen junge Burschen oder Mädchen am Brunnen vor dem Tore des Dörfleins oder des Städtchens und haben Muße zum Sinnieren ... Sie lassen ihren Blick hinausschweifen über das weite Land. Vielleicht erfasst sie Fernweh und sie malen sich aus, was auf der anderen Seite des Horizonts sein mag, dort, wo der Himmel hinter dem Wald oder der Wiese ins Unendliche entschwindet. Vielleicht rührt Wehmut sie an – weil sie an einen lieben Menschen denken, nach dem sie sich sehnen, oder weil sie einem Wandergesellen nachschauen, der mit seinem Bündel auf dem Rücken seinen Weg in ein unbekanntes neues Leben beginnt, der durch ein Stadttor nach draußen geht, der durch die Tore von Zeit und Geist in eine bedrohliche oder verlockende Ferne zieht ...

Wo sind wir eigentlich? Ziehen wir irgendwo hin oder stehen wir still? Zeit unseres Lebens befinden wir uns immer an irgendwelchen Orten, zuhause oder im Büro, in der Wäscherei oder am Fließband, in der Straßenbahn oder im Auto, auf dem Balkon oder im Schwimmbad, am Meer oder in den Bergen ...

Das gesamte Leben hindurch halten wir uns in bestimmten Räumen oder an bestimmten Orten auf. Nie ist es uns genug, an einem einzigen Ort zu verweilen. Immer wieder zieht oder drängt es uns zu neuen Ufern. Zunehmend schneller verlassen wir die Räume und Orte wieder, an denen wir gerade sind, sei es, weil die Arbeit es erfordert, ein Behördenbesuch unumgänglich ist, weil Familienpflichten oder -freuden rufen oder aus vielerlei anderen Gründen.

Alle Orte besitzen eine bestimmte Ausstrahlung, die sich durch Lage und Umfeld, dort verrichtete Tätigkeiten und die Menschen bildet, die sich an ihnen aufhalten. Wir befinden uns physikalisch gesehen immer in einem Raum, wir sind nie ort- und raumlos. Damit befinden wir uns auch immer in einem energetischen Feld. Der englische Biochemiker Rupert Sheldrake spricht bekanntlich von morphogenetischen Feldern, in denen Informationen unsichtbar gespeichert werden und sich selbst weitervermitteln. Wir kommen später noch ausführlicher auf Orte der Kraft und ihre Energien zurück.

Ein Körperleben ohne äußeren, physikalischen Raum existiert offensichtlich nicht. Alle Räume haben aber Grenzen, sichtbare oder unsichtbare. Und begrenzten Orten wohnt die Aufforderung oder Verlockung inne, ihre Grenzen zu erforschen, sowie sich jenseits dieser Grenzen zu begeben.

Wer ein Stück Papier zur Hand nimmt und Kreis, Dreieck, Quadrat oder irgendeine beliebige Form aufzeichnet, die eine Fläche umschreibt, sieht auf Anhieb die Begrenzung dieses Raums. Er lässt sich vermessen, bestimmen, nutzen. Denken Sie an einen Architekten, der ein Haus zeichnet – als Grundriss, als Außenansicht von verschiedenen Seiten, usf. Wir sehen auf Anhieb einen fest umrissenen Raum, Vorstellungen bilden sich, wie wir ihn nutzen können.

"Drumherum" jedoch existiert ein großer, unendlicher, freier Raum, der unbestimmt ist, unvermessen, ungenutzt. Beim Hausbau zum Beispiel wollen wir vom Außen nicht allzu viel wissen, weil es uns ja vor allem um den Raum innerhalb der Striche und Linien geht.

Wie sieht das jedoch mit Räumen jenseits anderer Grenzen aus? Welcher Almbub würde nicht gern wissen wollen, wie das Land hinter den Bergen aussieht? Welcher Astronom würde nicht gern herausfinden, was jenseits der sichtbaren Galaxien liegt? Welcher Physiker würde nicht gern erkunden, ob es ein allerkleinstes Teilchen gibt, jenseits der Grenzen des bisherigen Entdeckten?

Grenzen überwinden, um neue Kraftorte zu finden

Ist die ganze bisherige Menschheitsgeschichte nicht so etwas wie eine ständige Suche nach Brücken über oder Durchbrüchen durch

scheinbar feste Grenzen, ein stetiges Streben nach neuen geographischen und geistigen Räumen? Ist sie nicht wie eine ewige Suche nach Befreiung aus zu eng gewordenen Räumen, eine Erkundung weißer Flecken jenseits bekannter Orte, eine Sehnsucht und Pilgerschaft zu einer Quelle, aus der die Wasser der unbegrenzten Freiheit, des allumfassenden Wissens und des ewigen Lebens strömen?

Lassen wir einige herausragende Persönlichkeiten und ihre Entdeckungen über Räume, Grenzen und Jenseitiges kurz Revue passieren. Das mag uns helfen zu erspüren, wie sehr der Wunsch nach dem, was man ganz allgemein das "Jenseitige" nennen kann, sowohl die äußere als auch vor allem die innere Entwicklung des Menschen angestoßen hat.

Der Entdecker Christoph Kolumbus (1451-1506) überwindet die Grenzen des engen Europas, das von Meeren eingeschlossen schien, und entdeckt neue geographische Räume, gewissermaßen einen größeren Raum auf der Erde. 1492 sucht er im spanischen Auftrag einen westlichen Seeweg nach Indien und stößt dabei mit seinem Flaggschiff Santa Maria auf die mittelamerikanischen Inseln Kuba und Haiti. Die Erde, ein Land, eine Insel, ein Kontinent ist immer eine Grenze. Das Meer aber, das sie umgibt, scheint grenzenlos.

Im selben Jahr zeichnet ein genauso bedeutender Grenzüberwinder eine Flugmaschine und gibt dem Wunsch des Menschen neue Nahrung, die Bindung an die Erde zu überwinden. Das Universalgenie Leonardo da Vinci, der 1452 geborene und 1519 gestorbene Maler und Forscher, Erfinder und Entdecker, beschreibt auch als erster und für andere leicht nachvollziehbar die Gesetze der Perspektive. Damit hält die räumliche Darstellung Einzug in die Kunst.

Die perspektivische Zeichnung und Malerei wird zur Voraussetzung der künstlerischen Darstellung eines Raums, der in den flächigen Bildern zuvor gar nicht existierte und offenbar zumeist auch gar nicht bewusst als solcher wahrgenommen wurde!

Erst das bewusste Sehen und Erleben von Raum führte zu einem Durchbruch bei den Bildern, die wir uns von der Welt machen. Erst das Sehen eines einzelnen Menschen führt zu einem neuen Weltbild. Wie wir die Welt und das Leben wahrnehmen, bestimmt, wie wir sie darstellen und beschreiben. Wie andere die Welt und das Leben darstellen und beschreiben, kann unsere Augen öffnen für etwas, was wir für eine neue Wirklichkeit halten mögen, was aber schon lange existiert hat – ohne bislang von uns wahrgenommen zu werden.

Die Erde im All

Der polnische Astronom Kopernikus (1473-1543) bricht aus der begrenzten geozentrischen Himmelsanschauung aus und entdeckt den heliozentrischen Raum. Er wagt es, ein neues Weltbild zu entwerfen und gibt damit letztlich auch entscheidende Anstöße zu einem völlig neuen Menschenbild. Um 1512 veröffentlicht er seine Schrift *Commentariolus*. Deren Kern: Die Erde dreht sich mit den anderen Planeten um die Sonne. Das galt der katholischen Kirche lange Zeit als Irrlehre, weil sie ihren dogmatischen Konstrukten im Rahmen ihrer intellektuellen Fähigkeiten mehr Gewicht gab als den unmittelbaren Erfahrungen der Menschen in den Räumen ihrer Sinne.

Die Entdeckung des Kopernikus war zwar für das damalige Abendland bahnbrechend, aber bereits rund 250 v.Chr. hatte der griechische Astronom und Mathematiker Aristarchus von Samos festgestellt, dass die Erde um die Sonne kreist. Und etwa 230 v.Chr. berechnete Eratosthenes, der "zweite Plato", auf knapp hundert Kilometer genau Umfang und Durchmesser der Erde, deren kugelige Form er erkannte.

Im Zusammenhang mit unserem Thema ist schon an dieser Stelle darauf hinzuweisen, dass manche Eingeweihten im antiken Griechenland sehr wohl auch mit Forschungsmethoden vertraut waren, die in innere Welten führten. Nicht umsonst sprach Pythagoras von einer *Sphärenmusik*, die er – der die Stille als grundlegende Voraussetzung für Erkenntnis und Philosophie lehrte – damals als einziger gehört haben soll.

Kraftorte entdecken mit Mikroskop und Fernrohr

Zunächst aber wenden wir uns der Welt jedoch nicht durch Stille, sondern über die Sinne zu. Mehr als achtzig Prozent unserer Sinnes-

eindrücke aus der Welt gelangen über die Augen in unser Alltagsbewusstsein. Wer besser sieht, weiß mehr. Wer schlechter sieht, erfährt weniger. Aber es gibt immer Grenzen, auch für die besten Augen. Um 1590 wird in Holland das erste Mikroskop gebaut. Mit einem Mal kann der Mensch über den normalen Augenschein hinaus blicken und in eine ganz neue Welt des ansonsten unsichtbaren Winzigen eintauchen. Er stellt fest: der Mikrokosmos lebt! Nach und nach wird eine neue Welt entdeckt. Ein Instrument hilft, natürliche Grenzen der Sinnesorgane zu überwinden. Der Mensch erfährt, dass auch etwas existieren kann, was er nicht mit eigenen Augen sehen oder mit eigenen Ohren hören kann. Es scheint tatsächlich eine Wirklichkeit jenseits der unmittelbaren Sinneserfahrungen zu geben! Das ist uns heute zwar völlig geläufig, war damals aber alles andere als alltäglich, sondern stellte eine herausragende Entdeckung dar. Um 1600 erfindet ein holländischer Brillenmacher das Fernrohr, dieses wunderbare Instrument, um aus dem nahen, engen und bekannten Diesseits in ein fernes, weites und unbekanntes Jenseits vorzustoßen – zumindest auf dem Wege des Sehens. Damit wird die Grenze zwischen Erde und All zwar nicht aufgehoben, doch unerhört und für manche fast bedrohlich weit hinausgeschoben. Die Folgen der in vielen Ländern rasant einsetzenden systematischen Himmelsbeobachtung reichen weit über Wissenschaft und Technik bis in die Gesellschaft und ihre Ordnung, bis in Religion und Philosophie hinein.

Es existiert ein Großes, das offenbar von den Geschehnissen auf der Erde nicht allzu abhängig ist. Der Mensch wird mit einem Male physikalisch betrachtet klein, geradezu winzig im Vergleich zum Makrokosmos. Die Erde ist nicht mehr der Mittelpunkt der (physikalischen) Schöpfung. Damit – auch wenn die Erkenntnis darüber noch einige Jahrhunderte auf sich warten lassen sollte – wird das Wunder des Menschen, seiner Existenz, seines Bewusstseins aber nur um so größer!

Der Kosmos als der größte Raum, in dem Orte der Kraft existieren

Der deutsche Astronom Johannes Kepler (1571-1630) entdeckt Ellipsenbewegungen der Himmelskörper und verfasst 1596 ein

Mysterium cosmographicum, ein “Geheimnis des Weltenbaus”. Kepler treibt wie sein dänischer Kollege Tycho Brahe die Himmelserforschung mit den damaligen Mitteln energisch voran.

Der 1564 geborene italienische Wissenschaftler Galileo Galilei gilt als Begründer der modernen Experimentalphysik. Er beobachtet systematisch die Dinge im sichtbaren Raum, beschreibt seine Beobachtungen und zieht daraus Schlüsse. Er legt die Grundlage des Arbeitsansatzes: “Messen, was messbar ist; messbar machen, was noch nicht messbar ist.”

Zu den bedauerlichen Missverständnissen einer nur materialistisch denkenden Wissenschaft sollte es werden, diesen Satz als absolut zu betrachten und zu übersehen, dass es immer etwas Geistiges geben wird, das nicht in Maß und Zahl, Gewicht und Größe, Form und Energie physikalisch ausgedrückt werden kann. Hier gilt das Wort aufgeklärter Naturwissenschaftler: “Die Erkenntnis von heute ist der Irrtum von morgen”.

Galileo zog aus seinen Beobachtungen der Bewegungen der Himmelskörper unter anderem den auf Anhieb nur wenigen Menschen verständlichen Schluss, dass sich die Erde um die Sonne dreht. 1615 wird Galilei zum ersten Mal wegen solcher *kopernikanischer Irrlehren* vor die Inquisition zitiert und zum ersten Mal ermahnt. 1632 legt der den *Dialogo* nieder, ein *Gespräch* über die Vorteile der neuen kopernikanischen gegenüber der alten ptolemäischen Weltsicht. 1633 wird er nach langwierigen Verfahren schließlich gezwungen, abzuschwören. Es hat bis zum Apostolat von Johannes Paul II. gedauert, bis die Verurteilung des Galilei aus dem frühen 17. Jahrhundert aufgehoben wurde – aber immerhin erweist sich auch diese Kirche als allmählich lernfähig.

Bereits um 1518 wurde die erste Brille für Kurzsichtige “gebastelt”. Auch das erlaubte manchen Betroffenen plötzlich, anders und besser zu sehen als zuvor, ihr Umfeld zum ersten Mal seit langer Zeit ganz neu und wirklichkeitsnäher wahrzunehmen. Damit kommen wir vom Thema Himmelskörper zum Thema Menschenkörper. Selbst hier werden immer neue Räume und Kräfte entdeckt, auch hier fallen Denkmauern und werden Wissensgrenzen überschritten.

Kräfte im menschlichen Körper

Von 1514 bis 1564 lebte Andreas Vesalius, ein bedeutender Anatom, der Leibarzt Karls V. und Philipps II. war. 1536 entführte er die Leiche eines Gehenkten, um den Raum im Körper – also Knochen und Fleisch, Muskeln und Blutbahnen –, näher zu untersuchen. 1543 veröffentlicht er seine Schrift *De humani corporis fabrica*, die eine bahnbrechend neue Sicht der menschlichen Anatomie vorstellt. Vesalius sprengt die alten Körperlehren Galens. Er entdeckt, dass im Menschen sehr viel mehr zu finden ist, als man dem Körper von außen ansieht, und dass innen sehr viel komplexere Vorgänge ablaufen, als man bis dahin allgemein wusste. Er erforscht den Innenraum des Körpers auf ganz neue Weise als einen eigenständigen Raum mit eigenen Vorgängen und Gesetzen.

Im Verlauf der Jahrhunderte ist man von eher mechanistischen Ansätzen, das Wirken des Körpers zu beschreiben, zu energetischen Modellen gelangt, um zu erklären, wie Geist und Körper zusammenwirken, wie Krankheiten im Körperraum entstehen und welche Bezüge sie zu Disharmonien im seelischen Raum haben können.

Bücher als Orte der Kraft

Von etwa 1397 wohl bis 1468 lebte Johannes Gutenberg, der als Erfinder des Buchdrucks mit beweglichen Lettern gilt. 1901 wurde in Mainz das inzwischen weithin bekannte Gutenberg-Museum eröffnet. Auch Gutenbergs Erfindung führte zu einem Aufbruch in neue Räume und Sphären der Entwicklung und Erkenntnis. Mit einem Schlag mussten schriftliche Mitteilungen nicht mehr langwierig von Hand als Unikate niedergeschrieben werden – die damit als *Bücher* für breitere Schichten ohnehin schon unbezahlbar gewesen wären, ganz unabhängig von der Frage, ob man sie hätte lesen können oder nicht. Auch brauchte man nicht mehr ganze Absätze in Holz zu schnitzen oder in Stein oder Metall zu ritzen und sie dann mühsam mit unterschiedlichen Techniken auf Stoff oder Papier zu übertragen.

Stattdessen wurde es plötzlich möglich, genau die Buchstaben, die in einem Schriftstück zum Beispiel das Wort *Nebel* gebildet hatten und einige Hunderte Male abgedruckt waren, neu zu verwenden, um in einem anderen Text *Leben* damit zu setzen. Das sollte drei weitreichende Folgen haben, von denen wohl nur eine wirklich in unserem Bewusstsein ist. Zunächst einmal konnte die Herstellungszeit für Vervielfältigungen von Schriften, eben Drucke, enorm verkürzt und damit auch verbilligt werden. Das führte zu einer Vergrößerung von Auflagen. Wissen – und das waren zunächst einmal Bibel, später kirchliche und weltliche Erlasse und Gesetze, und erst deutlich danach das, was wir wissenschaftliche und literarische Schriften nennen – konnte an mehr als nur wenige ausgewählte Menschen gehen. Mehr Klöster, mehr herrschaftliche Schreiber und Bibliotheken, mehr Universitäten vermochten, sich über Tatsachen und Ansichten auszutauschen.

Noch entscheidender scheint mir jedoch eine zweite Folge dieser Erfindung zu sein: Erst der Druck mit beweglichen Lettern führt zu einer geistigen *Objektivierung* von Schrift, weil die Lettern für sich und getrennt von anderen sind – neutral, beliebig verwendbar. Es gibt keine Worte und Sätze mehr, die untrennbar zusammenhängen, es gibt keine handgeschriebenen und damit sehr persönlichen und auch lebendigen Texte mehr, sondern quasi vereinzelte und allein für sich genommen *sinnlose* Lettern, die erst dann, wenn sie richtig zusammengefügt werden, ein *sinnvolles* Ganzes ergeben, eben eine neue Einheit. Die Buchstaben für sich haben keinen eigenen Wert, erst ihre mechanische Verbindung mit anderen ergibt einen Sinn.

Insofern meine ich, dass der Druck mit beweglichen Lettern ursächlich zum analytischen Denken und dem daraus entstehenden mechanistischen Weltbild beigetragen hat, wie es sich in den späteren Jahrhunderten fast übermächtig entwickeln sollte. Zerteilung in überschaubare Einheiten, Auftrennung von Einheiten in voneinander unabhängig anmutende Elemente – all dies hat ganz handfeste technische Fortschritte erbracht. Der Preis dafür war (und ist) der Verlust der Ganzheit, der Vorgang der Entfremdung, der geistige Sinnverlust.

Kultur als Raum für Kraft und Sinnverlust

Das lässt sich in der so genannten modernen Kunst besonders anschaulich ablesen - der Kunstexperte Professor Hans Sedlmayr sprach deshalb in seinem gleichnamigen Buch vom *Verlust der Mitte*. Kultur – das wird heute meist vergessen – hat sowohl mit der Verehrung von etwas Heiligem zu tun wie mit der Vorbereitung des Bodens, der Aussaat und der Pflege, um später ernten zu können. Kultische Handlungen sind Bemühungen, den menschlichen Geist durch besondere Riten auf etwas Höheres einzustimmen. Der Begriff *ein Land zu kultivieren,* bezieht sich sowohl auf die Arbeit des Bauern wie auf die Arbeit von Lehrern und Philosophen.

Kunst hat nicht nur (vielleicht) etwas mit *können* zu tun, sondern vor allem mit künden. Wovon künden wir in unserer Kunst? Vom eigenen Unvermögen, eine Mitte zu finden? Vom Schmerz über die eigene Zerrissenheit? Von der Wut, dass wir das vermeintliche Uhrwerk der Welt und des Lebens zwar haben auseinander nehmen können, die Einzelteile nun aber rings um uns herum verstreut liegen und wir nicht mehr wissen, wie daraus wieder eine ganze, funktionierende Uhr wird?

Wenn dies heute das Anliegen der Kunst wäre – nun gut, das wäre menschlich verständlich (müsste jedoch als Sonderform von Psychotherapie aber nicht gleich gar so hoch gelobt und bezahlt werden). Wenn jedoch verquaste Bedeutungsansprüche mit frei erfundenen bedeutungsschwangeren Wortungetümen aufgebauscht werden sollen, erübrigt sich für geistig interessierte und spirituell gesonnene Menschen jede weitere Beschäftigung damit, die nur Zeitvergeudung wäre. Ephraim Kishon, sonst ja als Satiriker bekannt, hat zwei Bücher voller anschaulicher Bild- und Textbeispiele zum *Picasso-Syndrom* verfasst, in denen er dieses Thema behandelt und dabei zwischen bissiger Kritik der offensichtlichen Un-Kultur und resignierter Abscheu vor dem Zeitgeist schwankt. Aber zurück zu den Folgen von Gutenberg.

Die dritte Folge der Gutenberg´schen Erfindung ergibt sich zwar aus der ersten (Verkürzung und Verbilligung der Buchproduktion), ist es jedoch wert, ausdrücklich und für sich genannt zu werden: Erst die kostengünstige Vervielfältigung von gedruckten Informationen und ihre technisch einfache Verbreitung (zum Beispiel in Form von Handzetteln) hat zur Alphabetisierung und damit zur allmählichen Demokratisierung der Gesellschaft beigetragen. Denn wenn Informationen leicht vervielfältigt und weitergegeben werden können, entspricht es allein schon dem fast jedem Menschen innewohnenden Wunsch, es anderen gleich zu tun, dass er früher oder später auch versuchen wird, diese Informationen selber lesen zu lernen. Und nur wenn Informationen immer freier fließen, können Einzelinteressen nicht mehr ungehindert durchgesetzt und aufgezwungen werden.

Dass wir in der orientierungslosen Wohlstandsgesellschaft übrigens inzwischen einen Pendelschlag in die andere Richtung verzeichnen müssen – nämlich ein Anwachsen der Analphabetenzahlen in den Kulturnationen –, entkräftet nicht die Beobachtung über frühere Entwicklungsimpulse.

Die massenhafte Verbreitung der Schriftsprache wiederum führte zu einer recht stabilen, meist stillschweigenden sprachlichen und damit eben auch kulturellen und gesellschaftlichen Übereinkunft unter denen, die an einer Sprache teilhatten. In dieser Hinsicht war der Druck mit beweglichen Lettern womöglich eine noch größere geistige Grenzüberschreitung, als es die Entdeckungsreisen der großen portugiesischen, spanischen, englischen und holländischen Seefahrer oder die Entdeckungen der Astronomen der Renaissance darstellten.

Ein schneller Streifzug durch die Geschichte

Die Renaissance als gesamte Epoche war ein dynamischer Aufbruch zu neuen Gestaden, eine geographische und geistige Entdeckungsreise sondergleichen, deren Ziel darin zu bestehen schien, die äußere Welt zu erfahren, das Begreifbare zu zählen, zu vermessen, zu wiegen, zu bestimmen.

Die Welt war wunderbar, sie musste nur erforscht werden. Sie bestand aus einer Unzahl von Einzelheiten, die allesamt nach dem Bauplan eines großen Uhrmachers (*Gott*), später nach objektiven *nicht-menschlichen* Gesetzen (nämlichen jenen der *Natur*) funktionierten. Wenn er nur erst den Bauplan kennen würde, so denkt sich der Mensch, könnte er sich aus seiner Rolle als vermeintlicher Homunkulus eines gefürchteten, scheinbar willkürlich herrschenden Schöpfergottes befreien und selbst zum Schöpfer werden, indem er nachbaut, was er durch Analyse und Sezieren verstanden zu haben glaubt. Wenn er aber meint, sich solchermaßen zum Herrscher über beliebig gestaltbare Homunkuli machen zu können, übersieht er die wesentliche Schöpfungstatsache, dass das Ganze mehr ist als die Summe seiner Teile.

Die Mystik des Mittelalters, die auf inneres Erleben nicht sagbarer Dinge, auf ein persönliches Schauen nicht greifbarer Wirklichkeiten hinauslief, war vergessen. Das vollzog sich auch deshalb einigermaßen schnell, weil die verfasste Kirche dem Weg ihrer Mystiker eher ablehnend gegenüberstand, und stattdessen religiöse Dogmen, moralische Kategorien und imposante Riten mit weltlichen Machtgelüsten verband.

Die Entwicklung der *Aufklärung* führte so geradewegs auf die Evolutionstheorie (*Geist entwickelt sich aus Stoff*) und die Gentechnologie zu (*Wenn wir es nur richtig anstellen, können wir bauen, was wir wollen*). Der Weg in ein krudes materialistisches Weltbild war beschritten. Gerade in der Gentechnologie sehen wir moderne Versuche, letzte Grenzen zu überwinden. Durch *Klonen* soll ewiges Leben möglich werden, vielleicht mit demselben Bewusstsein? In Motoren sollen Rattengehirne eingesetzt werden, und fast täglich lesen wir über weitere Pervertierungen der menschlichen Phantasie und Habgier. Ehrfurcht vor dem Leben ist ein Fremdwort geworden.

Erspüren, was nicht messbar ist

Den Unterschied zwischen einem rein geistigen Numinosen, einer Seele, die durchaus persönlich innerlich erfahrbar, wenngleich nicht mit äußerlichen Geräten messbar ist, den Unterschied zwischen raumzeitlich begrenzter Stofflichkeit, die zwar äußerlich messbar, jedoch nicht mit einem Eigenbewusstsein ausgestattet ist, haben Menschen mit einem mechanistischen Weltbild nie verstanden.

Was geschieht denn zwischen zwei Augenpaaren? Durch den physikalisch messbaren Raum fließt etwas Unsichtbares hin und her. Die Mutter lächelt ihr Kleinkind an, das Baby strahlt aus tiefster Lebensfreude. Humphrey Bogart schaut Ingrid Bergman tief in die Augen, und es fließt eine stille, nicht ganz erfüllte Liebe. Es gibt Ursache und Wirkung, Aktion und Reaktion. Die Ursache ist ein bestimmter Ausdruck der Augen, dann überträgt sich etwas durch die Luft, und der andere Mensch empfängt etwas. Dabei geht es mir hier nicht darum, was *im* Menschen passiert, sondern was zwischen den beiden Beteiligten abläuft. Irgendeine unsichtbare Energie bewegt sich durch den physikalischen Raum und löst etwas Spürbares und Messbares aus. Mit der Freude steigt vielleicht der Blutdruck, die Wangen werden leicht gerötet, usf.

Was da aber durch die Luft fließt, kann bis heute noch kein Gerät messen. Andere Frequenzen können wir messen: Radio- und Fernsehwellen, UV- und Infrarotstrahlung, Kurzwellen, Langwellen etc., aber die *Seelenwellen*, die zwischen Augenpaaren durch den physikalisch messbaren und bestimmbaren Raum *fliegen*, können wir zwar sehr wohl erleben, aber eben nicht messen.

Hier wird jedem denkenden Menschen, auch jedem, der streng naturwissenschaftlich und logisch vorgeht, doch auffallen müssen, dass ein mechanistisches, materialistisches oder rein physikalisches Welt- und Menschenbild schlicht falsch sein muss. (Zur weiteren Vertiefung dieses Themas sei Herbert Pietschmanns Buch *Das Ende des naturwissenschaftlichen Zeitalters* empfohlen.)

Bevor wir uns jedoch noch stärker auf kritische Anmerkungen zur Geschichte der Entwicklung des menschlichen Bewusstseins einlassen, wollen wir wieder den roten Faden von Suche und Sehnsucht nach Orten der Kraft aufnehmen.

Wenn Grenzen fallen, erobern wir neue Räume der Kraft

1783 bauten die französischen Brüder Montgolfier die ersten Heißluftballons. Bald folgten mit Gas gefüllte. Zunächst stiegen sie leer auf, dann mit Tieren an Bord, schließlich bemannt. Die sogenannte Aufklärung brachte eine Blüte an wissenschaftlichen Entdeckungen und eine Fülle an technischen Erfindungen mit sich. Eine Grenze nach der anderen fiel.

Mittels Dampfmaschinen konnte man unabhängig von Wind und Segeln über die Meere fahren, später auf Schienen über die Erde. Physik und Chemie entwickelten sich fast explosionsartig.

Die Elektrizität wurde erforscht und genutzt. Die natürliche Grenze von Tag und Nacht fiel – man konnte nun die Nacht zum

Tage machen. Telegraphen und Telefone überwanden große Räume, die vorher unüberbrückbar waren. Sie brachten Menschen nahe zusammen, die vorher weit von einander entfernt an verschiedenen Enden der Erde lebten.

Für uns ist heute ganz selbstverständlich, dass wir von Wien nach München, von der Schweiz nach Amerika telefonieren können. Wie hätte ein Auswanderer vor hundertfünfzig Jahren es empfunden, wenn er aus Pennsylvania, aus der Heimat in der "Neuen Welt", ins Hessische hätte anrufen können, um seiner Familie zu erzählen, wie es ihm geht, anstatt auf die langsame Schiffspost zu vertrauen?

Können wir heute noch nachempfinden, wie sehr das weite Meer und das Unbekannte dahinter Seefahrer gelockt haben? Oder ist es vielleicht doch so, dass die Faszination der Fremde in dem Maße abgenommen hat, in dem die Welt über technische Medien wie Telefon, Film und Fernsehen zum "globalen Dorf" zusammengewachsen ist?

Hätte der gesellschaftliche Druck zur Auswanderung in einer frühen Informationsgesellschaft vielleicht gar nicht erst entstehen können? Solche Überlegungen machen uns rasch klar, dass Grenzüberwindungen keine Selbstverständlichkeit sind, und dass jede Grenzüberschreitung, jede Eroberung und Beherrschung neuer Räume weitreichendste Folgen für Gesellschaft und Persönlichkeit mit sich bringen.

Mutige Abenteurer wie Livingstone und Stanley, Amundsen und Scott dringen auf die letzten weißen Flecke der Landkarte vor, ins tiefe Afrika und an die Pole.

1903 hoben die Gebrüder Wright zum ersten Male in einem Motorflugzeug vom Boden ab. Die Astronauten und Kosmonauten unserer Tage reisen weit höher und schneller hinaus in den erdnahen Weltraum.

Unsere Spezialkapseln dringen sogar noch weiter vor, in die Räume hinter unserer Welt. Und das berühmte SETI-Programm (Searching Extra-Terrestial Intelligence) versucht, durch Analyse von elektronischen Impulsen in unsichtbare Tiefen hinter den Räumen, die wir uns vorstellen können, vorzudringen. An dieser Analyse können sich inzwischen Computernutzer weltweit beteiligen und somit selbst das Faszinosum der Suche nach Toren im Weltraum miterleben, aus denen womöglich Mitteilungen eines außerirdischen intelligenten Lebens bis zu uns auf die Erde dringen.

Von Außenräumen zu Innenräumen

Sicher fallen Ihnen noch eine ganze Reihe anderer Vorstöße in unbekannte Räume ein. Immer gibt es irgendwo ein *Jenseits* und immerzu suchen wir Menschen nach Toren, um dorthin zu gelangen.

Während sich der Aufbruch in die Außenwelt als der energische Versuch vollzog, der Natur ihre Geheimnisse zu entreißen (und dabei, wie manche lange glaubten, Gott und eine geistige Intelligenz als Schöpferkraft *ad absurdum* zu führen), wendet sich der Mensch seit gut hundert Jahren auch der systematischen Erforschung der Innenräume zu – über die Psychologie. *Pars pro toto* – einige wenige Namen mögen symbolisch für die vielen stehen: Freud, Jung, Adler, Reich, Piaget, Montessori, Frankl.

Die Psychologie sollte sich zu einer Disziplin entwickeln, die sich aufmachte, physikalisch zwar nicht objektiv messbare, aber seelisch umso unmittelbarer erlebbare, subjektive Innenräume und das Geschehen in ihnen zu erforschen. Auch hier gilt der alte Satz, dass man meist nur das entdecken kann, wonach man sucht, und dass die eigene Bewusstseinsentfaltung sowie der eigene Blickwinkel in höchstem Maße die Ergebnisse bestimmen. Daran lohnt es sich immer wieder zu erinnern – auch wenn im Zuge eines womöglich falsch verstandenen Marxismus die Gegenthese lange Zeit Gemüter auch an westlichen Universitäten *wissenschaftlich* beschäftigte: "Das Sein bestimmt das Bewusstsein". Bewusstsein entsteht nach all unserer Erfahrung eben nicht aus Unbewusstsein!

Psychologen erforschen also systematisch die Innenräume der Psyche – mittels Psychoanalyse oder Tiefenpsychologie, mittels Verhaltens- oder Existenzanalyse. Sie brechen zu Weltreisen in bis dahin unbekannte Sphären auf, die in Träumen oder in emotionalen Reaktionen aus dem Unbewussten sowie in der Lebenssteuerung durch ein Über-Ich oder in halbbewussten Affekten aufscheinen.

Grundmotive sind auch hier wieder die Suche nach dem, was jenseits bekannter Grenzen sein mag, das Bemühen um ein besseres Verstehen von Leben und Welt, das Streben, unbekannte Räume und Kräfte zu erkunden, womöglich auch die Sehnsucht nach einem *Letzten*, das alles andere zu erklären vermag.

Bis in unsere Zeit setzt sich der Hang nach Grenzüberschreitungen aller Art fort. Ohne näher darauf eingehen zu wollen, ist dieser Zug auch am Verhalten mancher Menschen abzulesen, die mit aller Macht alte Konventionen brechen, altüberlieferte (damit zwar keineswegs *gute*, aber eben auch nicht automatisch als *schlecht* zu verurteilende) Sittengesetze zu übertreten sich getrieben fühlen – denken wir an die *Love Parades*, das *body piercing*, die Neigung zur öffentlichen Bloßstellung an Körper und Seele in entsprechenden Fernsehsendungen. Dennoch und gerade deshalb gilt ein Vers des verstorbenen Mystikers Sant Darshan Singh: "Wir sind zum Mond und zu den Sternen gereist, doch das Herz unseres Nachbarn haben wir nicht erreicht."

2. Kräfte und Räume

Einige Modelle und philosophische Überlegungen dazu

Stellen wir also – nachdem wir uns eine kleine, einigermaßen typische Auswahl von historisch belegbaren Grenzüberschreitungen in Erinnerung gerufen haben – einige Überlegungen dazu an, was es mit den Räumen, Feldern und Orten auf sich haben könnte, in denen wir leben, ob und wie wir auf sie und ihre Energien und damit auf unser Befinden und unsere Erfahrungen einwirken können.

Der französische Physiker und Computerexperte Professor Jean Charon hat in seinem Buch *Der Geist der Materie* Gedanken über das ständige Anwachsen von Information, Weisheit, Liebe und Erleuchtung vorgestellt. Vereinfacht dargestellt lautet seine Überzeugung so:

Das physische Universum ist nach der übereinstimmenden Ansicht von Wissenschaftlern dem Prozess der *Entropie* unterworfen. Es verliert immer mehr an Differenzierung, bis alle Formen (wieder?) in einem unterscheidungslosen *Urbrei* wabern.

Zeitgleich aber, so Charon, wächst die Erfahrung, die während der Existenz von Körperformen gewonnen wird – das nennt er *Negentropie*. Kein Gedanke, keine Einsicht, keine geistige Erleuchtung gehe verloren. Vielmehr werde diese Weisheit in dem Maße dichter, differenzierter und umfassender, wie die physikalischen Formen an Bestimmtheit verlieren, weil zwar die Form verschwinden könne, nicht aber die durch sie gewonnene Erfahrung. Charon stellt einer *physikalischen Entropie* das Modell einer *geistigen Negentropie* gegenüber.

Wenn man Charons Gedanken aufgreift und im Rahmen unseres Themas weiterdenkt, könnte man von der Schöpfung als einer Ganzheit sprechen, in der die Materie zunächst ein übermächtiges Gewicht hat und in welcher der Geist noch wenig ausgebildet ist.

In dem Maße, wie sich aus einer kosmischen Ursuppe physikalische Formen herausbilden, entwickeln, zerfallen, neu bilden usf., wird Erfahrung gewonnen. Der Prozess der Ansammlung von Erfahrungen – von Wissen und Weisheit, aber auch von Liebe, und damit von geistiger Information – beschleunigt sich, während die Auflösung von Formenvielfalt und damit von materieller Information immer weiter fortschreitet.

"Äonen": Kleinste Orte der Kraft

Naheliegend ist die Frage, wo sich denn diese geistige Information ansammeln soll. Charon spricht von den Elektronen als den Trägern von Geist. Er nennt sie übrigens *Äonen*. Alle Körper zerfallen früher oder später in ihre Bestandteile. Die freiwerdenden Elektronen eines Körpers, die in seinem Modell als Träger der geistigen Information dienen, werden zum Bestandteil eines anderen Körpers.

Ein Elektron aus einer Kartoffel wird zum Bestandteil eines Tieres, das von der Kartoffel isst. Dieses Tier stirbt eines Tages, seine Körperform löst sich auf, die Verbindungen von Molekülen verändern sich, das "Kartoffel-Elektron" verbindet sich mit Molekülen der Erde und wandert in einen Grashalm. Eine Kuh zermahlt diesen Grashalm und verdaut ihn, sie wird gemolken, die Milch wird Napoleon vorgesetzt, der sie trinkt. Das Elektron wandert nun in der Körperform von Napoleon herum und gelangt zum Beispiel ins Gehirn ...

In diesem Denkmodell ist das *Elektron* oder *Äon* der Ort der Kraft, aber ein Kraftort, der nicht geographisch für alle Zeit fest gebunden ist. Vielleicht sollte man eher von einem winzig kleinen Energiefeld sprechen, in dem sich Information ansammelt, dessen Aufenthaltsort sich aber verändern kann.

Raum und Lebensdauer einer physikalischen Form schafft die Voraussetzung zu geistigen Erfahrungen. Solche geistigen Erfahrungen werden im Energiefeld des Elektrons gespeichert, das nicht auf einen einzigen Aufenthaltsort festgelegt ist. Mit der Zeit wachsen Quantität und Qualität der Informationen im Äon.

Morphogenetische Felder

Von dieser Vorstellung ist es nicht mehr so weit zu den morphogenetischen Feldern des Rupert Sheldrake. Er hat bekanntlich postuliert, dass der Raum an sich ein Übertragungs- und Speichermedium für Information darstellt, das eigenen Gesetzen folgt.

Wenn eine bestimmte Information in einer Mindestanzahl von Bewusstseinsfeldern vorhanden ist, überträgt sich diese geistige Information durch den physikalischen Raum und kann von anderen Lebewesen aufgegriffen werden, obwohl diese selbst die entsprechenden Lebenserfahrungen und Denkprozesse noch gar nicht gemacht haben.

Wenn ein Mensch einen völlig neuen Gedanken versucht, fällt das schwer, weil Information über diesen Gedanken im Raum noch nicht existiert. Wenn aber etliche Menschen diesen Gedanken auch haben oder aufgreifen, füllt sich der Raum mit Informationen über diesen Gedanken. Es fällt nun Menschen an weit entfernten Orten sehr viel leichter, den gleichen Gedanken zu entwickeln, obwohl sie ihn selbst vielleicht wirklich zum allerersten Mal hegen, da er eine Resonanz im Raum findet oder weil der bereits im Raum befindliche Gedanke in ihrem Bewusstsein angelegte Möglichkeiten auslöst.

Das ist dann die berühmte Geschichte vom hundersten Affen auf einer einsamen Insel, der plötzlich seine Esskartoffeln im Meerwasser zu waschen beginnt oder sie im heißen Geysirwasser aufwärmt, obwohl er das zuvor nicht von anderen Affen auf seiner Insel gelernt haben konnte. Er macht es, weil auf anderen Inseln inzwischen 100 Affen das gelernt haben, und diese im Raum gespeicherte Information (aufgezeichnet in eben jenen morphogenetischen Feldern) sozusagen spontan ohne Vermittlung durch einen anderen Affen direkt zu ihm überspringt, wenn die kritische Grenze von 100 erreicht wird.

Das Charon´sche Modell macht es Menschen im Westen vielleicht auch ein wenig leichter, sich mit der östlichen Vorstellung der Reinkarnation zu befassen, auf die wir später näher eingehen werden. Die Reinkarnationshypothese besagt, dass ein geistiges Etwas – Seele, Selbst – immer wieder in eine Körperform gelangt, bis sie genug Erkenntnis, Weisheit und überpersönliche Liebe angesammelt und sich als Sein erkannt hat, um wieder eins mit ihrer ursprünglichen Quelle zu werden, aus der sie stammt. Auch hier ist ein Umherwandern zwischen ganz unterschiedlichen Körperformen möglich, allerdings nur zwischen Pflanze, Tier, Mensch und

Geistwesen – nicht hinein in das, was man *unbelebte Materie* nennt, also nicht in Formen des Mineralreiches.

Woher "kommt" der Geist?

Offensichtlich sind und bleiben solche Modelle Stückwerk, sowohl Charons Modell wie insbesondere auch die beliebte Urknall-Theorie. Denn mindestens drei wichtige Fragen lassen sie offen:
- Welche Kraft verursacht den *Big Bang*, den Urknall?
- Woher kommt der Geist ursprünglich?
- Und gibt es demnach keine unauflösbare und unauslöschliche Seele, die eine Einheit und Ganzheit darstellt, sondern nur *Teilchen-Seelen* in Form von Elektronen, die bestenfalls zusammen, und auch das nur vorübergehend, eine Einheit bilden?

Aber auch sehr begrenzte Modellvorstellungen helfen, gerade durch ihre Mängel, zum Kern von Lebensfragen vorzudringen und danach zu suchen, was wesentlich ist. Sie helfen, durch Ausscheiden des Unwesentlichen und immer genaueres Fokussieren auf das Wesentliche, selbst wenn es noch unbekannt ist, bei der eigenen geistigen Suche wirklich entscheidende Fortschritte zu machen.

Welche Kraft steht also hinter dem *Big Bang*? In einer gewaltigen Urknall-Explosion blitzt es in der Tiefe eines schier unendlichen Raums gleißend auf, aus dem Nichts verdichtet sich Licht erst zu Energie- dann gewissermaßen zu Staubteilchen, die in einem ständigen Kreisen und Brausen, einem stetigen Lärmen und Sausen Formen bilden ...

Was ist das Universum? Eine rein physikalische Realität, die aus dem Nichts kommt und ins Nichts geht? So wollen es uns mechanistisch denkende Physiker glauben machen. Doch selbst dann bliebe doch die Frage, woher der Impuls zum Urknall kommt, woher der Raum stammt, in dem er sich abspielt, und so fort.

Der Physik-Nobelpreisträger Steven Weinberg aus Austin, Texas, hat auf diese Frage in einer von mir schon 1993 produzierten ZDF-Dokumentation einmal folgende Antwort gegeben: "Jede Frage, die man stellt – ob es um Menschen oder um Atomteilchen geht – kann, soweit man sie überhaupt beantworten kann, mit naturwissenschaftlichen Prinzipien erklärt werden.

Es gibt historische Zufälle, die unerklärlich sind. Die Existenz von Menschen ist sicherlich das Ergebnis einer Reihe historischer Zufälle bei der Evolution von Leben auf dem Planeten, die niemals erklärt werden können.

Wir haben vielleicht gehofft, dass wir in den grundlegenden Naturgesetzen einen Bezug zum Leben, zur Intelligenz oder sogar zu uns Menschen finden – aber das scheint nicht der Fall zu sein. Natürlich haben wir die letzten Gesetze noch nicht entdeckt, aber wir stellen zunehmend fest, dass die Naturgesetze in ihren Grundlagen unpersönlich sind, dass sie Leben oder Denken gar nicht wahrnehmen. Wir leben offensichtlich nicht in einem Universum, das unseretwegen geschaffen wurde."

Weinberg äußert also die Überzeugung, dass der gesamte Mensch, und damit auch sein Bewusstsein und sein Geist, quasi Nebenprodukte der physikalischen Welt seien, die zufällig aufgetaucht sind. Ob das die ganze Wahrheit ist? Ob wirklich alles physikalisch erklärt werden kann? Glaube, Hoffnung, Liebe? Auch Bewusstsein, Geist und Erleuchtung?

Zusammenhänge zwischen Geist und Materie

Ein deutscher Physik-Nobelpreisträger, Gerd Binnig, sagte mir in einem Gespräch unter anderem: "Wir untersuchen, was tote und lebendige Materie miteinander zu tun haben, was dem Geist und den Atomen gemeinsam ist. ... Alles ist einmal geworden, alles ist Schritt für Schritt entstanden. Wir stellen fest, dass es für alle Entwicklungen ähnliche Kriterien gibt."

Insofern könnte man die Physik sozusagen als eine Ersatzwissenschaft bezeichnen, weil sie von Gesetzmäßigkeiten, die sie bei Form und Verhalten von Materie feststellt, hofft, Rückschlüsse auf Form und Verhalten von Geist zu gewinnen. Binnig meinte weiter: "Da sich die Natur entwickelt, müssen wir davon ausgehen, dass sich auch die Naturgesetze noch entwickeln, dass sie noch nicht *fertig* sind. Auch die Naturgesetze machen noch eine Evolution durch ... Nichts auf dieser Welt hat Bestand für alle Ewigkeit. Warum sollten ausgerechnet Naturgesetze eine Ausnahme machen?"

Wenn wir den Begriff *Naturgesetze* aufnehmen und ihn konsequent anwenden, so gilt das Gesetz von Ursache und Wirkung überall. Ohne dass es zuvor Ursachen gibt, kann es keine Wirkungen geben, und es existieren auch keine Ursachen, die nicht irgendwelche Wir-kungen nach sich ziehen würden.

Also muss auch der Urknall eine Ursache haben, nicht wahr?

Dann müssten auch Geist oder Bewusstsein eine Ursache haben? Ist es sehr *logisch*, anzunehmen, dass sich Geist aus Materie entwickelt? Ist es naturwissenschaftlich konsequent anzunehmen, dass Licht aus Dunkelheit kommt? Falls ja, wie? Oder ist es logischer, davon auszugehen, dass Licht aus Licht kommt, dass Bewusstsein ebenfalls geistige Ursachen haben muss? Das führt uns zu der zweiten Frage, die wir weiter oben aufgeworfen haben: Woher kommt der Geist ursprünglich?

Das mystische Modell

Das Modell der Seher und Mystiker (griechisch: *myein* = nach innen schauen!) aller Religionen ist in diesem Punkt ziemlich einheitlich. Sie alle berichten – wie sie sagen, aus eigener innerer Schau –, dass der Ursprung allen Seins weder ein Urknall von Energieteilchen sei, die sich zu Materie verdichteten, noch eine Evolution von Wasserstoffatomen zum menschlichen Bewusstsein, sondern GEIST.

Geist – in diesem Fall gleichbedeutend mit All-Bewusst-Sein, mit GOTT oder Schöpfergeist –, soll durch eine *Verdichtung* Energie hervorgebracht haben, die infolge weiterer Verdichtung zu Formen gebildet wurde. Nicht Stoff bringt Geist hervor, sondern umgekehrt vermag geistige Energie bei ihrer Verdichtung Materie zu schaffen.

Das erinnert an die rhetorische Frage des Philosophen Karl Popper am Ende seines Lebens, ob das Gehirn eigentlich ein Bewusstsein erzeuge oder ob sich nicht vielmehr das Bewusstsein eines Gehirns (vorübergehend) bediene?

Hat das Gehirn also Geist, oder *hat* Geist ein stoffliches Medium, dessen es sich zu seiner Wahrnehmung der irdischen Welt und zu seinem Ausdruck hier bedient (einschließlich der noch stofflicheren *Verlängerungen* des Gehirns, der Sinnesorgane und ihrer Ausdrucks- und Wahrnehmungsfähigkeit)? Ist das Gehirn einfach nur eine höchst komplexe, aber eben doch nur materielle Form für den Geist, für das Leben auf der sichtbaren Körperebene, dem jedoch durchaus auch andere, nicht-materielle Erfahrungs- und Tätigkeitsweisen und entsprechende nicht-materielle Formen zur Verfügung stünden?

Zurück zum Schöpfungsmodell der Mystiker. Die von und aus Geist geschaffenen Lebensformen von Mensch, Tier und Pflanze wurden (und werden) nun mit einem *Tropfen* reinen Bewusstseins beseelt und lebendig gemacht. Seher sprechen von unterschiedlichen Bewusstseinsebenen, die sich durch ihre Dichte unterscheiden, durch das Verhältnis zwischen Geist und Materie, das in ihnen besteht.

Diese Ebenen existieren gleichzeitig, und manche Experten der Innenschau gehen sogar so weit, auch diese physische Ebene letztlich als einen *rein geistigen Bewusstseinszustand, nicht* aber als eine *materielle Realität* zu beschreiben. Auch dazu später mehr.

Um solche Modelle wissenschaftlich zu überprüfen, müsste man wissenschaftlich vorgehen: Wenn die gleiche Methode von unterschiedlichen Forschern angewandt wird, an beliebigen Orten auf der Welt, und bei wiederholten Experimenten zu den gleichen Ergebnissen führt, so darf man davon sprechen, dass diese Ergebnisse wissenschaftlich gesichert sind.

Nichts anderes sagen die Mystiker aller Zeiten: wenn Menschen auf eine bestimmte Art und Weise ihren Geist sammeln und nach innen lenken, werden sie alle zu den gleichen Ergebnissen kommen, nämlich zu Erfahrungen von Lichtwelten, immateriellen Sphären und höheren Bewusstseinszuständen. Wenden wir uns nun wieder den Gesetzmäßigkeiten des Lebens zu.

Folgen Geist und Materie unterschiedlichen Gesetzen?

Könnte es sein – da sich, wie der Physiker Binnig meint, auch die Natur entwickelt –, dass für den Geist einfach ganz andere Gesetze gelten als für die Materie und wir deshalb auf dem Holzweg sind, wenn wir die geistigen Gesetze mit den Methoden der Materie untersuchen und in ebensolche Theorien zu pressen versuchen? Könnte es sein, dass wir es hier mit zweierlei gleichzeitig bestehenden Wirklichkeiten und zwei gleichermaßen berechtigten Methoden zu tun haben, diese beiden Wirklichkeiten zu erkunden, die nebeneinander bestehen dürfen und sollen?

Eines, das physikalische Modell, würde Formentwicklung und Verhalten von Materie nach ihrer Entstehung mit einem Urknall beschreiben, indem es Raum und Zeit, Stoff und Form misst, berechnet, extrapoliert.

Ein zweites, das spirituelle Modell, beschriebe geistige Gesetzmäßigkeiten, wie Bewusstsein entsteht, funktioniert und mit Materie zusammenwirkt, indem es die unmittelbare innere Schau, das Erleben von Geist jenseits von Raum und Zeit sucht, indem es sich bewusst von der Wahrnehmung und Erkennung mittels stofflicher Vorgehensweisen löst und stattdessen immaterielle Methoden anwendet wie Kontemplation, Gebet, Inspiration, Intuition und Meditation.

Kommen wir zu einer dritten Grundfrage des Lebens: Gibt es eine unauflösbare und untrennbare Seele oder nicht? Nach dem Charon´schen Entwurf wäre der Geist des Napoleon keine Ganzheit, sondern ein Mosaik. Diese Vorstellung klingt übrigens auch in einigen Büchern von Carlos Castaneda sowie in manchen animistischen, schamanischen und magischen Traditionen an.

Die meisten Religionen lehnen eine solche Betrachtung allerdings ab und gehen von einer einheitlichen, ganzen Seele aus, die als Gotteswerk unzerstörbar ist, auch wenn wir uns (noch) nicht auf die Stufe des erwachten Seelenbewusstseins erhoben haben mögen. Sie gilt sogar dann noch als unauslöschlich, wenn die Seele nach dem Erdenleben eine Zeitlang unter Qualen in Fegefeuern geläutert würde.

Verschiedene psychologische Richtungen scheinen eine Zersplitterung dessen, was man im Volksmund Seele nennt – richtiger wäre Psyche – in unterschiedliche *Teile* durchaus als häufiges Phänomen festzustellen.

Deshalb *Psyche* statt *Seele*, weil die vorherrschenden Psychologieschulen von einem rein geistigen, ewigen göttlichen Funken entweder nichts wissen (wollen), oder – selbst wenn sie dessen Existenz für möglich halten – dieses mit ihren Methoden nicht erforschen (können). Überwiegend geht es den psychologischen

Richtungen heute um die – selbstverständlich genauso legitime und wichtige – Bewusstmachung und Integration *abgespaltener* Bewusstseinsaspekte und um etwas, was mit dem Jung´schen Begriff *Selbstwerdung* zumindest für Laien eher etwas unscharf umschrieben wird. Unscharf, weil meistens nicht deutlich ist, ob *Selbst* im psychologischen oder im spirituellen Sinne gemeint ist.

Die meisten psychologischen Schulen berücksichtigen die spirituelle Dimension bislang nicht oder nur am Rande und gehen auch auf die Sinnfrage nicht ein – die Existenzanalyse nach Viktor Frankl stellt eine Ausnahme dar, die besonders hervorzuheben ist.

Fragen nach Sinn sind keine Fragen nach Fakten

Unsere drei Fragen – Welche Kraft verursacht den Urknall? Woher kommt der Geist ursprünglich? Gibt es eine unauflösbare Seele? – müssen wir selbstverständlich offen lassen. Es sind vermutlich am Ende doch Sinn- und keine Faktenfragen. Auch die vermeintlich rein wissenschaftliche Betrachtungsweise – messen, was messbar ist, messbar machen, was es noch nicht ist – baut offensichtlich auf einem quasi-religiösen Axiom auf, nämlich dem, dass es außerhalb der Messbarkeit nichts gäbe, was die messbare Welt beeinflusst, bewegt, vielleicht sogar entstehen und sich wieder auflösen lässt. Herbert Pietschmann hat in seinem Buch *Das Ende des naturwissenschaftlichen Zeitalters* ausführlich und überzeugend über dieses Thema geschrieben.

Es soll auch nicht übersehen werden, dass es inzwischen naturwissenschaftliche Auffassungen gibt, die sich vom reinen Gedanken des Mess-, Zähl- und Wiegbaren abwenden. Sie bleiben nicht beim Konzept der Energie stehen, bei dem wir uns ja immer noch auf der materiellen Ebene befinden, sondern abstrahieren weiter und kommen zum Konzept der Information. So wird möglich, dass ein promovierter Physiker und spiritueller Heilungsbegleiter über das Geschehen in einer Heilungssitzung – oder eben auch in der mystischen Schau – sagt: “Ich glaube, das ist, was in einem religiösen Zusammenhang ‚Gottes Segen’ genannt wird und in einem physikalischen ‚Kontaktaufnahme mit dem vereinheitlichten Feld.’”
(Jan Erik Sigdell und Pablo Alemany, *Was ist Spirituelle Heilungsbegleitung? Ein Physiker setzt sich für die Anerkennung des spirituellen Heilens ein.* Hans Nietsch Verlag, 2006)

Sinnsuche ist und bleibt eine sehr persönliche Angelegenheit. Wir sollten diese Fragestellungen jedoch mit auf unsere weitere Lesereise nehmen, während wir sozusagen spiralförmig den Kern des Buches, die Suche nach dem magischen Tor zum Jenseits, umkreisen und ihm scheinbar auf Umwegen, in Wirklichkeit doch aber auf einem sehr zielgerichteten Weg immer näherkommen.

Was macht einen Ort zum Ort der Kraft?

Skizzieren wir jedoch noch ein weiteres Problemfeld: den Zusammenhang zwischen Orten und Kräften. Tragen Orte und Räume bestimmte Kräfte objektiv in sich und strahlen sie diese *objektiv* aus? Wird ihre *objektive* Existenz erst von einem Bewusstsein, das sie *subjektiv* wahrnehmen kann, aus einem latenten in einen aktuellen Zustand gehoben? Oder handelt es sich vor allem um subjektive geistige Projektionen, die vom individuellen Bewusstsein in einen Ort oder einen Raum unbewusst ausgestrahlt und dann dort als persönliches und bewusstes Krafterleben wieder *abgeholt* werden? Diese teils recht theoretisch anmutenden Überlegungen zu Räumen und ihren Kräften sind aus der Sicht des Verfassers eine notwendige Voraussetzung, um sich recht nüchtern mit den vielgestaltigen Energiephänomenen an Orten der Kraft zu beschäftigen, wie wir das zum Beispiel später im Kapitel über Pyramiden und den Ganges oder im Abschnitt über die Chakras tun wollen.

Was ist innen, was ist außen?

Solange wir nach außen gehen, kommen wir nie ans Ziel. Malen wir einen Kreis auf ein Stück Papier: Sobald wir mit einer Linie Grenzen ziehen, gibt es ein Innen und ein Außen. Das Innen scheint begrenzt zu sein, endlich; das Außen ist offensichtlich unendlich.

Und doch gibt es im Innen einen Ort, der unendlich ist, nämlich der absolute Mittelpunkt, der noch kleiner als jeder Punkt ist. Man könnte sagen, dass es in jedem Raum, an jedem Ort ein unsichtbares *schwarzes Loch* gibt, durch das man in eine andere Dimension *springen* kann, um so den paradoxen Widersprüchen der Region der materiellen und polaren Welt zu entrinnen.

Ein Beispiel: Jede Münze hat zwei Seiten. Daran scheinen wir nicht vorbei zu kommen. Entweder blicken wir auf die eine oder auf die andere Seite. Gibt es ein Drittes, was die unüberwindlich anmutende Gegensätzlichkeit der Zwei aufhebt? Natürlich: die Mitte, den Korpus der Münze.

Ein zweites Beispiel: Bei einer Schallplatte (nicht anders bei einer CD) scheint sich alles zu bewegen. Je weiter man außen ist, umso schneller. Ein Punkt am Rand der Schallplatte legt in derselben Zeit einen größeren Weg zurück als ein Punkt nahe der Mitte, ist also schneller. Je näher man zur Mitte kommt, desto langsamer ist die Bewegung. In der exakten Mitte gibt es ein *schwarzes Loch*, das sich nicht mehr bewegt, sondern stille steht.

Nicht nur das Außen ist unendlich, im materiellen Sinne, sondern auch das Innen, im geistigen Sinne. Unsichtbare schwarze Löcher, die Materieteilchen und Energien anziehen, verschlucken und in ihrem Inneren verdichten, funktionieren nach anderen Gesetzen als die sichtbare Außenwelt. Schwarze Löcher scheinen physikalische Tore in ein physikalisches Jenseits zu bilden. Dort sollen die Naturgesetze auf den Kopf gestellt sein, vermuten viele Wissenschaftler.

Im normalen physikalischen Universum verläuft die Zeit unentrinnbar in eine einzige Richtung und ist nicht umkehrbar – Vergangenheit bleibt Vergangenheit, jede Gegenwart wird in jedem Augenblick Vergangenheit. Aber den Aufenthaltsort im Raum können wir theoretisch frei wählen und verändern. In schwarzen Löchern, so die Spekulation, ist es genau umgedreht. Der Ort im Raum ist festgelegt – ein Herauskommen ist unmöglich – aber die Zeit ist umkehrbar: Vergangenheit, Gegenwart und Zukunft sind dort austauschbar.

Ähnliche schwarze Löcher und ungewöhnliche Kraftorte gibt es auch in den geistigen Welten. Es sind Tore zu einem unsichtbaren Jenseits, in dem ebenfalls alles anders ist und *andersherum* funktioniert als unser sichtbares Diesseits. Auf bestimmten Ebenen lässt sich alles, was im Verlaufe der Zeiten geschehen ist, wie auf einer Filmrolle ansehen, auf der Anfang, Mitte und Ende einer Handlung gespeichert sind. In den schwarzen Löchern des Geistes kann man Zeit- und Raumreisen ungeahnter Tragweite unternehmen. Einige davon werden wir im Verlauf des Buches näher kennen lernen.

Mit Sicherheit ist jedes Buch ein äußerer Ort der Kraft, den wir als Pilger aufgesucht haben, nicht nur, um unser intellektuelles Wissen über die Außenwelt zu vergrößern, sondern um unser inneres Seelenleben zu bereichern.

Um aus Klinik und Praxis, aus Kirche und Beratungsstellen wieder Orte der Heilung zu machen, müssen Therapeuten und Priester und ihre Klienten bzw. Gläubigen den Aufbruch in neue Innenräume wagen ...

Es geht darum, geistige Räume, in denen schöpferische Lebenskräfte erfahrbar werden, selbst zu erleben und zu durchreisen. Es geht darum, Felder zu erkunden, auf denen neue Hoffnung wächst und wo die Blumen der Gesundheit und Ganzheit, der Liebe und Menschlichkeit zur vollen bewussten Blüte erwachsen und Früchte tragen.

3. Die sprichwörtliche Suche nach dem Glück

Die Kirschen in Nachbars Garten schmecken irgendwie besser als die eigenen. Ein Diesseits bedingt ein Jenseits. Die Kuh auf dieser Seite des Zauns frisst am liebsten das Gras auf der anderen Seite. Wenn ich hier bin, gibt es auch ein dort. Wenn das grüne Diesseits so schön wäre, würde die Kuh ihren Hals doch nicht unter dem Zaun ins jenseitige Grün strecken, oder?

Irgendwo
auf der Welt
ist ein kleines bisschen Glück …

So sangen es die Comedian Harmonists in den zwanziger Jahren. Aber wo um aller Welt ist dieses bisschen Glück? Am Kirschbaum in Nachbars Garten? Am Ende des Regenbogens, wo der legendäre Topf voller blitzender Goldstücke auf den Glückspilz warten soll? Der Hans im Märchen ist auf der Suche nach dem Glück – er beginnt bekanntlich mit einem Klumpen Gold, den er gegen ein Pferd eintauscht, das er für eine Kuh hergibt, die er für ein Schwein tauscht, das er für eine Gans hergibt, die er schließlich um ordentliche Wetzsteine eintauscht. Als er an einem Brunnen rastet, fallen die schweren Schleifsteine hinein. Hans wird jedoch keineswegs verdrießlich, sondern ist durch und durch glücklich, dass ihm endlich die drückende Last genommen wurde, die er in Form der Wetzsteine mit sich herumschleppte und ruft, "So glücklich wie ich kann kein anderer Mensch unter der Sonne sein". Frohgemut und leichten Schrittes, befreit von aller Bürde, eilt er nach Hause.

Was also ist das Glück? Etwas zu haben oder nichts zu haben? Haben oder Sein? Die Welt draußen zu erfahren oder wieder heimzukommen? Vielleicht immer beides, vielleicht im Wechsel? Aber eine eigentümliche Kraft treibt uns voran auf einer Suche – wir wissen oft nicht, wonach. Es stimmt schon, dass manche von uns so dumpf, so phlegmatisch, so saft- und kraftlos sind, dass sie nichts mehr treibt oder zieht, dass sie nur noch wenig erfreut oder inspiriert. Doch solche bedauernswerten Mitmenschen halten vermutlich dieses Buch nicht in der Hand.

Technisch hochgerüstete moderne Abenteurer tauchen nach den Schätzen versunkener spanischer Galeonen – das ist ihr *Ende des Regenbogens*. Wissenschaftler bauen eine internationale Raumstation auf einer Umlaufbahn um die Erde, um von dort weiter hinaus ins Jenseits des Alls schauen zu können.

Ferngesteuerte Kapseln fliegen bis zu Mars und Jupiter, manche noch weit darüber hinaus, um dem wohl unbegrenzten Weltraum das eine oder andere kleine oder große Geheimnis zu entreißen. Welche Sehnsüchte und Zwänge, Notwendigkeiten und Bedürfnisse, Ahnungen und Verheißungen drängen oder treiben, ziehen oder zerren uns auf dieser Reise des Lebens voran, auf unserer merkwürdigen Schicksalsfahrt durch Raum und Zeit?

Wonach sehnen wir uns? Was suchen wir? Suchen wir ein Paradies der erdengleichen Freuden und Wonnen ohne alle irdischen Mühen? Oder erhoffen wir uns – ganz profan – ein himmlisches Schlaraffenland? Suchen wir in einem Neuen Jerusalem aus Licht und Liebe nach dem magischen Gral, gefüllt mit den Wassern des ewigen Lebens und der göttlichen Erkenntnis? Hoffen wir auf ein Nirwana der Auflösung aller Ichheit im Meer eines allumfassenden, kosmischen Bewusst-Seins? Wo wollen wir eigentlich hin? Oder haben wir keine Ziele?

Welches Glück erwarten wir uns *dort drüben*? Ewige Gesundheit und nie alternde Schönheit? Unbegrenzten Einfluss und umfassende Macht? Allwissen und Weisheit? Nie versiegende schöpferische Kräfte oder einen ewigen Strom von Erleuchtung? Vielleicht persönliche Liebe und überpersönliche Güte?

Eines ist all diesen Wünschen gemeinsam: sie können sich aus irgendeinem Grund nicht hier an diesem Ort und nicht jetzt in diesem Augenblick, sondern immer nur irgendwo anders und nur in der (hoffentlich nahen) Zukunft erfüllen. Ein anderer Ort, ein neuer Raum, die Bewegung auf eine andere Ebene zu, in eine neue Sphäre hinein sind – so scheint es – die Voraussetzungen zur Erfüllung unserer Träume.

Leben ohne Raumbezug gibt es, wie wir festgestellt haben, nicht. Unbekannte Orte zu entdecken ist spannend, macht Spaß. Der Reiz des Neuen und auch der möglicherweise lauernden Gefahren lockt uns. Auch Ehrgeiz, als erster eine *terra incognita* zu bereisen und weiße Flecken von den geographischen und vor allem geistigen Landkarten tilgen zu können. Was aber suchen wir Menschen an äußeren Orten? Interessanterweise fast immer etwas, was für uns einen *inneren* Wert ausmacht. Einige Beispiele dafür:

Der Bergsteiger sucht am Berg sicher nicht nur sportliche Betätigung, sondern auch Selbstbestätigung und vielleicht Lösung vom Alltag.

Der Wanderer sucht auf seinen Wegen durch Wald und Flur vermutlich frische Luft und Entspannung, meist aber auch (selbst wenn ihm das nicht so bewusst sein mag) die Verbindung zur unberührten und deshalb in sich harmonischen Natur, zu Geborgenheit als Teil eines größeren Ganzen, vielleicht sogar das Mysterium des Dunkels, wie man es in einem tiefen Forst erfahren kann.

Der Schiffer sucht auf dem Fluss nicht nur seinen Lebensunterhalt – dann hätte er wohl einen anderen Beruf ergreifen können. Sondern er fühlt sich wahrscheinlich auch von der stetigen Bewegung des Stroms, vom Fließen, von der sich ständig wandelnden Kulisse angesprochen. *Panta rhei* – alles fließt – der griechische Begriff bringt ein Wesentliches unseres Lebens zum Ausdruck.

Der Bauer, der die Erde bearbeitet, sucht auf Feld und Scholle meist Sicherheit, Beständigkeit, Berechenbarkeit, Zuverlässigkeit. Wer zur See fährt, trug – zumindest war das früher meist so – in sich eine große Sehnsucht nach Unendlichkeit. Wer an einem See sein Leben verbringt, sucht Stille und Frieden der Seele.

Die andauernde Sehnsucht nach Erfüllung, die unendlich anmutende Suche des Ritters nach dem Gral, die Fahrt des Menschen durch dieses Leben, die Reise der Seele ins Licht kommt auf archetypische Weise im Tarotspiel zum Ausdruck, vor allem in seinen zweiundzwanzig Hauptkarten, den *Großen Arkana*. *Arkana* bedeutet Geheimnis; das Tarot gibt einen möglichen Schlüssel zum Rätsel der menschlichen Pilgerreise und ihrer Stationen.

Die erste Karte im Tarot ist ein Pilger, ein Umher-Wanderer ohne bestimmtes Ziel, ein unbestimmt Suchender – *Der Narr*, eine männliche Gestalt, die Karte Null. Er begibt sich mit einem Schicksalsbündel auf dem Rücken, einem Stock und einem kleinen Hund als Begleiter auf die Reise durch allgemein-menschliche Entwicklungsstufen der Bewusstwerdung.

Danach sehen wir ihn als dynamischen Prinzen in einem Siegeswagen, auf dem Weg zu vermeintlich immer neuen, größeren Triumphen.

Er begegnet uns bald darauf als Eremit, der zwar noch einen Wanderstab hält, nun aber statt des Bündels auf dem Rücken eine Laterne in der Hand trägt, die den Weg erkennen lässt.

Zwischendurch scheint er auf ein Glücksrad festgebunden zu sein, das ihn in einem nicht enden wollenden Kreislauf des Auf und Ab von Karma und Wiedergeburt mitführt oder mitreißt bei einer Suche, die sich an dieser Station ohne jede echte Entwicklungsmöglichkeit um sich selbst zu drehen scheint. Bis er schließlich als weibliche Gestalt auf der Welt oder im Weltraum leichtfüßig zu tanzen gelernt hat, als Karte *Die Welt*, welche die Zahl 21 trägt.

Manche Deuter setzen hier den Narren in seiner Höherentwicklung hin, nämlich nicht mehr als bindungsunfähigen, sondern als ungebundenen, wahrhaft freien Menschen, nicht mehr als verantwortungslosen Narren, sondern als Weisen, der Antworten gefunden hat, sie aber keinem anderen aufdrängt, um Zustimmung zu erheischen, sondern an seinen Einsichten ins Leben genug hat. Sein Rat kommt im Gewand der vermeintlichen Torheit daher, scheinbar albern und doch wahr.

Wir kennen ein ähnliches Motiv einer archetypischen Lebensreise vom verlorenen Sohn aus der Bibel. Er begibt sich auf die Reise, auf den Rückweg, in die *re-ligio*, die Rückverbindung zum Vater, zu Gott, in den Himmelsraum der Gottespräsenz, in die Kraft des Heiligen Geistes, an den einzigen Ort der Kraft, an dem er sich wirklich aufgehoben, erlöst und angekommen wissen darf. Er wird dort bekanntlich umso herzlicher empfangen, geherzt und bei seiner Rückkehr gefeiert, da er eben lange Zeit von Gott entfernt war, sich der Schöpfung zugewandt und sich darin verloren und dabei den Urheber unserer eigentümlichen Wunderwelt vergessen oder vernachlässigt hatte. Sehnsüchte und Zwänge, Notwendigkeiten und Bedürfnisse ziehen oder treiben uns voran auf der Lebensreise, in einer Schicksalsreise durch Raum und Zeit ...

Wonach sehnen wir uns, was suchen wir, wo wollen wir hin? Stellen wir uns die altbekannten Fragen erneut: Sehnen wir uns nach dem Jenseits, dem *Himmel*, dem *Nirwana* oder vielleicht nach einem *Paradies* – dort oder hier –, oder profaner noch, nach einem Schlaraffenland?

Wonach also sehnen und suchen wir? Sehnen wir uns alle nicht immer auf die eine oder andere Weise nach Glück, in welcher Form wir Glück auch wahrnehmen: als Gesundheit oder Ruhm, als Macht oder Reichtum, als Kreativität oder Erleuchtung? Streben wir nicht ständig danach (bewusst oder unbewusst), diese Sehnsucht zu erfüllen, äußerlich oder innerlich, dinglich oder geistig?

Immer ist damit ein erlebter Raum, ein Feld bestimmter Energien, ein krafterfüllter Ort verbunden:

- Gesundheit erfahren wir konkret als Harmonie im Körperraum, Krankheit als Störung im Ort des Körpers.
- Ruhm ist erfahrbar an Orten, an denen wir ein anerkennendes Publikum finden – auf der Bühne, im Hörsaal, in der Klinik, bei einer Siegerehrung.
- Macht macht sich fest am Einfluss über Menschen oder Maschinen, die bestimmte Dinge an festgelegten Orten so tun, wie es die Machthaber wollen – als moderne Machthaber zählen dazu jedoch nicht nur Politiker, Militärs und Wirtschaftsbosse, sondern vielleicht mehr noch Medienzaren und Fußballpräsidenten.
- Reichtum findet sich bei Dagobert Duck aus den Disney-Cartoons in dessen Geldspeicher, in dem er – und nur er – in Goldstücken badet. Im beginnenden 21. Jahrhundert findet er sich meist nicht mehr als Goldbarren an konkreten Orten wie Fort Knox oder als Aktienpapiere im Tresor von Banken, sondern als virtuelles Geld in den fiktiven Safes des Cyberspace.
- Kreativität findet ihren sichtbaren Ausdruck traditionell in Bildern oder Skulpturen, in Partituren oder Drehbüchern; allerdings zeigt die Kunstform des Happenings, dass es inzwischen gar nicht mehr auf Dinge, sondern auf Geschehnisse anzukommen scheint.
- Erleuchtung schließlich findet in einem letztlich völlig unbeschreibbaren Raum als inneres Erleben statt, das keinerlei

dingliche Ausdrucksform mehr kennt – das sich allerdings am Alltagsverhalten des Erleuchteten sehr wohl ablesen lässt: an Menschlichkeit, Toleranz, Klarheit, Friedfertigkeit und Liebe.

Was also suchen wir? Glück? In welcher Form? Als Erlösung? Wovon und wo? In welchen Räumen können wir das finden, was wir suchen? Seit es uns Menschen auf der Erde gibt, gibt es auch aussergewöhnliche Orte der Kraft, an denen wir mehr zu finden meinen als an anderen, gewöhnlichen Orten. Rufen wir uns einige solche herausragende und berühmte Orte in Erinnerung.

Magische Kraftorte und ihre Wirkungen

Die Suche nach Orten der Kraft ist nicht nur eine Sache für seltene, erhabene Stunden, sondern sie bestimmt auch unseren Alltag, ohne dass wir uns dessen allerdings sonderlich bewusst wären.

Sehr prosaisch: Wir sind alle immer wieder einmal auf der Suche nach einer schöneren Wohnung oder einem ruhigeren Haus, nach einer besseren oder überhaupt einer Arbeitsstelle. Wir suchen nach einem Urlaubsort, an dem wir uns endlich richtig erholen können – oder sehen und gesehen werden. Wir suchen nach einer passenden Kirche für Hochzeit oder Taufe und einem würdigen Ort für die letzte Ruhe. Vielleicht halten Sie das nicht für eine Suche nach einem Ort der Kraft. Aber wenn es egal wäre, wo wir wohnen, würden wir uns doch nicht um eine hübsche Wohnung kümmern. Und wenn es eben nicht gleich ist, wo wir wohnen, gibt es bestimmte Faktoren, welche die Wohnung für uns zum *Ort der Kraft* machen: Schnitt, Umgebung, Stockwerk, Mobiliar, Lage und so fort.

Sogar die leidige Ausschau nach einem Parkplatz beim deshalb immer selteneren Innenstadtbesuch wird zu einer modernen Form der Sehnsucht nach einem Ort der Kraft, an dem unsere moderne Odyssee durch überquellende Städte und verstopfte Straßen in einem punktgenauen Ankommen vorübergehend begrenzten Frieden findet. Es gibt bekanntlich Pilgerfahrten an besondere geographische Orte und in spezielle äußere Räume, sowie außerdem Pilgerreisen, die uns in Innenräume führen, an geistige Orte und oft auch in neue Dimensionen.

Lassen wir zunächst eine Reihe von äußeren Orten geistig

Revue passieren, erinnern wir uns dabei an das, was wir in Bezug auf die genannten Orte erfahren haben oder jetzt empfinden, bevor wir uns dann später den inneren Orten zuwenden, und schließlich fragen wollen, was Orte der Kraft ausmacht oder auszeichnet, was sie bedingt oder bestimmt.

Steinzeit-Höhlen

Denken wir an die Höhlen der Steinzeit und der Bronzezeit: archaische Orte der Kraft, die sicher zunächst einmal zum Schutze der Menschen dienten, zum Erlebnis von Wärme und Nähe, zum Schutz vor Unwetter und wilden Tieren, als Obhut beim Gebären und Sterben. Zumindest manche dieser Höhlen wurden aber zu mehr verwendet, wie Forschungsergebnisse der Höhlenmalereien in Spanien und Südfrankreich nahe legen. Höhlen wurden dort und anderswo auch als Stätten der schamanischen Anrufung von Tiergeistern, zur Ausübung früher Formen von Religion und wohl auch zum Heilen von Menschen genutzt.

Der Geist der Kelten

Die keltischen Heiligen Haine, vermutlich meistens Eichenwälder, waren Orte der Einstimmung in übernatürliche, überirdische Kräfte. Wie die Megalith-Formationen in Stonehenge und an anderen keltischen Kulturstätten, dienten die Haine als Orte der Besinnung, der Öffnung für den Kontakt zu einer anderen, unsichtbaren Wirklichkeit. Da Druiden, die Priester des Keltentums, ihre Religion nur mündlich überlieferten, können wir über ihr Menschenbild und ihre Weltsicht allerdings nur spekulieren. Eine recht glaubwürdige Annahme geht davon aus, dass die Druiden an die Existenz von drei Welten glaubten und daran, dass man zwischen diesen hin- und herwandere:

Die sichtbare und greifbare Körperwelt, eine höhere geistige Welt, in der Glückseligkeit herrschte, sowie eine niedrigere geistige Welt, in der es große Not gab.

Der Sinn der Wanderung zwischen diesen Welten bestand demnach darin, dass die Seele nach ihrem Aufenthalt auf der Erde bestraft und gereinigt oder belohnt und erhöht würde.

Weiter meinten die Druiden vermutlich, dass sich in unserer

irdischen Welt Gut und Böse derart die Waage hielten, dass der Mensch die größte Freiheit (und auch Bürde?) habe, das eine zu wählen und das andere zurückzuweisen.

Walisische Überlieferungen berichten von ursprünglichen Dreiheiten der geistigen Entwicklung. Danach gibt es drei Ziele der Seelenwanderung: die Eigenschaften allen Seins sowie das Wissen um alle Dinge in der Seele zu sammeln, und die Kraft aufzubauen, das Böse zu besiegen.

Drei Arten von Wissen werden unterschieden: das Wissen um das Wesen der Dinge, das Wissen um ihre Ursachen und das Wissen um ihre Wirkungen. Drei Dinge nehmen beständig ab: Dunkelheit, Falschheit und Tod. Drei Dinge nehmen stetig zu: Licht, Leben und Wahrheit.

Entstanden hier die Urformen der magischen Spirale, welche in immer engeren Windungen allmählich und auf indirektem Wege erst zum Ziel führt, weil Leben eben Entwicklung bedeutet, die nicht direkt, durchaus aber gezielt erfolgt?

Stonehenge

“Hängende Steine” ist der altsächsische Name für eine Formation riesiger walisischer Blausteine, die in der Ebene von Salisbury in der Grafschaft Wiltshire im Herzen Südenglands eine rätselhafte, ring- und hufeisenförmige Struktur aus Menhiren bilden, die seit Jahrhunderten Menschen in ihren Bann schlägt.

Schriftsteller des Mittelalters nannten diese Stätte auch *Tanz der Giganten*. Im 17. Jahrhundert vermutete man darin Überreste eines römischen Tempels, im 18. Jahrhundert war der Altertumsforscher und Freimaurer William Stukeley davon überzeugt, dass Stonehenge ein Druiden-Tempel gewesen war. Mit heutigen modernen Meßmethoden glaubt man, den Baubeginn auf rund 3500 v.Chr. datieren zu können, und den Zeitpunkt der endgültigen Aufstellung der heute noch vorhandenen Riesensteine auf etwa 2000 v.Chr.

Ungeklärt bleibt, mit welchen Mitteln man in dieser vermeintlichen Frühzeit der Zivilisation bis zu 26 Tonnen schwere Hinkelsteine bewegt haben sollte. Dieselbe Frage erhebt sich bekanntlich im Zusammenhang mit zahlreichen anderen heiligen Stätten, von

Ägypten über Mittelamerika bis nach Tibet, wo ungeheuer schwere Felsblöcke oft wie von Zauberhand über weite Strecken oder in große Höhen bewegt wurden.

Umstritten ist auch der Zweck von Stonehenge. Ist es ein prähistorisches Observatorium, ähnlich wie manche Pyramiden und Bauten der Anasazi-Indianer? Immerhin sind die Achsen der Sommer- und Winter-Sonnenwenden dort klar ablesbar. Durchaus möglich, dass sich religiöse, astronomische, astrologische und landwirtschaftliche Zwecke miteinander verbunden haben.

War Stonehenge also zunächst so etwas wie eine sehr große Sternwarte und ein *Stein-Kalender*? Wurden hier nicht nur Beschwörungs- sondern auch Bestattungsriten durchgeführt? Man fand in zahlreichen Erdlöchern Grabreste. Oder stellten solche Löcher Tore zu einer Unterwelt dar, wie die *sipapu* in den Kivas der später lebenden Anasazi-Indianer?

War Stonehenge mit seinen hoch aufragenden Steinen und seinem wie von heiligen Mauern umgebenen Innenzirkel einerseits so etwas wie ein Tor zum Jenseits, in die höheren Welten des Lichtes von Sonne, Mond und Sternen, und mit seinen tief in den Boden gegrabenen Löchern und kleinen Höhlen andererseits zugleich ein Tor zu einem weiteren Jenseits, in die niederen Welten des Dunkels der lichtlosen Erde?

Ganges

Der indische Ganges-Strom ist ein Ort der Kraft, der bis heute nichts von seiner Anziehungskraft verloren hat. Dabei ist er nicht eigentlich ein Ort, oder? Zwar begrenzen und definieren Flussufer einen Strom, hier ist jedoch nicht der Ort, sondern sein als heilig erachtetes Wasser das Mittel zur Erlösung.

Der Ganges ist ein anschauliches Beispiel für einen Ort der Kraft, der sich geographisch nicht auf einen kleinen Fleck eingrenzen lässt – immerhin reicht seine Wunderwirkung von Rishikesh und Hardwar in den Hügeln der Himalayas mindestens bis Kashi, dem früheren Benares oder Varanasi. Und nach dem alten Gesetz des *Panta rhei* ist es in Wahrheit ja immer wieder ein neues, ein anderes Wasser, das heilig wird und selbst heiligt.

Orakel-Tempel

Orakelorte wie der berühmte Apollo-Tempel zu Delphi, dessen Leitmotto bekanntlich *Gnothi se auton* war, “Mensch, erkenne dich selbst”, germanische Thing-Stätten als Orte, an denen Recht gesprochen wurde, Märkte, auf denen gehandelt wurde, Universitäten, an denen schon vor tausend Jahren geforscht, gelehrt und disputiert wurde und immer wieder neue Entdeckungen gemacht, neue Weltbilder entworfen und alte verworfen werden – das sind weitere Beispiele für äußere Orte, die sich an bestimmten Punkten auf der Erdoberfläche befanden und befinden und an denen spezielle Energien herrschten, Kräfte im Austausch standen, an denen sich etwas *ereignet*.

Pyramiden

Über die Pyramiden gibt es eine umfangreiche Literatur. Die meisten Leser werden vermutlich bereits das eine oder andere Buch darüber kennen. Sie werden wissen, dass die Pyramiden in Ägypten auf besondere Himmelspunkte ausgerichtet sind, dass sie auf *Energielinien* stehen, die von Ägypten über Südfrankreich bis nach Großbritannien verlaufen. Sie werden davon gehört haben, dass die Königskammern besondere Kräfte bergen sollen, usf.

Man hat Versuche mit der Pyramidenform gemacht. So sind Pyramiden-Formen aus Kupferrohr gebaut worden, welche die Maße und Proportionen der Cheops-Pyramide spiegeln. Solche größeren und kleineren Pyramidengestelle wurden über Nahrungsmittel gestellt oder in Meditationsräumen aufgehängt. Lebensmittel halten sich unter solchen Kupferrohr-Pyramiden nachweislich länger, Meditierende teilen mit, sie fühlten sich stärker erhoben.

Das wären Hinweise darauf, dass nicht so sehr der Ort, an dem die Pyramiden ursprünglich erbaut wurden, von Bedeutung für ihre Kraftwirkung ist, sondern vielmehr ihre besondere Form und die Proportion der Seitenkanten zur Höhe.

Können Kraftorte also durch symbolische und energetische Formen entstehen? Man denke an die fast überall auf der Welt benutzte Spiralform, die hier ein Schmuckstück in seiner Wirkung verstärkt, dort ein Bodenrelief energetisiert und an einem dritten Ort eine Gedenkstätte verzaubert.

Was haben die ägyptischen Pyramiden mit den süd- und mittelamerikanischen zu tun? Dieselben Erbauer, wie manche meinen? Oder einfach die an mehreren Orten der Welt gleichzeitig entstandene Erkenntnis, dass die Pyramidenform spezielle Kräfte aktivieren kann. Sind solche Einsichten *morphogenetischen* Feldern entsprungen, zum Beispiel bei den Maya-Erbauern der Pyramiden von Tikal in El Petén in Guatemala, weil zuvor am anderen Ende der Welt die Pyramiden der ägyptischen Reiche als Information in den *feinstofflichen* Äther geprägt wurden? Fragen, die ebenfalls sicher noch lange offen bleiben werden.

Palmblattbibliotheken

Zwei solcher Bibliotheken hat der Verfasser vor einigen Jahren jeweils zweimal besucht, von einigen weiteren weiß er aus zuverlässiger Quelle. Die geheimnisumwitterten Palmblattbibliotheken in Indien sind gleichfalls Orte der Kraft, weil an ihnen Schicksalsinformationen über Vergangenheit, Gegenwart und Zukunft liegen sollen – noch dazu angeblich für all die Menschen, die je dorthin gelangen werden. Da wird die westliche Logik auf eine harte Probe gestellt: Was wäre, wenn ...? Was wäre, wenn alle Menschen der Erde dorthin pilgerten? Dann müssten dort ja sechs Milliarden Palmblätter liegen, und das tun sie nachweislich nicht. Aber ... es kommen halt nur die wirklich hin, für die es auch ein Palmblatt gibt.

Wie kann es sein, dass an einem Ort auf Palmblättern oder Papieren in einer längst vergangenen Zeit Informationen über Menschen und deren Leben stehen, die in fremden, fernen Ländern wohnen? Da erhebt sich auch die grundsätzliche Frage, ob Zukunft wissbar ist oder nicht, es stellt sich die Frage nach Qualität und Bedeutung von Prophezeiungen. Gerade bei den Palmblattbibliotheken, die in der Antike Indiens wohl nur an wenigen, geheiligten Orten bestanden, deren Schätze jetzt aber weit über das Land verstreut sind, bietet sich die naheliegende Erklärung an, dass mythisches Wissen und mystische Offenbarung, die auf den Palmblättern festgehalten wurden, eine Symbiose mit einem kundigen Leser und Deuter sowie einem offenen Ohr eines ernsthaften Suchers eingehen müssen, bevor die ihnen innewohnende Kraft überhaupt erlebt werden und dann auch praktische Anwendung finden kann.

Auch diesen Gedanken können wir hier nicht weiter vertiefen, aber festzuhalten bleibt, dass sich die Kraft eines Ortes mitteilt – ganz gleich wie sie entstanden sein mag –, in den meisten Fällen aber wohl nur dem dafür offenen Geist. Das ist weniger banal, als es vielleicht zunächst klingen mag. Denn was wäre, wenn Kraft überhaupt erst als Folge einer sozusagen chemischen Reaktion zwischen einem geographischem Ort und dem entsprechenden, empfänglichen menschlichen Geist entstünde, und sie sonst nicht vorhanden wäre? Ist das Krafterleben etwa ein Prozess, den es ohne alle daran beteiligten *Reagenzien* gar nicht gäbe?

Die Wüstenbilder von Nazca

Zwischen Lima, der Hauptstadt Perus, dem Zauberberg Machu Picchu und dem höchsten See der Erde, dem Titicaca-See, liegt die Wüstenebene von Nazca. Schon vor zwölftausend Jahren hatten sich Menschen hier angesiedelt. Hier ist der Ort, an dem Geisterhände wie mit Riesenstäben eigentümliche Figuren in die Erde gezogen haben. Eine Spinne, die 45 Meter lang ist, ein Kolibri, ein Affe, Spiralen, eine Echse, die 180 Meter lang ist, ein Lama, ein Wal, eine Schlange und viele Vögel, ein Mensch – zwischen 25 und 275 Meter groß sind diese rätselhaften Zeichen, die eine ferne Zivilisation in der Wüste von Nazca hinterlassen hat.

Man erkennt die Figuren erst aus der Luft – konnten ihre Urheber also fliegen? Buchstäblich – oder haben sie sich in ihrer Vorstellung in die Lüfte erhoben und so heruntergeschaut, wie es vielleicht die von ihnen erwarteten Götter hätten tun können? Wissenschaftler haben einen einfachen Heißluftballon mit Materialien gebaut, die es auch damals gab, der immerhin zwanzig Minuten in der Luft blieb und fast fünf Kilometer weit flog. Oder konnten diese Menschen vielleicht tatsächlich ihren Körper verlassen und so über der Erde schweben und nach unten sehen, wie wir das inzwischen aus Berichten über Nahtoderlebnisse erfahren?

War die Wüste von Nazca ein *Kraftort*, an dem prähistorische Luftfahrer landeten? War es ein riesiger Freilufttempel, in dem Götter angebetet wurden? Stellen die Linien die Geister der Ahnen dar? Noch mehr Fragen im Reigen der vielen, die derzeit unbeantwortet bleiben müssen.

Hügelfiguren

Auf sogenannten *Mounds* in den USA, angeschütteten Hügelformationen, finden wir ähnlich imposante Tiergestalten. Zum Beispiel einen mächtigen Adler in Georgia oder die große Schlange des *Great Serpent Mound* in Ohio – Beschwörung des Großen Geistes in einer seinen vielen Tiergestalten?

In Dorset in Südengland haben frühe Bewohner einen nackten Mann mit erhobener Keule und erigiertem Penis in die Kalkfelsen graviert – ein Fruchtbarkeitssymbol aus der Eisenzeit?

In der Grafschaft Oxfordshire wurde ein über hundert Meter langes weißes stilisiertes Pferd entdeckt, das vielleicht rund einhundert Jahre vor unserer Zeitrechnung von der Hand geheimnisvoller früher keltischer Priester-Künstler quasi unauslöschlich in das Land gearbeitet wurde. Vermutlich noch etwas älter ist der *Long Man* von Wilmington in der Grafschaft Sussex, ebenfalls an der englischen Südküste. Die siebzig Meter hohe Gestalt hält zwei lange, auf den Boden reichende Stäbe in der Hand.

Warum sind solche und zahlreiche andere Gestalten entstanden? Warum sind sie gerade dort? Handelte es sich um Orte der Kraft mit besonderer Ausstrahlung, deren jeweilige Energien in unterschiedlichen Formen Ausdruck fanden?

Oder wurden ganz gewöhnliche Orte erst zu Orten der Kraft, nachdem unsere Vorfahren dort rituelle Figuren schufen und vermutlich auch besondere Zeremonien abhielten? Hat der Ort eine bestimmte Kraft, die Menschen unbewusst nahe legt, dort entsprechende Gebäude, Gestalten und geometrische Formen zu schaffen, um die Kräfte des Ortes zu manifestieren, um sie zu verehren und nutzbar zu machen? Oder vermitteln erst die Gedanken und Gebräuche, sowie künstlerischen Gestaltungen der Menschen den Orten ihre spezielle Kräfte und ihre Ausstrahlung?

Labyrinthe

Der griechische Baumeister und Bildhauer Dädalus (Daedalos) baute nach seiner Flucht aus Athen für König Minos auf Kreta ein Labyrinth mit vielen Irrgängen, in dem der Minotaurus herrschte, ein Ungeheuer – halb Mensch, halb Stier. Später sollte es als Prototyp der Labyrinthe weltberühmt werden. Der Held Theseus tötet den Minotaurus in der Mitte des Labyrinths – aus dem er nur durch den sprichwörtlichen Ariadne-Faden wieder herausfindet. Irrgärten dienten seit der Antike als symbolische und reale Herausforderung an Aspiranten, die auf dem Weg der Einweihung voranschreiten wollten.

Von den britischen Inseln und aus Skandinavien wissen wir, dass Rituale und Spiele in Gras- und Steinirrgärten eng mit Fruchtbarkeitsriten zum Frühlingsbeginn verknüpft waren. Später wurden sie mit dem christlichen Motiv der Wiederauferstehung zu Ostern und Pfingsten in Verbindung gebracht. Labyrinthe und Irrgärten sind abgewandelte Spiralen des Lebens, die sowohl Verlockung wie Gefahr bedeuten.

Symbolische Landschaftsbilder, mythische Labyrinthe, Hügelgestalten und Kultfiguren wie zum Beispiel auf den Osterinseln, und viele andere Gebilde sind zu Kristallisationspunkten von Bewusstsein geworden. Das darf man als Tatsache feststellen. Dabei spielt es keine Rolle, ob die Kraft vom Ort, seinen rituellen Formen und Gestalten oder vom Geist des Besuchers entfacht wird – sie ist für die meisten Menschen, die danach suchen, auf jeden Fall spürbar. Und gerade dieses *übernatürliche* Krafterleben führt Menschen über das begrenzte Diesseits hinauf in höhere Sphären eines irgendwie anderen Jenseits. Man erkennt es zwar meist noch nicht so genau, aber das Leben vibriert hier förmlich vor Energie, die Orte und ihre Wirkungen (oder Projektionen darüber) faszinieren, öffnen neue Bewusstseinsdimensionen ...

Chaco Canyon

Der Chaco Canyon liegt im neumexikanischen Teil der "Four Corner Area", wo Neumexiko, Arizona, Utha und Colorado aneinander stoßen. Dort haben zwischen etwa 900 und 1200 n.Chr. bis zu fünftausend Indianer eine Art Hauptstadt und einen *Vatikan* erbaut. Über 200 *Kivas*, in die Erde gebaute runde Räume, sind teilweise heute noch zu sehen – neben eindrucksvollen mehrstöckigen Wohnbauten.

Kivas dienten sicher als Kirchen, vielleicht aber zusätzlich auch als *Krankenhäuser*. Heilige Riten und rituelle Heilung gingen hier wohl Hand in Hand. Manche Kivas ließen übrigens auch bestimmte astronomische Beobachtungen und Berechnungen zu, und machten es leicht, Sommer- und Wintersonnenwende sowie Frühlings- und Herbst-Tag-und-Nachtgleichen zu markieren.

Wer in eines dieser unterirdischen Kivas hinuntersteigt, wird auch jetzt noch spüren – selbst wenn das Dach häufig bereits fehlt –, dass hier eine besondere Energie schwingt. Liegt das an der Lage im Mutterschoß der Erde? Liegt es an der Rundform, in der Energien kreisen, sich aufladen und dann schließlich in die Höhe steigen können? Liegt es daran, weil die Kivas eine Art *Fenster zum Himmel* darstellen, wie es laut Chris Griscom manche Akupunkturpunkte und nach Dr. Calligaris zahlreiche Hautzonen sind?

Ob und wie stark die geographische Lage zur Wirkung der Kivas beiträgt, müsste man einmal im Vergleich untersuchen. Man könnte ein Kiva irgendwo in Europa bauen, die Form und Konstruktionsweise kopieren, und experimentell feststellen, ob eine gleiche oder ähnliche Wirkung eintritt oder nicht. Sicher ist, dass die Kivas bei den entfernten Nachfahren der Anasazis, bei den Pueblo-Indianern im amerikanischen Südwesten, auch heute noch Kraftort der Einstimmung des kleinen menschlichen Geistes auf den grossen schöpferischen Geist sind. (Nicht-Indianer haben übrigens keinen Zutritt!)

Chaco Canyon in Amerika, Stonehenge in England und die Menhire in der Bretagne dienten wie die Pyramiden in Ägypten und Lateinamerika nicht nur als Orte der Erinnerung an ihre Herrscher und deren Götter, nicht nur als Orte der Anbetung und Revitalisierung mit neuen Kräften, sondern auch als eine Art Kompass für ihre Kulturen, als Brückenkopf in den Weltraum, als Kondensationspunkt für ein nicht-materielles Feld.

Felsentempel und Dome, Kathedralen und Synagogen, Kirchen und Moscheen sind immer als besondere Orte der Kraft verstanden und auch so erbaut worden – um vor allem auf tiefgreifende Weise Verkündigung und Erlebnis einer Religion zu fördern oder vermeintlich erst möglich zu machen. Mancherorts dachte man, dass nur hier eine Kontemplation über das Unendliche, das Unbegreifliche, das Jenseits durchführbar wäre.

Schutz an Orten der Kraft

Alle genannten Orte waren bzw. sind *klassische* Orte der Kraft, die sowohl geistigen Frieden und auch körperlichen Schutz bieten sollen. Bemerkenswerte Ausnahmen sind bekanntlich indianische Opferpyramiden. Wir wissen, dass Menschen, sogar gesuchte Verbrecher, immer wieder innerhalb von Kirchenmauern Schutz vor Verfolgung und Gerichtsbarkeit genossen. Während der Inquisition wurde das natürlich anders.

Das Kirchenasyl unserer Tage gilt oft noch als letzter Schutz vor Abschiebung so genannter Ausländer oder Fremder ohne Bleibe- oder Heimatrecht in unseren *heiligen Hallen*.

Das Schicksal der Edith Stein, die mit ihrer Schwester – und anderen Leidensgenossinnen – trotz der sie umgebenden Klostermauern des Karmels den Nazihäschern ausgeliefert war, ist ein Beispiel aus der neueren Geschichte dafür, wie alte Orte der Kraft im Angesicht von Diktaturen ihre ursprüngliche Schutzfunktion verlieren. Das führt uns zu einem weiteren wichtigen Raum, der sowohl geographischer wie auch geistiger Natur ist – zur Heimat.

Heimat

Heimat ist ein Ort der Kraft, äußerlich und innerlich. Die fatale Losung vom *Volk ohne Raum* bereitete Millionen von Menschen den Weg in Elend, Terror und Tod. Sinti und Roma waren fast immer und fast überall aus dem geistigen Raum einer ortsbezogenen Heimat ausgeschlossen, Juden wurden es, aufgrund vermeintlicher rassischer und angeblicher religiöser Gründe in Europa immer wieder, besonders im Nazireich.

Menschen werden oft absichtlich erst zu Heimatlosen gemacht, um sie damit zu *Unmenschen* zu machen. Dann ist der nächste fürchterliche Schritt der Abschiebung und Vernichtung an einem besonderen Ort – der mit dem erschreckenden Begriff *Konzentrations-Lager* ja ausdrücklich als ein “Ort der Kraft” bezeichnet wird – sozusagen folgerichtig, wenn auch in einem höchst pervertierten Sinn.

Auschwitz und Treblinka, Dachau und Mauthausen, Maidanek und Bergen-Belsen sind in diesem Sinne Orte, an denen die Kraft des Bösen, der Inhumanisierung, ihre auf das Gröbste entstellte Fratze zeigte. Noch heute wird man sich beim Besuch ihrer grauenhaften Ausstrahlung nicht entziehen können, wollen und sollen – gleich, ob man "empfänglich" ist oder nicht!

An diesen Orten kommt man auf den Gedanken, dass die Kraft des Bösen, das an einem Ort geschieht oder geschah, die Atmosphäre so durchtränken kann, dass sich praktisch nichts dieser negativen Schwingung entziehen kann. Während wohl nicht jeder die Schwingung eines heiligen Kraftortes zu spüren imstande ist, wird es vermutlich fast keinen geben, der an ehemaligen KZs (oder im Gulag, in alten Burgverliesen, an Hinrichtungsstätten, an den Sklavengefängnissen an der Küste Westafrikas und so fort) nicht seelisch bedrückt wird. Das Böse scheint mehr Durchschlagskraft auf das menschliche Gemüt zu haben als das Gute.

Das Thema der Heimatlosigkeit, also der Verlust von Lebensraum und Schutzraum, war und ist mit dem Ende des Hitlerregimes keineswegs beendet, auch nicht mit den zahllosen Vertreibungen, die – bis in die heutigen Tage – als Hohn auf den Begriff Heimat unter dem Stichwort einer "ethnischen Säuberung" vor sich gingen und gehen.

Israel, Palästina, Kosovo, Serbien, Ruanda, Somalia und Sudan sind Ländernamen, die sofort die entsprechenden Assoziationen auslösen – das Ringen um Heimat, um einen Ort des Daheim-Seins.

Die Gleichung *Land gegen Sicherheit* – Land für Palästinenser, Sicherheit vor Anschlägen für Israelis – bestimmt die politische Diskussion im Nahen Osten seit einem halben Jahrhundert. Ob das zu einem Raum des Friedens führt? Es geht dabei um einen religiösen und nationalen Ort der Kraft, um dessen Besiedlungsrecht gerungen wurde und wird – sowohl beim Staatsgebiet von Israel allgemein als auch jetzt noch konzentrierter beim Kampf um Jerusalem (das bekanntlich drei Hochreligionen als wichtiges Zentrum gilt).

Etwas Ähnliches geschieht im ehemaligen Jugoslawien. Wir

machen es uns zu leicht, wenn wir in Milosevic nur den Mensch gewordenen Teufel sähen. Er hatte und hat – wie Hitler und Stalin, wie Saddam Hussein und andere Diktatoren – seine Helfershelfer. Wir machten es uns aber auch zu einfach, wenn wir alle Serben für mitschuldig erklärten. Das sind sie keineswegs.

Viktor Frankl, der vielleicht bedeutendste Wiener Psychologe, sagte einmal über die Naziverbrechen sinngemäß: Schuld ist nicht und nie kollektiv, sondern immer individuell. Scham dagegen ist und soll kollektiv sein. Wurden und werden nicht auch Serben vertrieben? Einmal, zweimal, dreimal?

Moderne Heimatlose

In England gab es noch bis in die 60er Jahre hinein ein Gesetz, das ein heimatloses Umherziehen für eine Menschengruppe ausdrücklich zwingend vorschrieb. Es war ein Gesetz, das auf die so genannten Zigeuner zugeschnitten war und besagte, dass Menschen ohne Wohnortsanmeldung sich nicht mehr als 24 Stunden in einem County aufhalten durften. Damit war das sogenannte fahrende Volk gezwungen, immer wieder weiterzuziehen.

Die Romanzen-Schriftstellerin Barbara Cartland war die treibende Kraft, dieses Gesetz zu Fall zu bringen. Sie argumentierte, dass auf diese Weise die in England allgemein vorgeschriebene Schulpflicht nicht eingehalten werden könnte und auch die Kinder der Sinti und Roma das Recht und vor allem die Pflicht auf den Besuch des (Kraft-)Ortes Schule hätten. Das Gesetz wurde geändert, es entstanden "Zigeuner-Gemeinden". Die erste nannten die Bewohner ihr zu Ehren "Barbara-Ville".

Doch nicht nur das Schicksal von Juden, Sinti und Roma kommt in den Sinn, auch das anderer Völker. Buren wurden Ende des letzten Jahrhunderts von der englischen Macht unterdrückt und in KZs gesteckt. Armenier wurden Anfang dieses Jahrhunderts vor allem von türkischem Militär massakriert, verfolgt, in alle Winde vertrieben. Polen war über hundert Jahre lang geteilt und besetzt, von Russen, Preußen und Österreichern, die polnische Sprache war offiziell verboten. Die katholischen Kirchen erwiesen sich als der einzige Ort, an und aus dem die Kraft zur Bewahrung der Nation und ihrer Sprache erwuchs. Dort wurde Polnisch gesprochen, an

Kirchenschulen wurde es gelehrt, die Kirche verstand sich als Bindeglied zwischen allen Polen und damit als Fundament der Nation.

Erinnern wir uns auch an die Kurden, denen schon jahrzehntelang Sprache und Kultur bei Strafe verboten sind. Müssen wir uns wundern, wenn sich unter solchen Umständen Widerstand regt?

Denken wir an Tibet, seine Religion, seine Kultur – der traditionelle, geographische Schutz- und Lebensraum ist praktisch von Auslöschung bedroht – und doch lebt das Erbe weiter – nun fast über die gesamte Welt verstreut, dabei aber doch wahrscheinlich gesicherter als je zuvor und auch der vermutlich gesunden Herausforderung gegenübergestellt, sich unter veränderten Bedingungen bewähren und bewahren zu müssen.

Atlantis

Es gibt eine Reihe mythischer Orte der Kraft, deren Existenz vor allem in den Gemütern von phantasievollen Jüngern der New Age-Bewegung zu bestehen scheint: Atlantis, Mu, Lemuria, Eldorado, Shangrila, Shambala, um die populärsten zu nennen. Nun schreckte *Der Spiegel* in seiner Schlussnummer des Jahres 1998 die Käufer mit einer Titelstory zu just diesem Thema auf. Über dem Modell einer Fabelstadt prangten die Worte "Mythos Atlantis", darunter die Zeile "Wissenschaftler auf der Suche nach einer versunkenen Welt". Im Heft selbst erfuhr man dann, dass erstmals eine ganze Gruppe von Wissenschaftlern von der hannoverschen staatlichen *Bundesanstalt für Geowissenschaften und Rohstoffe* dem Geheimnis des angeblich versunkenen Urkontinents Atlantis nachspüren wollen.

Ausgangspunkt für alle Atlantis-Mythen ist der berühmte Papyrustext von Platon, der 2360 Jahre alt ist, in dem er eine sagenhafte, hoch entwickelte und unermesslich reiche Zivilisation beschrieb, die urplötzlich aufgrund einer Katastrophe verschwunden sei. Der Spiegel schrieb dazu: "Das Puzzle des Philosophen: 5000 Jahre alte Staudämme, künstliche Häfen, Goldpaläste – erstaunliche Grabungsfunde haben die Atlantis-Debatte neu entfacht. Steckt hinter der Legende doch ein `Faktenkern´? Im März (1999) will ein deutsches Forschungsinstitut eine große Atlantismission starten." (Quelle: *Der Spiegel*, Ausgabe 53/1998, S.156)

Hatte man Atlantis bisher in das Bermuda-Dreieck oder auf die Bahamas verlegt, bei den Azoren vermutet oder in Island, auf Sri Lanka oder Madagaskar, Kreta, Madeira und sonst noch fast allen möglichen Inseln, die einigermaßen exotisch sind, so stellt der Geoarchäologe Eberhard Zangger nun die Gleichung auf, Troja sei Atlantis und hinter Platons Bericht von Atlantis verberge sich eine verzerrte Darstellung des Falls von Troja.

Wie dem auch sei: Selbst mythische Kraftorte faszinieren uns, regen an zu Vorstellungen – zum Beispiel von der *Weltenherrschaft* im sagenumwobenen Shambala in den Himalayas, wo eine *Weiße Bruderschaft* die Geschicke der Welt leite. Mythische Orte sind noch mehr als reale Plätze auf der Erde Fluchtpunkte in einem verheißungsvollen Jenseits, das allerdings meist nur die Auserwählten (oft heißt das: nur jene, die daran glauben) erreichen können. Solche geistigen Orte wirken wie das Land, in dem Milch und Honig fließen, in dem alle Fragen beantwortet werden, alle Not ein Ende hat, wie ein Paradies von Wissen und Weisheit und ewigem Leben. War der Turm zu Babel nicht ein ungewöhnlicher mythischer Ort der Kraft, über den der Mensch die Erde und ihre Bindung überwinden und in den Himmel gelangen wollte? Wie viele Plätze und Räume können wir als Kraftorte identifizieren, wenn wir erst einmal beginnen, darüber nachzudenken? Schließlich ist auch die *Hölle* ein mythischer Kraftort, der eine ungewöhnlich starke Ausstrahlung in den Alltag nicht nur der Kirchengesellschaft des Mittelalters hatte, sondern auch in unserer Zeit (un-)heimlich weiterwirkt.

Mythische Kraftorte müssen nicht halten, was sie versprechen, weil man sie ohnehin nicht tatsächlich bereisen kann. Halten aber wenigstens die realen Kraftorte, was sie verheißen? Ob die Menschen, die in die Tempelstadt Angkor oder zur Inka-Festung Machu Picchu, auf die Osterinseln oder zu den Heiligtümern der drei Religionen nach Jerusalem, nach Lourdes oder Stonehenge pilgern, dort wohl das gefunden haben bzw. finden, wonach sie suchen?

Reale und mythische Kraftorte – negative, um dort bewusster zu werden und zu lernen, positive, um sich dort *aufladen* oder *erlösen* zu lassen – laden ein zum Besuch. Bereits die Pilgerfahrt dorthin kann reinigenden Charakter haben.

Äußere Pilgerschaft

Es gibt die *äußere Pilgerschaft* – sie ist uns zunächst aus dem religiösen Leben ein Begriff. Wallfahrten sind sichtbarer Ausdruck der Pilgerschaft des Menschen durch dieses Leben, nun aber gezielt auf ein höheres bzw. besseres Ziel zu.

Wallfahrten führen an Flüsse oder auf Berge, die für heilig gehalten werden, die als Sitz von Göttern oder Kräften gelten. Sie führen an Orte, an denen sich höhere Wesen oder Lichtgestalten manifestieren sollen oder an denen Wunderheilungen durch geweihtes Wasser oder geweihte Erde geschehen. Fatima in Portugal, Lourdes in Frankreich, Medjugorje in Jugoslawien, Tschenstochau in Polen, Chimayo in Neumexiko, Groß Gmain bei Salzburg sind beispielhaft für viele andere zu nennen. (In Groß Gmain führt der dortige Pfarrer ab und an selbst zum sagenumwobenen Untersberg, indem es *Zeitlöcher* geben soll, die seit vielen Jahrhunderten immer wieder beschrieben werden.)

Es gibt Wallfahrten an frühere Wohnstätten von Heiligen – womit wir einen Hinweis darauf haben, wie Orte der Kraft auch entstehen können – nämlich durch die vorübergehende Anwesenheit eines Menschen, der ein höheres Bewusstsein entwickelt hat! Und denken wir nur daran, dass es so viele Gebäude gibt, an denen ein Metallschild prangt und uns mitteilt, dass hier der berühmte Herrscher so und so dann und dann abgestiegen sei und genächtigt habe, oder dort ein berühmter Komponist geboren wurde oder ein bekannter Schriftsteller gelebt hatte.

Kann es sein, dass viele der Heilungswunder, über die im Zusammenhang mit Wallfahrtsorten berichtet wird, nichts mit einer speziellen Energie des Ortes an sich zu tun haben und auch nichts mit der Kraft aus einem Medium wie geweihtem Wasser oder geweihter Erde? Könnte es sein, dass der hoffende Geist, die sehnende Seele, die an diese Orte gelangt, sich für heilende Wunderkräfte im Inneren des Menschen selbst geöffnet und empfänglich gemacht hat – dass also die Heilung von höheren Kräften *im* Menschen bewirkt wird und nicht von *außen*?

Zur *Haj*, der islamischen Form der Wallfahrt nach Mekka, gibt es eine hübsche Geschichte über die Pilgerschaft von Guru Nanak. Nanak, der als Gründer des Sikhismus angesehen wird (was manche für eine Religion zwischen Hinduismus und Islam halten), ehrte nämlich alle Religionen und Rituale, und begab sich deshalb eines Tages auch auf die Haj. Unterwegs schlief er während der Mittagshitze außerhalb eines Dorfes im Schatten eines Baumes. Unsanft wurde er mit Tritten und Knüffen geweckt. Eine Schar Dörfler stand um ihn herum. Was war geschehen? Nanak hatte im Schlaf seine Füße in die Richtung von Mekka ausgestreckt – wenn das kein Fall von Gotteslästerung sein sollte! Demütig entschuldigte er sich für sein ungebührliches, wenn auch ungewolltes Verhalten und bat die aufgebrachten Menschen: "Bitte nehmt meine Füße und dreht sie doch gütigst dorthin, wo Gott *nicht* ist."

Aber auch die moderne Gesellschaft kennt Pilgerschaft. Wer pilgert nicht alles an die mondänen Orte der Kraft wie die Salzburger Opern-Festspiele oder die spanischen Sonnenstrände und erhofft sich damit einen Zuwachs an Ansehen und dadurch Wohlbefinden?

Die Wirtschaft pilgert: an die Börse, zum Davoser Wirtschaftstreffen, zu neuen Märkten. Die Gewerkschaften pilgern zu Erweckungsfeiern am 1. Mai, zu Streiks vor den Toren von Orten der Kraft, nämlich vor den Firmen und Fabriken.

Die Politik schafft sich eigene Orte der Kraft: in Parlaments- und Parteigebäuden, durch denkmalbewehrte Plätze – und pilgert regelmäßig dorthin, um ihre Geister regelrecht anzurufen. So damals beim Umzug der Politik von Bonn nach Berlin geschehen, als Alt-Kanzler Helmut Kohl den demokratischen Geist der Demokratiehauptstadt in der Provinz geradezu beschwor, mit nach Berlin zu übersiedeln.

Die Wissenschaft pilgert ebenso: zur Nobelpreisverleihung, zu den Lindauer Nobelpreisträgertreffen, zu internationalen Kongressen.

Auch die Esoterik pilgert: zu den Jahrmärkten der Eso-Messen, oder auf den Spuren von Kornkreisen, zu vermeintlichen Ufo-Landeplätzen, um Kontakt mit unserer angeblichen Zukunft aufzunehmen, zu den Pyramiden und an andere historische Orte der Antike ... manchmal auch nur in der Vorstellung mittels *Reinkarnationssitzungen*, einschlägig *Rückführungen* genannt.

Unter der Vielzahl *moderner* Orte der Kraft wollen wir einige besonders hervorheben: Fabriken und Produktionsstätten, Börse und Parlament wurden schon erwähnt; auch der Zoo und das Kino zählen dazu, der Sportplatz und das Stadion, die Kaserne und die Disco, Krankenhäuser und Fitness-Studios. Was ist in einer solchen Betrachtungsweise kein Ort der Kraft? Selbst die Müllkippe kann es sein, der Friedhof ist es ohnehin ...

Was passiert mit uns, wenn wir eine Woche lang nicht einfach gedankenlos von einem Ort an den anderen stolpern, hierhin und dorthin fahren, sondern jede Ortsveränderung ganz bewusst als Aufsuchen eines neuen Kraftplatzes erleben und uns entsprechend auf das einstellen, was diesen Ort von anderen unterscheidet – nach seiner Funktion oder Ausstrahlung?

Das Netz der Straßen kann als Netz von Linien der Kraft gelten, das Fernsehen als magischer Raum, vielleicht ist sogar das Handy ein mobiler Ort der Kraft. "Orte" erstrecken sich über zusehends weitere Räume, werden zu Feldern, in denen Kräfte wirken, die nicht mehr auf einen eng begrenzten Raum beschränkt sind.

Der Begriff *Ort der Kraft* verliert im Zeitalter von Internet und Cyberspace den speziellen geographischen Bezug, den er früher sicher noch hatte, als man eine kleine verwunschene Kapelle oder die Kathedrale von Reims, Stonehenge oder die Externsteine als räumlich klar umgrenzte Orte erfuhr, an denen bei entsprechender Einstimmung bestimmte Kräfte zu erleben waren.

Wir haben es zunehmend mit virtuellen Orten der Kraft, mit Räumen und Kräften zu tun, die *nur* im Äther der vernetzten Computerwelten existieren – und doch auch gerade mit einem solch anscheinend wenig realem Fundament sehr reale Wirkungen hervorbringen. Die Pilgerschaft ins weltweite Internet mit seinen Millionen von Bildern, Texten, Grafiken und Musikdateien ist so etwas wie der Versuch, die Mühen einer Pilgerschaft an geistigspirituelle Kraftorte zu vermeiden und stattdessen mit einem Mausklick in die *Astralwelt* unserer Hochtechnologie einzusteigen. Virtuelle Multimedia-Gaukelei als Ersatz für Meditation und Mystik sozusagen. Kommen wir nun jedoch zur echten inneren Pilgerschaft.

Innere Pilgerschaft zu magischen Toren des Geistes

Es gibt diese *innere Pilgerschaft* auf vielerlei Weise: In den Religionen berichten viele Heilige, wie sie in Gebet und Kontemplation entrückt wurden. Rabia von Basri, Hildegard von Bingen, Teresa von Avila, Mira Bai, Johannes vom Kreuz und Mechthild von Magdeburg wären zu nennen, auch Angelus Silesius, Jakob Böhme und Immanuel Swedenborg. Im Buch *Die Quelle aller Liebe* (SK Publikationen Hof) hat der zeitgenössische Mystiker Darshan Singh eine Fülle solcher authentischer Berichte von Mystikern aus verschiedenen Zeiten und Kulturen vorgestellt und eingeordnet.

Gemeinsam sind der inneren Pilgerschaft aller Mystiker nach der Einschätzung des Verfassers einige typische Stufen, die wir hier skizzieren wollen: Aufbruch – Übung – Fortschritt – Stillstand – Verzweiflung – Loslassen – Durchbruch.

Aufbruch

Die Suche im Inneren beginnt für die meisten Menschen dann, wenn das Leben in der Welt außen als unbefriedigend erfahren wird. Erst Leiden bewirkt Entwicklung. Ausnahmen bestätigen diese Regel, Prinz Gautama war eine solche Ausnahme. Er erkannte, ohne bereits selbst zu leiden, dass Leben dann Leiden durch Unwissen ist, wenn es sich nur über das Leben als Körperform definiert. So suchte er nach Wegen zur Erkenntnis und gelangte schließlich auf dem *mittleren Pfad* zur Erleuchtung als Buddha. Für die meisten von uns sind Todesfälle in der Familie, schwere Krankheiten, Verlust des Arbeitsplatzes, Liebeskummer, geschäftlicher Ruin und ähnliche Schicksalsschläge die typischen Auslöser, mit der geistigen Suche nach *mehr*, nach Sinn, nach einer höheren, barmherzigen, trostspendenden Kraft zu beginnen. Zunächst führt die Suche zu Büchern oder Kraftorten, zu Tarot oder Astrologie, zu Extremsport oder Philosophie, zu Psychodrama oder Reinkarnationssitzungen, und früher oder später wohl zu geistigen Lehren und Lehrern. Nicht selten sind Umwege über Alkohol oder Drogen.

Übung

Die innere Pilgerschaft beginnt, wenn wir anfangen, Übungen, Techniken oder Methoden durchzuführen, die uns zu eigenen inneren Erfahrungen führen. Kreative Visualisierung, luzides Träumen, Phantasiereisen, Bild-, Wort- oder Musikmeditationen sind beliebte erste Schritte. Im eigentlichen, im spirituellen Sinne beginnt die innere Pilgerschaft jedoch erst mit dem stillen Gebet, mit der gegenstandlosen Kontemplation oder der Meditation jenseits von Körper, Gemüt und Verstand.

Fortschritt

Bei fast allen Übungsweisen stellen sich, gerade am Anfang, eindrucksvolle Erlebnisse ein, zumal, wenn wir einigermaßen regelmäßig üben und mit Freude bei der Sache sind. Wir spüren, dass wir vorankommen. Wir entdecken ganz neue Betrachtungsweisen, erleben, dass wir viel feiner wahrnehmen können als je zuvor geahnt, entwickeln vielleicht sogar erste sogenannte übernatürliche Kräfte. Wir spüren, dass wir einem großen Geheimnis auf die Spur kommen: dem unabhängigen Geistesleben unseres Bewusstseins und manchen sonst meist verborgenen Gesetzen des Erdenlebens.

Stillstand

Nach den ersten ermutigenden Fortschritten kommt es jedoch häufig zu einem vermeintlichen Stillstand. Sei es, weil wir es mit den Übungen nicht mehr so genau nehmen, sei es, weil der Enthusiasmus nachlässt – und damit die bewusste Aufmerksamkeit und Zuwendung. Es kann auch sein, dass sich unser Ego aufbläht und (sich selbst gegenüber oder sogar nach draußen) verkündet, wie weit man gekommen sei. Dann tritt Stillstand ein, vielleicht kommt es sogar zum zeitweiligen Rückschritt.

Verzweiflung

Falls unsere Suche nicht wirklich ernsthaft war, geben wir bei Stillstand oder Rückschritt schnell auf. Wenn wir indes ernsthaft gesucht haben, stellt sich fast unvermeidlich so etwas wie melancholische oder cholerische Verzweiflung ein. Und Fragen über Fragen: Warum? Habe ich es *karmisch* vielleicht *nicht verdient,* voranzukommen? Bin ich auf dem falschen Weg? Soll ich nach einer besseren Methode suchen? Gibt es einen Meister, der weiterführen kann?

Die *dunkle Nacht der Seele* ist ein Durchgangsstadium, über das praktisch alle Mystiker berichten, auch solche, die auf dem richtigen Weg waren und unter der Führung eines kompetenten Lehrers standen.

Loslassen

Manche suchenden Seelen verstärken ihre Disziplin, um sich nicht völlig zu verlieren oder wie wahnsinnig vor Sehnsucht oder Verzweiflung zu werden. Andere lassen sich freiwillig oder unfreiwillig in eine völlige Aufgabe fallen, die eine gleiche Wirkung haben kann wie tiefe Hingabe. Sie spüren, dass wir Menschen es aus eigener Kraft, aus eigenem Antrieb, mit eigenen Bemühungen allein letztlich nichts *schaffen* können, wenn nicht die Gnade der Schöpferkraft wirkt. Sie erkennen: "An Gottes Segen ist alles gelegen!" Aus ihren Herzen steigt der stille Schrei der Seele auf, die ruft: "Gott, es liegt an Dir, ob ich vergehe oder bestehe."

Meister Eckehart hat dieses Loslassen mit den Worten beschrieben: "Menschen, die nach keinen Dingen trachten, weder nach Ehren noch nach Nutzen, noch nach innerer Selbstaufopferung, noch nach Heiligkeit, sondern auf dieses alles verzichtet haben, auch auf das, was ihr Selbst ist: in solchen Menschen wird Gott geehrt." (Quelle: *Vom Wunder der Seele*, Reclam, Stuttgart 1973, S. 74.)

Durchbruch

"Wenn ich nun wieder zu Gott heimkomme, dann mache ich mir kein Bild mehr von Gott, ich bin dann in Gott. Darum ist mein Durchbruch und Münden viel herrlicher und edler als mein Ausfließen (aus der Gottheit)." Das sagt Meister Eckehart zum Durchbruch, der erfolgt, wenn sich die Seele ganz in Gott ergeben hat und wenn Gott die Seele ganz in sich aufgenommen hat.

Weiter: "Gott selbst macht, dass wir ihn erkennen, und es ist sein Sein, das mich erkennen macht ... Und wenn also sein Wesen und sein Sein und seine Natur mein ist, dann bin ich der Sohn Gottes. Seht, solche Minne (Liebe) hat Gott uns zugewandt, dass wir Menschen Gottes Söhne heißen und sind." (Quelle: aaO, S.44,64)

Andere Wege

Im Yoga nach dem indischen Altmeister Patanjali führt die innere Pilgerschaft über klar bezeichnete Stufen, nämlich über *yama* und *niyama* (die Entwicklung ethischer Tugenden), *asanas* und *pranayamas* (Körper- und Atemübungen), *pratyahara* und *dharan* (Zurückziehen der Sinne von außen und Sammlung im Inneren), dann zu *dhyan* (Meditation), um schließlich als Frucht *samadhi* (Erleuchtung) hervorzubringen.

Im indianischen Schamanismus Nordamerikas findet die Pilgerschaft im *Vision Quest* ihren Ausdruck. Dabei sucht der Mensch in der Natur nach äußeren Omen, die ihm innere Einsicht und Führung vermitteln sollen.

In der Esoterik können, wie schon erwähnt, Reinkarnationssitzungen oder Beschäftigung mit Astrologie und Tarot Teil der Suche sein, die von außen nach innen führt.

In der Mystik ist die Pilgerschaft immer Meditation. Für die Reise nach Innen erweist sich der Mensch selbst als *Ort der Kraft* im Sinne des Neuen Testaments, wenn es dort heißt: "Wisset ihr nicht, dass ihr der Tempel Gottes seid und der lebendige Geist in euch wohnt?"

Der Zugang zu einem Jenseits, das bereits *per definitionem* nicht physikalischer Natur ist, kann nur über die spirituelle innere Pilgerschaft erfolgen. Das Tor zu einem Jenseits, das ohne irdische Körperformen besteht, kann nur der bewusste Geist durchschreiten.

Teil II
Die Botschaften ausgewählter Kraftorte

4. Achtundvierzig besondere Kraftorte aus aller Welt von Broceliande bis Taize

Kraftorte in der Natur Eine Möglichkeit, Kraftorte zu unterscheiden, bezieht sich auf die Ursache für ihre Wirkung. So kennen wir Orte, die aufgrund intensiver kosmischer Einstrahlung auf die Erde sowie starker Strahlung aus der Erde heraus Kraftorte geworden sind. Wir haben einige davon unter dem Begriff "Kraftorte in der Natur" zueinander gestellt. Es sind vor allem Berge, manchmal auch Wälder und Weiten, die Kräfte ausstrahlen und zugleich Kräfte anziehen.

Mythische Orte Wo ist der Himmel? Wo sind Avalon oder Atlantis? Auch solche und andere mythischen Bezirke sind Orte der Kraft, die wir zumindest im Geiste, in der Phantasie, in Astralreisen oder in Meditationen besuchen – und oft ist das ja wirksamer als jede äußere Reise!

Marianische Kraftorte Maria ist uns zunächst als Mutter Jesu und als Teil vor allem der katholisch- und orthodox-christlichen Religion bekannt. In Wahrheit verbirgt sich hinter dieser "göttlichen Ikone" wohl auch die Weltmutter, die Sophia als die Weltseele, die Artemis und die Isis, die Astarte und die Kali. So können Pilgerfahrten an Plätze, an denen Marienerscheinungen bezeugt sind oder Maria insbesondere als schwarze Madonna verehrt wird, die Seele tief berühren und inspirieren.

Kultorte verschiedener Traditionen Unter diesem Begriff finden sich Kultorte, die entweder nicht eindeutig bestimmten Religionen oder Traditionen zuzuordnen sind (Stonehenge wurde bereits vor den Kelten erbaut; die Herkunft der Statuen auf den Osterinseln ist bis jetzt nicht geklärt), oder die unbedingt erwähnt werden sollten, aber sonst nirgendwo aufscheinen würden (zum Beispiel Mesbiz als Geburtsort des jüdischen Mystikers und Begründers des Chassidismus, Baalschemtow).

Antike Kraftorte Hier haben wir herausragende Kraftorte zusammengefasst, an denen berühmte Prophezeiungen gemacht wurden (Delphi, Cumae), Weltformeln in Stein gebaut sind (Pyramiden), oder neuere Religionen eine Breitenwirkung über ihren engeren geographischen Raum hinaus erzielt haben (Bodhgaya, Kairouan). Malta hätte auch in die zuvor genannte Gruppe hinein gepasst, aber wir fanden die Verehrung der Mutter-Göttin hier besser aufgehoben.

Weitere besondere Orte der Kraft Für eine Reihe weiterer Orte der Kraft, die nicht so eindeutig in diese oder jene Gruppe zu gehören scheinen (aber das ist ja immer auch Ansichtssache, wie ich gern und ausdrücklich einräume), haben wir diesen recht allgemeinen Oberbegriff gewählt.

Gemeinschaften als Orte der Kraft Schließlich fanden wir, dass nicht nur Orte im engeren Sinne, sondern auch Gemeinschaften als "Kraftfelder" wirken, oft weit über ihren Entstehungsort hinaus. Denken wir an Monte Cassino und die Gründung des Benediktinerordens oder Assisi und die franziskanische Bewegung, die ihre Wirkung rund um den gesamten Globus entfaltet haben. In dieser Gruppe stellen wir – *pars pro toto* – fünf Gruppen vor, die jede auf ihre Weise einen wichtigen Beitrag leisten.

Eine Karte ist absichtlich frei gelassen worden, damit du Deinen persönlichen Ort oder Deine individuelle Gruppe eintragen kannst!

Kraftorte in der Natur

1. Brocéliande, Frankreich
Der magische Wald

Mythos

Zur Zeit von König Artus und den Gralsrittern seiner Tafelrunde erstreckte sich dieser geheimnisvolle Wald über eine noch viel größere Fläche als heute. Hier soll Merlin gehaust haben, Sohn einer schönen jungen Menschenfrau und eines luziferischen Geistwesens, der zum bedeutendsten Zauberer der Frühzeit wurde – und seine magischen Kräfte an Viviane abgab bzw. verlor. Seit alter Zeit ranken sich seltsame und teils verheißungsvolle, teils schaurige Geschichten um diese Gegend. Hier kann der Mensch seiner höchsten Seele und seinem tiefsten Urgrund begegnen.

Botschaft, wenn du diese Karte gewählt hast

Jetzt geht es in deinem Leben um die Anima, um Sterbeprozesse und Heilung, um die Schicksalhaftigkeit des Lebens und den Mut, dich dem Schicksal zu stellen. du kannst hier ein Eintauchen in das Dunkel des Unbekannten und die Tiefen des Wassers erleben. Was ist dein Seelen-Gral? Wie findest du zu dem, was dein Herz erfüllt und als ewige Quelle fließt und dir Geborgenheit gibt?

Wenn du dorthin reisen möchtest

Brocéliande, oder wie dieser siebentausend Hektar große Zauberwald hier auch heißt, der "Forêt de Paimpont", liegt rund 40 Kilometer westlich von Rennes in der Bretagne. Paimpont und Tréhorenteuc sind zwei kleine Orte, die als Ausgangspunkt für Erkundungen dienen können, als Ausgangspunkt von Wanderungen zu sagenhaften Kraftorten wie dem Tal ohne Wiederkehr, Merlins Grab in der Nähe der Abtei von Telhouet, der *Feen-Quelle von Barenton*, *Vivianes Gasthaus*, dem *Grab der Riesen* oder der Kapelle von Tréhorenteuc, der *L'Eglise du Saint-Graal*, die eindringliche Bilder der Gralslegende zeigt. Der Wald von Brocéliande ist mit seinen Steinkreisen und Einzelmenhiren neben Carnac in der südlichen Bretagne der zweite bedeutende Megalith-Ort in Frankreich. Das Wasserschloss Comper gilt manchen als Schloss der "Dame vom See", wo Lanzelot in der Obhut der Feenkönigin seine Kindheit verbrachte. Hier findest du Ausstellungen zum Sagenkreis um Artus.

Wenn Du Brocéliande im Geiste besuchen möchtest
Mache eine Rückführung mit kompetenter Begleitung oder einfach eine selbst geführte Phantasiereise in die Zeit von König Artus und noch weiter zurück in die Zeit der keltischen und vorkeltischen Megalith-Kultur. Spüre bzw. erfahre, wer du damals warst und welche der Themen von früher in deinem Leben jetzt und hier eine Rolle spielen.

2. Brocken, Deutschland
Unheimliche Begegnungen

Mythos
Der Brocken ist einer der so genannten *Blocksberge* in Deutschland. Das sind Orte, an denen sich Wesen aus der Schattenwelt treffen, vor allem Teufel und ihre Hexenbräute, um orgiastische Feste zu feiern. Wotans "Wilde Jagd" soll zu den Sonnwendnächten um diese Bergwelt herum gebraust sein; seinem Pferd *Sleipnir* wurde deshalb später ein Denkmal errichtet. In vorchristlicher Zeit waren "Hexentanzplatz" und "Rosstrappenfelsen" Kult- und Opferstätten der Germanen. Was in angeblich dämonische Kräfte und Beschwörungen sowie teuflische Verführungskünste aus einer dogmatischen und lüsternen Vorstellung hineinprojiziert wurde, fand in Hexenverfolgungen leider auch sehr blutigen historischen Niederschlag. Dabei mag auch eine Rolle gespielt haben, dass die Gegend rund um den Brocken reich an besonderen Heilkräutern ist. So stellt uns der Brocken heute vor allem auch die Herausforderung, uns mit Kräften der Natur zu beschäftigen, die wir nicht immer kontrollieren können.

Botschaft, wenn du diese Karte gewählt hast

Wenn um deinen Geist Nebel aufziehen, wie es in manche Nächten rund um den Brocken geschieht, dann habe den Mut auszuharren, um zu schauen und zu spüren, welche magischen Kräfte mit dir Kontakt aufnehmen wollen. Deine Motivation wird dir dabei "Schutz" genug sein. Jetzt geht es darum, dass du dich auf Energien einlässt, die in Krisenzeiten wie eine starke Medizin wirken, die zunächst Katharsis bewirkt, bevor Heilung offensichtlich wird. *Magie* ist ein Weg – für manche ein etwas unheimlicher – um natürliche und naturgebundene Kräfte kennen zu lernen und Verbindung zu Wesen der Zwischenwelten aufzunehmen. Es ist deine freie Entscheidung, was Du damit machst.

Wenn du dorthin reisen möchtest

Der Brocken ist Teil des Mittelgebirges, das Harz heißt. Der Harz liegt 50 Kilometer südlich von Braunschweig und je 100 Kilometer südöstlich von Hannover bzw. nördlich von Göttingen. Vom Städtchen Wernigerode kann man mit der Harzer Schmalspurbahn auf den mit 1142 Metern höchsten Berg Norddeutschland fahren. Auf dem "Harzer Hexenstieg" kannst Du fast 100 Kilometer weit quer durch den Harz von Thale im Osten nach Osterode im Westen wandern und dabei zahlreiche mythische Orte aufsuchen. Nahe des Bahnhof von Thale ragen zwei steinerne "Torpfosten" steil in den Himmel: Ein 450 Meter hoher Felsen, der "Hexentanzplatz", von dem aus die Hexen zum Brocken geflogen sein sollen, und der "Rosstrappenfelsen", wo der Hufabdruck einer böhmischen Prinzessin hinterlassen ist, die sich vor ihrem Verfolger durch einen Sprung über die Tiefe retten konnte. Es gibt Tropfsteinhöhlen in Form von Riesen und Zwergen, Kristallkammern und Säulenhallen. In der Baumannshöhle haben Fledermäuse, die Begleiter von Hexen und Teufeln, ihre Wohnstatt. In der Walpurgis-Halle wird ein germanischer Opferstein aus dem Harz ausgestellt, der die Bedeutung dieses Landstrichs für unsere Vorfahren unterstreicht. Auf dem Brocken selbst, dem Schauplatz der Walpurgisnacht in Goethes *Faust*, stehen heute ein Sendemast und die Stasi-Moschee, ein Kuppelbau des früheren DDR-Geheimdienstes. Ein mythisches Erleben ist an dieser Stelle kaum noch möglich. Dafür laden zahlreiche andere, verstecktere Winkel und das schon von Goethe durchwanderte Bodetal mit seinen Heilkräutern zum Erkunden und Verweilen ein. Im Bodetal gibt es auch geführte Kräuterwanderungen.

Wenn Du den Brocken im Geiste besuchen möchtest
Welche Kräfte der Natur oder welche Form von Magie ziehen dich besonders an – oder machen dir merkwürdig viel Angst? Womit bist Du in Resonanz? Führe ein Ritual durch, das du selbst gestalten kannst. Setz dich zum Beispiel zur Mitternacht und bei Neu- oder Vollmond an den Rand eines Waldes oder auf einen Berg in deiner Nähe und rufe (buchstäblich!) die Geister der Natur und der Zwischenwelten an bzw. herbei und bitte sie, dir ein Zeichen zu geben, was im Zusammenhang mit dem Brocken und dem ganzen Harzgebiet für dich wesentlich ist.

3. Berg Sinai, Ägypten
Berg der Gesetzgebung

Mythos
Der Berg Sinai, richtiger: der Berg Horeb, ist im Alten Testament der Berg der Gesetzgebung. Dort oben hat Gott Moses die Zehn Gebote übergeben und in der Wüste an seinem Fuße wurde der Bund zwischen Jahwe und dem Volk Israel geschlossen. Eine genaue historische Lokalisierung ist jedoch nicht möglich. Nach christlicher Tradition wird der Berg mit dem arabischen Namen *Djebel Musa* (Musa = Moses) mit dem Berg Sinai bzw. Horeb gleichgesetzt. Hier liegt übrigens auch das Katharinenkloster, das weiter hinten im Buch noch besprochen wird. Mit der Gesetzgebung ist es genau genommen eine komplizierte Sache, wie das 2. Buch Mose berichtet. Mit Donnern und Blitzen, mit Wolken und Posaunentönen erscheint Gott und spricht sodann mit Mose. Er übermittelt ihm eine Fülle von exakten Anweisungen, die im Ausspruch gipfeln: "Werdet ihr nun meiner Stimme gehorchen und meinen Bund halten .... sollt ihr ein Königreich von Priestern und ein heiliges Volk sein." (2Mos19,5-6) Etwas später, "als der Herr mit Mose zu Ende gere-

det hatte auf dem Berge Sinai, gab er ihm die beiden Tafeln des Gesetzes; die waren aus Stein und beschrieben von dem Finger Gottes." (31,18) Moses zerbricht diese Originalgesetzestafeln jedoch aus Zorn über den Tanz zahlreicher ungläubiger Israeliten um das so genannte Goldene Kalb. (32,19) Gott vergibt, Moses geht wieder auf den Berg Sinai, Gott trägt ihm auf, er solle zwei selbst behauene Tafeln mitbringen, damit die Gesetze erneut von Gott darauf geschrieben werden können (34,1), allerdings kommt es dazu anscheinend nicht, weil letztlich Moses die Gesetze auf die neuen Tafeln schreibt: "Schreib diese Worte auf ... und er (Moses) schrieb auf die Tafeln die Worte des Bundes, die Zehn Worte." (34,27-28). Was ist daran so bemerkenswert? Der Gott, der von Juden und Christen so sehr wie mit einem menschlichen Antlitz gesehen wird, der Gott, der nach Ansicht der Juden, Christen und Muslime direkt in die Geschichte eingreift, ist vielleicht doch nicht derjenige gewesen, der die schlussendlich offenbar doch menschgemachten Gesetze niedergeschrieben hat.

Botschaft, wenn du diese Karte gewählt hast
Welche "Gesetze" des Lebens nimmst du, vielleicht stillschweigend, als Grundlage deines Lebens an? Welche Richtlinien stellst du für dich selbst auf? Ist dir die Einhaltung von Regeln wichtiger als Verstehen, Mitfühlen, Vergeben? Welche Lebensführung ist wirklich gottgefällig, wirklich menschlich? Wo ein Mensch im anderen Menschen Bruder und Schwester sieht, wo er in allen Geschöpfen Brüder und Schwestern sieht, dort ist ein echter Ort der Kraft.

Stell dir vor, du würdest auf einen hohen Berg hinauf klettern, um "Gott" zu begegnen. Wie würdest Du diese Begegnung erleben? Lass dich auf eine Phantasiereise auf deinen Berg Sinai zu deiner persönlichen Gotteserfahrung ein.

Wenn du dorthin reisen möchtest
Der Sinai ist eine Halbinsel nördlich des Roten Meeres zwischen dem Golf von Suez und dem Golf von Akaba; er gehört zu Ägypten. Der Sinai steigt vom Mittelmeer her als Tafelland an; der Süden weist Berge auf, die bis über 2600 Meter hoch sind. Der Sinai ist sehr dünn besiedelt; außerhalb der Küstenregionen gibt es einzelne

Gebirgsoasen, die Hälfte der Bevölkerung lebt als Nomaden. Es fahren Busse direkt von Kairo zum Katharinenkloster. Man kann aber auch erst mit dem Bus nach Nuweiba fahren und dort einen Führer suchen, der einen mehrtägigen Fußmarsch bzw. Ritt auf dem Rücken eines Kamels zum Sinai bzw. zum Kloster begleitet.

4. Olymp, Griechenland
Ein Sitz der Götter

Mythos

Die Götter der Griechen waren menschlicher als die aller anderen Völker. Abgesehen von ihren besonderen, übernatürlichen Talenten und Möglichkeiten verhielten sie sich wie gewöhnliche Sterbliche. Das schrieb sehr treffend der unvergessene Mythenforscher Bernd A. Mertz in seinem Buch *Magisch Reisen Griechenland*. Der Olymp als Sitz der griechischen Götter soll nach Manley Palmer Hall auf Atlantis zurück gehen, wo götterähnliche Menschen wirkten, die nach dem Untergang von Atlantis in der Erinnerung mehrerer Völker weiterlebten, nun allerdings im geographischen Kontext des jeweiligen Landes. Berge konnten solange als symbolische Göttersitze dienen, als es noch keine Bergbesteigungen gab und die Gipfel deshalb außerhalb der Reichweite der Menschen zu liegen schienen. Interessant bei den griechischen Göttern und damit auch für den Mythos des Olymps ist ihre Herkunft. Am Anfang war gähnende Leere, das so genannte Chaos. In diese Leere wurde die Urmutter *Gaia*, die Erde, hineingeboren. Nach der Erde entstand das Wasser, das die Erde umgab, der *Okeanos*. Aus der Leere des Chaos (dieser Begriff bedeutete eben ursprünglich keineswegs "Unordnung", sondern schöpferische Kraft und formloser Raum) wurde Eros geboren, die All-Liebe und Kraft zur Erzeugung von Formen. Nun konnte Gaia aus sich heraus *Ouranos* gebären. Beide, Gaia und Ouranos, waren das erste Götterpaar – nicht etwa Zeus und Hera! Irgendwie erinnert das an die ägyptische Göttin Isis, die aus sich heraus gebiert, und natürlich auch an Maria. Eines der Kinder von Gaia und Ouranos, *Chronos*, lehnte sich mit Unterstützung oder nach Anstiftung der Mutter gegen den Vater auf, weil dieser alle seine Kinder in der Erde verbannt hatte. Er entmannte ihn. Da Chronos befürchtete, dass seine eigenen Kinder ihm dasselbe antun würden (das Ödipus-Thema klingt schon früh an), verschlang er sie, damit sie in ihm über den Fluch seiner bösen Tat hinausreifen sollten, bevor sie in die Welt entlassen werden konnten. Chronos´ Frau Rhea, ebenfalls ein Kind von Gaia und Ouranos, ließ einen Sohn, nämlich Zeus, entkommen. Zeus wurde zum Kampf erzogen, besiegte seinen Vater Chronos und konnte ihm nun befehlen, die verschlungenen Kinder wieder ans Licht der Welt zu bringen. Poseidon, Hades, Hera und Demeter waren die ersten. Der Olymp, auf dem dann der vermeintliche Göttervater Zeus seinen Hauptwohnsitz einrichtete, ist demnach keineswegs der Sitz der Urgötter oder höchsten Götter. (Nach Mertz, Magisch Reisen Griechenland)

Botschaft, wenn du diese Karte gewählt hast
Entdecke das an dir, was "göttlich" ist. Habe den Mut, die nächsten Schritte auf deiner Lebensreise zu tun – bei dem Vorhaben, für das du diese Karte gezogen hast. Auch wenn der Gipfel noch weit entfernt und vor allem sehr hoch erscheint: du kannst ihn erreichen. Andere, die dir als Vorbild dienen können, haben ihre jeweiligen Berge ebenfalls schon erklommen. Und du kannst für andere Menschen wiederum ebenso zur Ermutigung werden. Wenn du deine eigenen Gipfel nicht ersteigst, wer sollte es dann für dich tun? Eine zweite Botschaft: Bleibe im Erfolg bescheiden und menschlich.

Welcher Gott, welche Göttin möchtest du sein? Allvater Zeus oder Allmutter Hera, der wendige Götterbote Hermes oder Aphrodite, die Göttin der Schönheit und Liebe, der kriegerische Ares, der Sonnengott Apollo, der Zeitenmesser Chronos, die wissende Demeter? Die griechischen Götter lassen sich bekanntlich an den Planeten in der Astrologie ablesen, so dass du dir auch überlegen kannst, ob dir Sonne/Apollo oder Mond/Hera-Hekate, Venus/Aphrodite oder Mars/Ares, Merkur/Hermes, Jupiter/Zeus oder Saturn/Chronos, Uranus/Ouranos, Neptun/Poseidon oder Pluto/Hades jetzt im Leben wichtig sind. Wie würdest du dich verhalten, wenn du göttliche Kräfte besäßest? (Und du besitzt sie!) Möchtest du mehr im Außen bewegen oder im Innen verwandeln?

Wenn du dorthin reisen möchtest

Der "Olympos" liegt in Griechenland an der Grenze von Thessalien und Makedonien. Teilweise ist er als Nationalpark ausgewiesen. Der höchste der zahlreichen Gipfel führt bis auf 2917 Meter in den Himmel hinauf. Olympia ist der Ort, an dem der "heilige Hain" angelegt war, ein Geviert von etwa 200 mal 160 Metern Seitenlänge, wo der Tempel des olympischen Zeus mit dem goldelfenbeinernen Sitzbild des Zeus stand (beides aus dem 5. Jahrhundert v.Chr.). Hier wurde auch der Tempel der Hera erbaut, das "Heraion" aus der Mitte des 7. Jahrhunderts v.Chr., in dem ein Standbild des Gottes Hermes, des menschlichsten aller Götter, errichtet war. Olymp und Olympia mit restaurierten Bauten, Stadion und Museum lassen dich eintauchen in antike Mythologie.

5. Emma Kunz-Grotte
Höhle der Energie

Mythos

In der Nähe von Zürich, unweit der Autobahn beim Ort Würenlos, liegt eine ungewöhnliche künstliche Grotte. Manche Rutengänger haben sie als einen jener Orte mit der stärksten Erdstrahlung bezeichnet, wie etwa auch Lourdes, Chartres oder Stonehenge. Menschen kommen zur Meditation, auch Messen verschiedener christlicher Glaubensrichtungen wurden hier schon gelesen. Die fünfzehn Meter dicke Muschelsandsteinschicht unterhalb einer mächtigen Sandsteinlage ist bereits von den Römern abgebaut worden, die Steine für den Bau von *Vindonissa*, dem heutigen Windisch, brauchten. Wegen der großen Härte fand der Stein auch als Mühlstein Verwendung. Im Mittelalter wurden Kirchen und Häuser daraus gebaut, später wurde das Gestein mit industriellen Methoden abgebaut. Anfang der 70er Jahre wurde der Abbau wegen mangelnder Rentabilität eingestellt. Die Grotte wurde 1943 unter Anweisung der Naturheilärztin, Forscherin und Künstlerin Emma Kunz erweitert. Im Inneren der Grotte befindet sich ein so genannter Vitalpfad, der zu immer höheren Schwingungen führen und dem Einweihungsweg der Kathedrale von Chartres oder dem Initiationspfad von Teotihuacan in Mexiko entsprechen soll.

Warum wurde die Emma Kunz-Grotte bekannt? Der Sohn des Steinbruchbesitzers war von Kinderlähmung befallen. Die Ärzte waren ratlos, Heilung schien nicht möglich. Emma Kunz wurde um Hilfe gebeten. Sie soll mit dem Pendel die Gegend abgesucht und an einer Stelle bemerkt haben, "Noch niemals habe ich derart starke, heilende Kräfte verspürt." Man zermahlte nach ihrer Anweisung den Muschelsandstein zu Pulver, vermischte ihn mit Wasser, und machte dem gelähmten Kind Umschläge auf Knie- und Fussgelenke, Halswirbel und Schilddrüse. Nach wenigen Wochen habe das Kind wieder auf Krücken gehen können, und nach einigen Monaten soll es völlig geheilt gewesen sein. Ein regelrechtes medizinisches Wunder. *Aion* A heißt das für medizinische Zwecke aufbereitete "Heilgestein" von Würenlos, registriert bei der Kontrollstelle für Heilmittel. Man kann es äußerlich anwenden, aber auch innerlich (bei Magen- und Darmerkrankungen). Es ähnelt insofern der *Luvos Heilerde*. Mitte der 80er Jahre wurde ein Projekt entwickelt, bei der Emma-Kunz-Grotte ein Kur- und Kulturzentrum aufzubauen. Bekannt sind auch die zarten Bilder von Emma Kunz, die sich durch geometrische Fäden und Figuren auszeichnen.

Botschaft, wenn du diese Karte gewählt hast

Du hast auch dort, wo du jetzt bist, Zugang zu Energien tief aus der Erde. Diese Energien kannst du nutzen – geistig, aber auch körperlich. Ob du fein gemahlene Erde im Mund einspeichelst (du kannst sie dann ja wieder ausspülen, ohne sie zu schlucken), ob Du Aion A, Luvos Heilerde, Bentonit oder andere gemahlene Gesteine, Vulkanasche oder Ähnliches aufnimmst: Jetzt ist Zeit, unmittelbaren Kontakt zur Erde zu spüren. Geh ruhig auch auf ein Feld und greife mit deinen Händen hinein in den Acker, spür die Struktur der Krume, riech den Duft der Erde ...

"Mein Werk ist für das 21. Jahrhundert!" Das soll Emma Kunz von sich und ihren Botschaften und Erkenntnissen gesagt haben. Ihr war es aufgrund ihrer intuitiven Kraft gelungen, das Mystische und das Materielle in einer ebenso individuellen wie umfassenden Weltsicht miteinander zu verbinden.

Wenn du dorthin reisen möchtest

Die Emma Kunz-Grotte liegt bei Würenlos im Kanton Aargau, nahe Zürich. Dort ist ein Museum entstanden, man kann die Grotte besichtigen und Aion A erwerben. Es ist sinnvoll, sich vorher anzumelden. Emma Kunz-Zentrum, Steinbruchstr. 5, CH 5436 Würenlos; Tel. +41-56-4242060; E-Mail: info@emma-kunz-zentrum.ch; www.emma-kunz-zentrum.ch

6. Untersberg, Österreich
Tief im Herzen Europas

Mythos

Zwischen Reichenhall, Berchtesgaden und Salzburg steht der weitberufene Untersberg, der im Volksmund früher auch Wunderberg hieß. Noch früher, vor unserer Geschichte, soll dort eine sagenhafte große Hauptstadt mit dem Namen Helfenburg gestanden haben. Das Bergmassiv ist reich an Wäldern, Alptriften, Wild und heilsamen Kräutern, an Marmor, kostbarem Erz und Gestein. Ein altes Buch sagt, dass öfters fremde Kunsterfahrene aus dem Welschland herbeikamen, die Erze und Minen insgeheim bearbeiteten, nebenbei aber sich der Bosheit befleißigten, die Fundgruben den Umwohnern aus Neid zu verhehlen und zu verblenden. Zahllose Sagen ranken sich um den Untersberg. Im Innern sei er ganz ausgehöhlt und mit Palästen, Kirchen, Klöstern, Gärten, Gold- und Silberquellen versehen. Kleine Männlein bewahrten die Schätze und seien ehedem oft um Mitternacht in die Stadt Salzburg gewandert, um in der Domkirche Gottesdienst zu halten. Auch in anderen Kirchen der Umgegend sollen sie gewesen sein, vor allem in der Christnacht und in den Raunächten Zu Unserer Lieben Frau von Großgmain. Holzknechten und Reichenhallern kam einst auf schmalem Fußweg ein ganzer Zug schwarzer Männchen, vierhundert an der Zahl, Paar um Paar, ganz gleich gekleidet, zwei Trommler und zwei Pfeifer voran. Auch hörte man des Nachts in diesem Wunderberge Kriegsgetümmel und Schlachtenklänge, besonders bei bevorstehendem Kriege. Zur mitternächtigen Geisterstunde kommen die

Riesen hervor, steigen zum Gipfel und schauen unverwandt gen Osten; wann es dann zwölfe schlägt, erlischt ihr vorausgehend Flammenlicht, die Riesen verschwinden, und es treten die Zwerge aus dem zaubervollen Bergesinnern und brechen das Erz und hämmern am Gestein, oder sie wandeln, mit netzförmigen Häubchen bedeckt, mitten unter dem weidenden Vieh umher. Auch von den wilden Frauen des Untersbergs erzählt man sich in der Gegend: Wilde Frauen in weißen Gewändern und fliegenden Haaren lebten auf den Firsten des Berges und sängen dort ihre Lieder.

Im Schoß des Berges sitzt verzaubert ein alter Kaiser. Einige sagen, Karl der Große sei es, andere nennen Friedrich Rotbart. Wieder andere meinen, beide säßen im Untersberg – Kaiser Karl freiwillig, Kaiser Barbarossa gezwungenermaßen. Einige wollen Kaiser Karl V. im Untersberg verzaubert weilen lassen. Manche sollen den bzw. einen Kaiser gesehen haben mitten im Kreise glänzender Wappner, an einem Tisch aus Marmor sitzend, durch welchen ihm der Bart gewachsen, der fast dreimal um den Tisch reicht. Wenn er zum drittenmal die letzte Ecke erreicht, dann wird der Antichrist erscheinen, dann wird die große Schlacht auf dem Walserfelde geschlagen, die Engel stoßen in ihre Posaunen, und der Jüngste Tag bricht an. Auch die Tochter des Kaisers wohnt daselbst und hat sich öfters freundlich gegen solche gezeigt, die zu günstiger Stunde in den Berg traten. Zu heiligen Zeiten will man wahrgenommen haben, dass der große Kaiser sich mit seinem Hofgesinde oder aber mit den Mönchen von St. Justus in der Domkirche zu Salzburg um Mitternacht eingefunden, die Mette mitgesungen und dem Hochamte beigewohnt, welches sein Hofpfarrer oder der Prior von Sankt Justus oder wohl gar ein großer Kirchenprälat zelebriert, der zugleich mit ihm in den Untersberg verwünscht worden ist. Zu solchen Zeiten wallen die vertriebenen Mönche in langen Zügen durch Erdklüfte unter Seen und Flüssen nach den benachbarten Kirchen und halten in St. Bartholomä am Königssee bei Berchtesgaden, in Grödig, im Münster Berchtesgaden und im hohen Dome der Metropolis zur Mitternachtsstunde unter Glockenklang und Orgelton den Gottesdienst. Ritter und Reisige durchreiten in glühenden Panzern, auf Flammenrossen und mit funkensprühenden Waffen die Gefilde der Umgegend, sich zur

Pein und dem Landmann zum Schrecken. Mit anbrechendem Tage eilen sie in den Untersberg zurück durch eine nur selten und nur wenigen sichtbare eherne Pforte, welche beim Hallturm hinter den Trümmern der Burg Plauen zwischen den Steinklüften eingestürzter Felsen zu Tage geht. (Quelle u.a.: Bechstein-Sagen)

Botschaft, wenn du diese Karte gewählt hast

Vier große Themen des Untersbergs sind: die Einheit Europas in einem wahrhaft christlichen Geist, der tolerant gegenüber allen friedfertigen Glaubensformen ist, die sie sich an die Menschenrechte halten; der Ausgleich zwischen Stoff und Macht einerseits und Geist und Liebe andererseits, oder auch zwischen Erde und Himmel; die Relativität von irdischer Lebenszeit, die Sehnsucht nach Fortdauer und die Erlösung in ein ewiges Leben durch Hoffnung, Glauben, Gnade und Liebe; die Traumwelten der Anderwelt von Feen und Zwergen und Riesen, von einem verwunschenem Leben jenseits des Alltags. Welche dieser vier Botschaften dich am meisten anspricht, hängt von dem Thema ab, mit dem du diese Karte gewählt hast.

Vielleicht möchtest du dir selbst ausmalen, wie dein eigener Weg zur Vereinung der Gegensätze von Zeit und Raum und Ego einerseits und Herz und Liebe und Seele andererseits aussehen könnte.

Wenn du dorthin reisen möchtest

Der Untersberg liegt zwischen Bad Reichenhall und Berchtesgaden, Salzburg und Hallein. Er lässt sich auf mehreren Pfaden ersteigen, von der deutschen und von der österreichischen Seite her. Von St. Leonhard bei Grödig aus führt auch eine Bergbahn hinauf. Wenn du schon hier bist, schau vielleicht auch einmal zur nahe gelegenen Almbachklamm, die hinten im Buch kurz beschrieben wird. Wenn Du von Fürstenbrunn her nach Großgmain fährst, kommst du an einer kleinen wundersamen Kapelle vorbei, die zum Gebet einlädt. Daneben sprudelt aus einer gefassten Leitung Untersberger Wasser, dem hohe Energie und Heilfähigkeit zugeschrieben wird.

7. Ayers Rock, Australien
Heiligtum der TraumZeit

Mythos

Der riesige rote Sandsteinblock in der australischen Wüste, einer von mehreren eindrucksvollen haubenförmigen Bergen, hieß vor der englisch-australischen Eroberung und Besiedlung Uluru. Der *Uluru* bzw. Ayers Rock hat einen Umfang von neun Kilometern und erhebt sich mehr als 330 Meter hoch über den Boden. Hier verlaufen so genannte Traumzeit-Pfade der Aborigines, hier begegnen sich die Hasen-Wallaby- und die Teppich-Schlangen-Völker, hier ist der Kraftplatz der heiligen Wasserpythonschlange und der guten Echse, die Kandju heißt. Traumzeit war die Zeit, bevor die Erde ihre heutige Form annahm, als sie noch viel stärker wandlungsfähig war. Wasserlöcher und Brunnen, die Menschen und Tiere mit dem lebensnotwendigen Nass versorgen, lassen um den Berg herum ein in der Wüste sonst seltenes Grün erscheinen. Im Berg finden sich zahlreiche rituelle bzw. spirituelle Höhlenmalereien. In den Felsritzbildern kommen die Themen Fruchtbarkeit und Initiation immer wieder vor. Einige dieser Höhlen sind jeweils nur Männern oder Frauen vorbehalten. In manche dürfen Nicht-Aborigines prinzipiell nicht hinein. Zum Berg gehören zahlreiche Mythen von Kämpfen zwischen feindlichen Stämmen. Erinnerungen daran machen sich an vielen sonderbar gestalteten Vorsprüngen und eigenartigen Felsformationen von damals fest, die alle eine eigene Geschichte zu erzählen haben. Bei Sonnenauf- und Sonnenuntergang leuchtet der Uluru in den intensivsten rötlichen Farben und übt einen sehr starken Zauber aus. Er gehört sicher zu den stärksten Kraftorten der Erde – aufgrund seiner eigenen terrestrischen Kräfte und noch viel mehr wohl aufgrund der energetisch hochwirksamen Jahrtausende alten Mythen der Aborigines.

Botschaft, wenn du diese Karte gewählt hast

Ehrfurcht vor der Natur und Erinnerung an die Bedeutung der eigenen Mythen sind zwei wichtige Botschaften des Uluru. Eine dritte: Wertschätzung für die spirituelle Kraft einer Weltanschauung und eines Menschenbildes, welche die Wirklichkeit nicht auf ewig festzurren wollen, sondern der Transformation durch unsichtbare Energien Raum und Zeit geben.

Was würdest du von Aborigines lernen wollen? Didgeridoo spielen vielleicht? Ein einfaches Leben in sehr direktem Kontakt zur Natur? Möchtest du selbst in den Umgang mit Traumzeit eingeweiht werden? Bist du dafür schon bereit? Wohin würdest schauen wollen, wenn du dich jetzt in stiller Innenschau auf oder in den Ayers Rock versetzt?

Wenn du dorthin reisen möchtest
Ayers Rock liegt auf einem flachen Wüstenplateau im Northern Territory von Australien, gute 300 Kilometer südwestlich des Ortes Alice Springs. Nicht weit entfernt liegt der Mount Olga, ein Berg, der ähnlich aussieht und als die "Schwester" von Ayers Rock gilt.

Mythische Kraftorte

8. Shambala
Sitz der geistigen Hierarchie

Mythos
Irgendwo im Norden von Indien, auf der tibetischen Seite der Himalaya-Kette oder im Süden der Mongolei, vielleicht auch im Astralraum darüber, soll Shambala liegen, ein spirituelles Utopia und zugleich Sitz der geistigen Hierarchie, die unsere Erde meist unsichtbar durch die Zeitläufte begleitet und führt. Nicholas Roerich berichtete 1930 in seinem gleichnamigen Buch von Shambala, das mancherorts auch Shangri-La heißt. Ist es nun ein himmlisches Reich oder ein realer Ort, eine prächtige Stadt, die im Herzen von *Agarthi* liegt, wo ein so genannter König der Welt regiert? Der frühere Palast des Dalai Lama in Tibet soll einen unterirdischen Zugang zu Shambala besessen haben. Im Zuge der Forschungen des Projektes "Ahnenerbe" ließ Hitler nach Shambala suchen. Denn dort soll es eine *Vril*

genannte psychokinetische Energie-quelle gegeben haben, die vor allem von Frauen besonders gut gehandhabt werden könne. Die erstaunlichen Fähigkeiten mancher tibetischer Mönche und Nonnen scheinen für die Existenz solcher Kräfte zu sprechen – die ungeheuer schnelle Fortbewegung von "Tranceläufern" über Stock und Stein, das Aushalten von enormen Kältegraden ohne Schutz, die Herbeirufung höherer Mächte und anderes mehr, was die Theosophin Alexandra David-Neel in ihren Büchern faszinierend beschrieben hat.

Es bleibt offen, ob Shambala gläubig-hoffnungsfroher Phantasie entspringt oder ob es dieses Paradies tatsächlich gibt, vielleicht auf der Astralebene. Der Avatar Babaji (durch Paramhansa Yogananda bekannt gemacht) spricht davon; indische Legenden erzählen von einem Ort *Kalapa*, an dem vollkommene Menschen wohnen, in China ging die Sage von einem Tal im Kunlun-Gebirge, in dem unsterbliche Wesen in völliger Harmonie lebten; der Buddhismus erwähnt Shambala als Stätte und Quelle antiker Weisheit.

Botschaft, wenn du diese Karte gewählt hast

Du sehnst dich nach Frieden, Harmonie und dem unmittelbaren Erspüren eines weisen Sinns und sanft-gelassener Lebensfreude. Beginne gleich heute selbst damit, dir diese Kräfte in dir und deiner direkten Umgebung vorzustellen, sie in deinem ganzen Körper zu erspüren, und sie ständig auszustrahlen oder zumindest immer dann, wenn du dich an sie erinnerst.

Wenn du Shambala im Geiste besuchen möchtest

Hoffnungen auf wahrhaft menschliche Formen des Zusammenlebens im Harmonie mit der Natur, mit der sichtbaren und der unsichtbaren Schöpfung, stellen einen legitimen Archetypus jedes Menschen dar. Diesen Archetypus kannst du durch alltägliche Achtsamkeit im Kleinen stärken.

9. Atlantis
Streben nach Macht

Mythos

Plato beschreibt Atlantis und die atlantische Zivilisation so: In den frühesten Zeitaltern teilen die Götter die Erde unter sich auf. Jeder errichtet Tempel für sich und installiert eine Priesterkaste. *Poseidon* (siehe *Olymp*) erhält das Meer und einen Inselkontinent namens Atlantis. Ein erdgeborenes Ehepaar lebt dort mit seiner einzigen Tochter *Cleito*. Die Eltern sterben früh, Poseidon nimmt Cleito zur Frau und sie gebiert ihm zehn Söhne. Der älteste, *Atlas*, wurde zum höchsten Herrscher erhoben, der Inselkontinent ihm zu Ehren Atlantis genannt, das Meer darum herum Atlantik. Die Nachfahren von Atlas schufen ein hoch entwickeltes Gemeinwesen, das weise regiert wurde. Plato malt die Schätze an Edelsteinen und Edelmetallen, welche die ungeheuren Tempel schmückten, anschaulich aus und kann die zivilisatorische Blüte, die technischen Errungenschaften und die Schönheit im Einklang mit der Natur der atlantischen Gesellschaft gar nicht hoch genug rühmen. In Atlantis sollen auch erstmals Pferde gezähmt worden sein, weshalb diese Tiere für Poseidon so typisch sind. Die Atlanter werden, so Plato, durch die Macht und Pracht der hellenistischen Staaten (Athen, Sparta, Kreta, usf.) vom Pfad der Tugend abgebracht und wollen nun "die ganze Welt" erobern. Sie lassen sich davon auch nicht durch Zeus abhalten, der sie zusammenruft und davor warnt – an dieser Stelle bricht Platos Bericht ab. Solon schildert das Ende: Gewaltige Erdbeben erschüttern Atlantis, Flutwellen erheben sich und im Verlaufe eines einzigen Tages versinkt Atlantis für immer.

Geschichten über Atlantis entstehen sowohl vor einem allegorisch-symbolischen als auch einem historisch-mythischen Hintergrund. Der heilige Berg, der inmitten der Hauptinsel von Atlantis stand, auf dem sich die Haupttempel befanden und der bis hinauf in den Ätherhimmel reichte, stellte eine Art von Weltachse dar. Hier finden wir mythische Vorläufer für andere heilige Berge wie den Olymp, den Berg Meru, aber auch für den nordischen Göttersitz Asgard (siehe *Walhall*). Auch Eden, die Sintflut und die Hoffnung auf ein "Neues Jerusalem" klingen bei Atlantis schon an, das übrigens 9600 v.Chr. untergegangen sein soll. Der Pyramidenbau, der in Mittel- und Südamerika so sehr dem von Ägypten ähnlich ist, soll auf in alle Welt verstreute atlantische Priester zurückgehen, sagen manche.

Wer Atlantis noch besser verstehen will, kann es unter einem ganz anderen, wesentlichen Gesichtspunkt betrachten: danach steht Atlantis als Bild für den Menschen selbst, für seinen Körper und seine Seelenentwicklung sowie für die Entwicklung des gesamten Universums. Die "Weltachse" ist dann zum Beispiel die Wirbelsäule mit den drei Kanälen von Ida, Pingala und Sushumna, in denen die Kundalini-Kraft empor steigt; die zehn Söhne sind die Sephirot des kabbalistischen Lebensbaums und so fort. Diese Andeutungen müssen an dieser Stelle aus Platzgründen leider genügen.(Quelle: Hall: Secret Teachings; siehe Anhang)

Botschaft, wenn du diese Karte gewählt hast

Die größte "Macht", die du besitzen und ausüben kannst, ist die Fähigkeit, dein Selbst unverstellt und ohne illusionäre Prägungen zu sein. Das funktioniert nicht über die Beherrschung der Außenwelt, sondern durch die Erfahrung der Innenwelt und die Öffnung für die eine große Kraft, die alles verbindet, alles belebt und alles erhält.

Wenn du Atlantis im Geiste besuchen möchtest

Der "Fall" des Menschen ist eine notwendige Voraussetzung für die spirituelle Entwicklung. Der lichtvolle, ewige Geist muss sich nach dem "Abstieg" in die Begrenzungen der Erde und im Verlaufe der Auseinandersetzungen mit begrenzten Formen, mit Zeit und mit den Prinzipien des trennenden Egos im Individuum läutern und eine bewusste Evolution erfahren.

Überlege einmal, wo überall im Alltag du Macht ausübst und wie du mit deiner Macht so umgehen kannst, dass sie dem Wohle aller (einschließlich deiner selbst) dient.

10. Eden
Erinnerung ans Paradies

Mythos

Nachdem Gott in den sieben biblischen Tagen Himmel und Erde geschaffen hatte, schuf er den Menschen: "Da machte Gott der Herr den Menschen aus Erde vom Acker und blies ihm ein den Odem des Lebens in seine Nase. Und so ward der Mensch ein lebendiges Wesen. Und Gott der Herr pflanzte einen Garten in Eden gegen Osten hin und setzte den Menschen hinein, den er gemacht hatte." (1Mos2,7-8) Da war nun der Garten Eden, das vermeintliche Paradies oder Schlaraffenland. Flüsse und Bäume und Edelsteine und Harze und Blumen und was das Herz begehren mochte, waren dort. Unter den zahlreichen Bäumen verdienen zwei besondere Aufmerksamkeit, nämlich der Baum des Lebens und der Baum der Erkenntnis des Guten und Bösen. Gott ordnete an, so das uns heute überlieferte Alte Testament, dass Adam und die später geschaffene Eva (nach anderen Mythen wurde Lilith zuerst geschaffen!) von allen Bäumen essen dürften, nur nicht von dem der Erkenntnis von Gut und Böse, sonst seien sie des Todes. Natürlich essen sie dennoch davon, vermeintlich verführt durch die Schlange, die ja immerhin auch ein göttlich geschaffenes Wesen ist. Eine merkwürdige Angelegenheit auf vielen Ebenen. Warum sollte Gott – der ja immerhin auch als allwissend vorgestellt wird – ein Verbot aussprechen, wenn er nicht zuvor schon wüsste, dass es übertreten würde? Und würde die Frucht vom Baum des Lebens nicht den Tod überwinden können? Um eben dies zu verhindern, weist Gott Adam und Eva aus dem Garten Eden! "Und Gott der Herr sprach: Siehe, der Mensch ist geworden wie unsereiner und weiß, was gut und böse ist. Nun aber, dass er nur nicht ausstrecke seine Hand und breche auch von dem Baum des Lebens und esse und lebe ewiglich! Da wies ihn Gott der Herr aus dem Garten Eden ..." (1Mos3,22-23)

Was könnte tiefenpsychologisch – über die Wunschvorstellung eines goldenen Zeitalters der Unsterblichkeit hinaus – hinter der Vorstellung von einem Garten Eden stecken? Sicher auch die Notwendigkeit, aus einem naiven Kleinkindverhalten zu einer bewussten Reifung der Persönlichkeit zu gelangen, zur Annahme von Verantwortung und Eigenverantwortung. Eden ist Ausgangspunkt, aber nicht Ziel der archetypischen Reise der menschlichen Seele aus der Quelle der Schöpfung durch das oder die Leben zu einem bislang unbekannten Ziel.

Botschaft, wenn du diese Karte gewählt hast
Hör auf, dir oder anderen Vorwürfe zu machen. Trauere nicht früheren schönen Zeiten und Orten nach. Gestalte besser deine heutige Umgebung in Harmonie, lebe besser ab heute mit einem offenen Herzen und spüre, dass der wahre Gott in dir keine Trennung und Ausweisung und Abkehr und Strafe kennt, sondern nur Zuversicht, dass jederzeit Gnade und Wunder und Selbstverwirklichung möglich sind.

Wenn du Eden im Geiste besuchen möchtest
Die Vertreibung aus dem Paradies, der Brudermord Kains, die Sintflut und der Neubeginn danach, aber auch der Fall Luzifers zuvor, sind offensichtlich entweder von einem sehr unvollkommenen "Gott" ausgedacht, der diese Bezeichnung nicht verdient, oder sie finden lediglich in unserer Einbildung statt. Wenn du Eden im Geiste besuchen möchtest, könnte es sinnvoll sein, nicht an überkommenen, sehr undurchsichtigen Mythen kleben zu bleiben, sondern lieber eine eigene schöpferische Vision zu entwickeln für dieses Leben und das, was danach sein mag.

11. Avalon
Wasser des Lebens

Mythos
In der keltischen Welt war Avalon der gallisch-britannische Name des Elysiums; nach der Artussage ist Avalon der Aufenthaltsort der Helden nach dem Tode. Avalon, die Apfelinsel (man denke an auch an die Hesperiden, die Töchter des Abendsterns in den griechischen Sagen, die den Baum der Götter hüteten, der goldene Äpfel trägt),

die Insel der Seligen, der zentrale Kraftort der Hohepriesterin Viviane, der Faye Morgaine und ihrer Schwestern, bewahrt die Erinnerung an ein "goldenes Zeitalter", in dem die Urkräfte des Weiblichen noch nicht vom Kult des vermännlichten Sonnengottes überwältigt, verdrängt oder in unechten Marienkulten sublimiert worden waren. Die deutsche Sprache bewahrt, anders als die romanischen Sprachen, etwas vom Vorrang der Urgöttin: Wir sagen "die Sonne" und "der Mond". Unser Leben spendendes Zentralgestirn ist weiblich!

Avalon ist auch ein anderer Name für die walisische Anderwelt *Annwyn*. In Wales kennt man *Ynis Avallach,* die Insel von Avallach. Einer anderen Überlieferung zufolge entstammt Avalon jedoch der irischen Mythologie. Dort herrschte ein Meeresgott über eine Insel in der Anderwelt, die *Emhain Ablach* hieß, das Emhain "von den Apfelbäumen".

Der sterbende König Artus wurde von drei geheimnisvolle Frauen nach Avalon gebracht, und die Mythen nähren die Erwartung, dass er eines Tages von dort zurück kommen und die Kelten aus ihrer Unterdrückung durch Angeln, Sachsen und Normannen befreien würde (eine Parallele zu germanischen Mythen wie etwa die um Untersberg- und Kyffhäuser, wonach große Könige und Kaiser nicht sterben, sondern anderswo – in einem Berg, auf einer Insel – auf den Tag der Großen Letzten Schlacht des Guten gegen das Böse warten, aus der sie siegreich hervorgehen und ein goldenes Zeitalter begründen werden).

Avalon wird heute vielfach in bzw. bei Glastonbury verortet. Offensichtlich gefälschte Sarkophage und Tafel- bzw. Kreuzinschriften in Glastonbury teilen mit, "Hier ruht der berühmte König Artus, begraben auf der Insel Avalon" und "Hier liegt der berühmte König Artus mit Ginevra, seiner zweiten Frau, auf der Insel Avalon begraben."

Botschaft, wenn du diese Karte gewählt hast

Spüre, welche Kräfte in deinem Leben leicht wie Wasser fließen. Was bringt Dich und die Menschen, die dir lieb sind, voran? Lass dich auf diese Wasser ein, direkt körperlich sowie gefühlsmäßig und geistig. Achte dabei vor allem auf die weibliche Intuition, die Yin-

Kraft – die dir immer zur Verfügung steht, auch wenn du jetzt ein Mann bist.

Wenn du Avalon im Geiste besuchen möchtest
Besorge dir das Buch *Die Nebel von Avalon* von Marion Zimmer Bradley. Das ist die beste "Phantasiereise" nach Avalon, die ich bisher kennen gelernt habe.

12. Walhall
Wo Helden unsterblich werden

Mythos
Walhall oder altnordisch *Valhöll* ist die Totenhalle, in die Gott Odin die gefallenen Helden und Krieger beruft. Walhall befindet sich dem Mythos zufolge in *Asgard*, dem Wohnsitz der Götter. Für die Wikinger war Walhall eine Art von Paradies, in dem sie in stetig wachsender Zahl, armeenstark, vor glänzend polierten Speeren und Schilden an langen Tischen tafelten und zechten. Die Walküren führten die besonders verdienten Helden vom Schlachtfeld hier herauf, servierten ihnen Köstlichkeiten, brachten mit Met gefüllte Trinkhörner und tanzten zur Unterhaltung der Krieger. Der Koch *Andrhimnir* rührte in einem zauberhaften Kessel einen schier unerschöpflichen Nachschub an Eberfleisch an (man denke an Asterix und Obelix und ihre Wildschweingelage). Die riesige Ruhmes- und Festhalle war so gebaut, dass sie fünfhundert enorm breite Türen besaß, so dass viele Hunderte von Männern gleichzeitig würden ausrücken können, wenn das Signal dafür kam. Beim ersten Anzeichen der Götterdämmerung *Ragnarök* würden die auserwählten Krieger an der Seite der Götter in der großen Schlacht auf den *Vigrid*-Ebenen kämpfen – und fallen.. Odin wusste zwar, dass diese Schlacht der Götterdämmerung verloren gehen würde, fand jedoch Trost darin, dass er ebenfalls wusste, dass damit keineswegs auch das Ende der Welt gekommen war. Aus den Tiefen des Wassers sollte eine neue Welt erstehen. Hier ist eine geistige Linie zu Atlantis zu sehen; lies, wenn du magst, dort weiter nach.

Botschaft, wenn du diese Karte gewählt hast
Wofür meinst du, kämpfen zu sollen? Lohnt es sich, unter Einsatz aller Mittel und "ohne Rücksicht auf Verluste" vermeintlichen Idealen nachzujagen? Diese Frage stellt sich dir jetzt und du wirst sie im Zusammenhang mit deinem Fragethema entscheiden müssen. Die Kehrseite dieser Medaille ist, dass du dir vielleicht eine Art Schlaraffenland ersehnst, um endlich zur Ruhe zu kommen und das Leben zu genießen. Auch das hat viel mit dem Geist des Ortes zu tun, an dem du bist. Falls du eine tiefe Lebenskrise hinter Dir hast, könnte die Frage auch lauten: Auf welche neue Welt wartest du?

Wenn Du Walhall im Geiste besuchen möchtest
Wie stellst du dir das Paradies vor? Welche Verheißungen vom Leben im Jenseits locken dich? Welchen kann du vertrauen? Stell dir vor, dass seit deinem Abschied von dieser Welt und aus diesem Leben ein Jahr vergangen ist? Wo bist du und was erlebst du bzw. machst du? Stell dir vor, 10 Jahre sind vergangen ... 100 Jahre ... 1000 Jahre ... Millionen Jahre: Wo bist du? Wer bist du? Was spürst du? Wie sieht dein eigenes "Walhall" aus?

Marianische Kraftorte

Marianische Wallfahrtsorte sind oft an Plätzen, die schon vor dem Bau von Kirchen Kraftorte und meist der keltischen oder römischen Muttergöttin geweiht waren oder die als Quellheiligtum eine besondere Ausstrahlung besaßen. Wenn wir die hier genannten und weitere Stätten der Marienverehrung in einem umfassenden Sinn als Kraftorte der Großen Mutter erspüren, über dogmatisierende Definitionen hinaus, dann werden auch Menschen, die nicht als katholisch betrachten, an diesen Plätzen eine wesentliche und seelisch berührende Inspiration erfahren können. Novalis sagt:

Ich sehe dich in tausend Bildern, Maria, lieblich ausgedrückt,
Doch keins von allen kann dich schildern, wie meine Seele dich erblickt.
Ich weiß nur, dass der Welt Getümmel seitdem mir wie ein Traum verweht
Und ein unnennbar süßer Himmel mir ewig im Gemüte steht.

13. Mariazell, Österreich
Wunder des Gebets

Mythos

Ein Missionar hatte Anfang des 12. Jahrhunderts den Auftrag erhalten, jenseits des Seeberges eine Klosterniederlassung zu gründen. Er führte ein Marienbild mit sich. Als ihm ein Felsen den weiteren Weg auf seiner Wanderschaft versperrte, streckte er dem Felsen sein Marienbild entgegen, woraufhin dieser zurückwich. Die Wallfahrt begann sich besonders stark zu entwickeln, als Markgraf Heinrich I. von Mähren und seine Frau um 1200 in jeweils einem eigenen Traum nach Mariazell gewiesen wurden, um dort Heilung von der Gicht zu erlangen, was offensichtlich auch geschah. Um 1400 gab es bereits über zwanzig Devotionalienhütten, obwohl der Ort nur etwas mehr als 70 Häuser aufwies. Hochadel und österreichisches Kaiserhaus machten bedeutende Stiftungen. Mariazell wurde zum Nationalheiligtum Österreichs, zum religiösen Zentrum Ungarns (das es für viele Ungarn auch heute noch ist!) und der slawischen Völker rings herum. Fürst Esterhazy führte 1692 nach der Befreiung von den Türken mit über 11.000 Pilgern eine Dankprozession hierher durch. Die Bedeutung der Wallfahrtsmadonna für zahlreiche Völker Mitteleuropas kommt in den Landeswappen zum Ausdruck, die auf ihrem Umhang zu sehen sind.

Botschaft, wenn du diese Karte gewählt hast

Übe dich wieder in der Kunst des Gebets. Beten heißt, sich an Gott zu wenden, an Christus, Maria, Sophia, an die Urmutter, an den Great Spirit – wie immer es für dich am besten passt. Da du eine marianische Karte gezogen hast, wäre es gut, wenn du dein Gebet an eine weibliche Form des Schöpfergeistes richtest. Es spielt keine Rolle, ob du mit Worten, Gefühlen, Gedanken oder mit dem Herzen ohne alle Vorstellungen betest. Es ist auch nicht wichtig, ob du ein Bitt- oder Dankgebet aussendest. Gönn dir einfach jeden Tag Zeit zur Zwiesprache mit dem Göttlichen und vergiss dabei nicht, dass sich das Geheimnis des Gebets oft im Zuhören, im Lauschen auf den göttlichen Impuls offenbart.

Sprich, auch wenn du nicht katholisch bist, ein Ave Maria, langsam, seelisch offen, mit Andacht. Menschen, die nicht konfessionell gebunden sein wollen, schlage ich eine leicht abgewandelte Form des üblichen Wortlautes vor:

Gegrüßest seist du Maria, voll der Gnaden, der Herr ist mit dir. Du bist gesegnet unter den Frauen und gesegnet ist die Frucht deines Körpers, Jesus. Heilige Maria, irdische Mutter des göttlichen Christus, bitte für uns Menschen, jetzt und in der Stunde unseres Todes. Amen.

Wenn Du dorthin reisen möchtest

Mariazell liegt in den Nördlichen Kalkalpen in der Steiermark, im Bezirk Bruck an der Mur.

14. Czestochowa, Polen
Wunder des Glaubens

Mythos

Am 7. September 1382 soll das Gnadenbild auf dem *Jasna Gora*, dem "Hellen Berg" installiert worden sein. Die Ikone vom Typus der Schwarzen Madonna stammt wohl aus dem 9. Jahrhundert, vielleicht aus Spanien. Sie zog rasch viele Pilger an, so dass man ab etwa 1400 ein so genanntes Mirakelbuch führte, in dem Wunder und erhörte Gebete verzeichnet wurden. Beim Hussitensturm 1430 wurde die Ikone geschändet; seither sieht man auf dem wieder hergestellten Gnadenbild etwas wie eine Schnittwunde im Gesicht. Diese "Wunde" soll immer wieder einmal geblutet haben. Im 17. Jahrhundert musste ein schwedisches Heer nach zweimonatiger Belagerung erfolglos abziehen. Dies war der Auslöser, dass sich Czestochowa, das Gnadenbild und die Wallfahrt dorthin zum Kristallisationspunkt des polnischen Nationalbewusstseins entwickelten. König Jan Sobieski betete hier, bevor er nach Wien zog, um die Stadt und das Abendland im Verbund mit der "Heiligen Allianz" vor den Türken zu retten – eine historische Tatsache, die nicht allen Österreichern (und Deutschen) wirklich bewusst ist. Alle Erfolge der Befreiungskämpfe gegen die Besetzung Polens durch Preußen, Russland und Österreich 1795 und 1918, der vergebliche Angriff russisch-bolschewistischer Verbände 1920 und das Wunder an der Weichsel, das Ende der Naziherrschaft, die Erwählung eines polnischen Papstes und schließlich auch das Ende der kommunistischen Diktatur werden allesamt Gebeten vor diesem Gnadenbild zugeschrieben.

Botschaft, wenn du diese Karte gewählt hast

Glaube wieder mehr. Glaube an die Göttin, an Gott, an Maria, wenn du magst. Glaube vor allem mehr an das Leben und an dich selbst. Vertraue darauf, dass das Leben Dich nie im Stich lässt, dass Gott bzw. die Göttin uns allen und immer das Beste zukommen lassen wollen – sobald wir dafür offen werden. Es geht nicht darum, ob wir es "wert" sind, ob wir es "verdienen". Sondern ob wir daran glauben, dass das Leben uns allezeit annimmt, trägt, liebt und fördert.

Stell Dir die Karte mit dem Bild auf den Nachttisch und bitte eine Woche lang morgens und abends die Schwarze Madonna von Czestochowa um die Gabe, dem Leben, dir und Gott tief glauben und vertrauen zu können.

Wenn du dorthin reisen möchtest

Czestochowa, deutsch Tschenstochau, liegt im südlichen Polen, unweit von Krakau. Der wichtigste Wallfahrtstag ist der 26. August. Auf einem freien Platz wird dann ein Freialtar errichtet, um mit den Hunderttausenden von Menschen die heilige Messe zu feiern.

15. Einsiedeln, Schweiz
Wunder der Gnade

Mythos

Einsiedeln ist als Marienwallfahrtsort die bedeutendste Pilgerstätte und der wichtigste Kraft- und Gnadenort in der Schweiz. Der Mönch Meinrad, der 823 in Reichenau (siehe auch dort) sein Gelübde abgelegt hatte, ließ sich um 835 als Einsiedler im "Finstern Wald" nieder. Am 21. Januar 861 wurde er von zwei Räubern ermordet. Die zahmen Raben des Mönchs sollen die Räuber verfolgt haben, so dass sie erkannt und ihrer Strafe zugeführt wurden. Ob die Raben des Meinrads nicht Überreste aus der keltischen Mythologie sind? Rabenvögel geleiten verschiedene Götter, sie bringen gutes oder schlechtes Omen. Am 16. September 934 wurde der damalige Domprobst von Straßburg zum ersten Abt der neubegründeten Benediktinerklosters. Die Klosterkirche ist am 24. August 948 *Christus Salvator* geweiht, dem Erlöser-Christus. Einer anderen Überlieferung zufolge hätte die Klosterkirche zwar durch den Bischof geweiht werden sollen, der jedoch des Nachts Engel hörte, welche die Weihe in rituell und liturgisch exakter Weise vornahmen. Diese Legende, vermutlich aus dem 12. Jahrhundert, ist inzwischen zumindest im Volksglauben als Wunder anerkannt. Die damals einsetzende Wallfahrt erhielt nach 1465 weiteren Aufschwung, vor allem aus dem Elsass und aus Schwaben, weil damals das jetzige Gnadenbild, eine Ulmer Madonna mit Kind auf dem Arm, nach Einsiedeln gelangte. Ursprünglich waren die Gesichter nicht schwarz, sondern hell. Je nach Legende wurden sie schwarz wegen des Rußes der vielen Votivkerzen bzw. weil die Skulptur vor anrükkenden Feinden in der Erde vergraben wurde. Unter der Gnadenkapelle entspringt eine Quelle, deren Wasser man aus einer von vierzehn Röhren des so genannten Gnadenbrunnens trinken kann. Die Gnadenkapelle selbst ist in ein weitläufiges Oktogon gestellt , das von Pfeilern getragen wird. Die Form des Oktogons sammelt die Kraft an diesem Ort und verdichtet sie.

Botschaft, wenn du diese Karte gewählt hast

Ist nicht alles ein Wunder der Gnade? Gnade, dass wir leben dürfen, dass wir diese Welt erfahren, dass wir wachsen und uns entwickeln können! Gnade, dass wir fühlen und denken, dass wir anderen Menschen und der gesamten Schöpfung begegnen! Nimm dir die heute und die nächsten Tage etwas Zeit, dich daran zu erinnern und dafür zu danken, was du bisher als Gnade im Leben hast erfahren dürfen. Unerwartete Hilfe in der Not, das Geschenk von Familie und Freunden, das Erleben von Natur, die Hoffnungsschimmer hinter und über allen Sorgen und Leiden.

Bitte die "Stelle", an die du dich wenden möchtest, um die Gabe, Gnade in deinem Leben immer häufiger und inniger erleben zu dürfen. Bitte darum, dass du sozusagen ein Sensorium dafür entwickelst, Gnade zu empfinden, dafür dankbar zu sein und dich immer mehr dafür zu öffnen.

Wenn Du dorthin reisen möchtest

Einsiedeln ist ein bekannter Ort in der Schweiz, vielleicht eine gute Autostunde von Zürich entfernt. Neben üblichen Pilgerterminen ist der 14. September als Tag der "Engelweihe" ein besonders feierliches Fest. Versäume nicht, Wasser aus dem Gnadenbrunnen zu trinken.

16. Maria Pócs, Ungarn
Wunder der Tränen

Mythos

Während der Sonntagsmesse am 4. November 1696 bemerkte der Bauer Michael Cöry, dass die Marienikone weinte. Ein Strom der Tränen floss vierzehn Tage lang und trat dann mit einigen Unterbrechungen bis zum Fest Mariä Empfängnis am 8. Dezember auf. Das zog natürlich sehr viele Menschen an, die davon hörten. Die Tränen wurden in Seidentaschentüchern aufgefangen; sie sollen menschlichen Tränen sehr ähnlich gewesen sein.

Tränenwunder sind ein Motiv, das im Zusammenhang mit Marienbildnissen an mehreren Orten der Erde auftaucht. Ein Hintergrund dafür mag sein, dass durch ein Bildnis das Urbild der Maria leuchtet, der menschliche Regungen nie fremd gewesen sind. Deshalb sieht man in ihr ja auch die große Fürbitterin. Das Tränenwunder von Maria Pócs schreiben manche Gläubige auch den Siegen der christliche Heere über die muslimischen Türken zu.

Kaiser Leopold verbrachte das Gnadenbild am Ende des 17. Jahrhunderts nach Wien, um damit die Lustbarkeiten des Hofes zu sühnen. Später gelangte es in die kaiserliche Hofkirche der Augustiner, schließlich in den Wiener Stephansdom auf den Tabernakel des Hochaltars. Diese Verehrung an einem anderen als dem Ursprungsort ließ die Wallfahrt nach Maria Pócs nun aber keineswegs ermatten, sondern steigerte sie vielmehr noch erheblich. Eine Nachbildung in Form einer so genannten Devotionalkopie wurde dort angebracht, und so ist Maria Pócs bis heute einer der wichtigsten marianischen Wallfahrtsorte in Ungarn.

Ein erstes Tränenwunder dieser Ikonenkopie, die seitdem in Maria Pócs verehrt wird, ereignete sich im August 1715, ein zweites im Dezember 1905. Am 3. Dezember 2005 jährte sich das jüngste Tränenwunder der berühmten Ikone von Maria Pócs zum hundertsten Mal. Kardinal Péter Erdö, Erzbischof von Esztergom-Budapest und Primas von Ungarn, krönte am 3. Dezember die Mutter-gottes-Ikone mit einem goldenen Diadem, das von Papst Benedikt XVI. gesegnet wurde. Maria Pócs ist bis heute das spirituelle Zentrum der griechisch-römisch-katholischen Kirche in Ostungarn. 1646 wurden dort die oberungarischen, bis dahin orthodoxen Christen mit Rom uniert, durften aber ihren eigenen Ritus beibehalten.

Botschaft, wenn du diese Karte gewählt hast

Schäme dich keiner Tränen, die du vergießt. Tränen sind die Perlen der Seele. Tränen, die wir aus Freude oder im Leid, aus Mitgefühl oder in Verzweiflung weinen, lösen innere Spannungen, öffnen Herz und Seele, und bereiten uns vor, um Gnade, Segen und Seligkeit zu empfangen. Wann hast du das letzte Mal geweint? Vor einigen Tagen, Wochen, Monaten, Jahren ...? Man kann auch darüber Tränen vergießen, dass man lange Zeit nicht hat weinen können. Auch das kann befreiend wirken.

Wenn du dorthin reisen möchtest

Maria Pócs liegt in Ostungarn, bei Eger (Erlau), etwa 130 Kilometer nordöstlich von Budapest, auf dem Weg nach Miskolc.

17. Altötting, Deutschland
Wunder des Herzens

Mythos

Der Missionsbischof Rupert von Salzburg soll hier Anfang des 8. Jahrhunderts einen Tempel, der Planetengöttern geweiht war, in eine christliche Kirche ungewandelt haben. Um 750 hatten die Herzöge aus dem Geschlecht der Agilolfinger hier eine Pfalz. Mit ihrer Niederlage gegen Karl den Großen fiel Altötting an die Karolinger. König Karlmann, der hier beigesetzt wurde, stiftete 877 ein Kloster und übergab ihm einen Reliquienschatz. Der kleine Zentralbau der Gnadenkapelle ist Anziehungspunkt für die beinahe kultische Verehrung und Anbetung der Madonna. Neben der Wallfahrt zur prächtig gewandeten schwarzen Madonna mit Kind pilgern viele Gläubige auch zum Grab des 1934 heilig gesprochenen Bruder Konrad, dass sich im Altar in der Klosterkirche befindet. Sie schreiben ihm oft Briefe, als ob er noch lebte, und legen diese mit ihrem Gebet in einer Nische neben dem Sarkophag nieder.

Im kleinen Rundbau besteht eine große Energiestrahlung; am stärksten soll die Schwingung etwa zwei bis drei Meter vor der schwarzen Madonna sein.

Altötting ist Bayerns wichtigste Wallfahrtsstätte. Kaiser und Könige, Päpste und Kardinale sind hierher gepilgert, und natürlich Hunderttausende von Menschen mit besonderen Anliegen, sei es um ihren Glauben zu festigen, eine Bitte vorzubringen oder Dank zu sagen. Wie viele Herzensrufe erhört wurden, lässt sich an Votivgaben, Eintragungen in die Mirakelbücher und vielem anderen ablesen. Die Atmosphäre vermag auch "Ungläubige" an Herz und Seele zu berühren und in ihren Bann zu ziehen.

Botschaft, wenn du diese Karte gewählt hast

Öffne dein Herz. Dieses Wunder des Herzens ist vielleicht das größte: Auch wenn dein Herz schon viele Male gebrochen wurde, so kann es doch immer wieder aufs Neue erstrahlen und Liebe aussenden. Der amerikanische Psychologe Chuck Spezzano hat die Öffnung und Heilung des Herzens immer wieder beschrieben und erlebbar gemacht. Besorge dir ein oder mehrere Bücher von ihm. Öffne dein Herz für andere Menschen – denen es noch viel schlechter geht als dir, die noch viel mehr Zuwendung und Hilfe brauchen als du. Jedes Mal, wenn du einem anderen Lebewesen aus ganzem Herzen hilfst – gleich, wie gut oder schlecht es dir gerade geht – wirst du erleben dürfen, wie dein eigenes Herz stärker wird, friedvoller, liebevoller. Der Kirchenvater Augustinus hat einmal gesagt, "Ruhelos ist unser Herz, bis es Ruhe findet in Dir". Auf dem Weg dorthin ist die Herzensöffnung für den Nächsten eines der besten Heilmittel.

Wenn Du dorthin reisen möchtest
Altötting liegt im Regierungsbezirk Niederbayern, auf halbem Weg zwischen Rosenheim und Passau.

18. Marienheilgarten Großgmain, Österreich
Wunder der Liebe

Mythos
Die Region hier wurde früh von Kelten besiedelt, dann von Römern. So liegen die alte Wallfahrtskirche mit den spätgotischen Tafelbildern des Meisters von Großgmain und dem Diana-Maria-Brunnen vor der Kirche ebenso wie der neu entstandene Marienheilgarten mit der Madonna Sophia-Maria und der Pater-Pio-Statue im Pater Pio-Hain auf altem Kultgelände, das im Frühchristentum neue Formen der Anbetung des Urweiblichen fand. Der Marienheilgarten, der nach einer Konzeption des Pfarrers Herbert Josef Schmatzberger entstand, bringt auf mannigfaltige Weise die Liebe als höchste kosmische Lebens- und Gnadenkraft zum Ausdruck. Die Weltseele der Sophia als erste Tochter Gottes, als Weisheit und Gegenwart Gottes auf der Erde, hier im Kleide der menschgewordenen Maria, der Mutter Jesu Christi, blickt segnend hinunter auf den anderen Pol der Welt, im Garten symbolisch durch einen Felsbrocken vom Untersberg dargestellt. Beide sind miteinander in einer Lemniskate, einer liegenden Acht

verbunden. Um Sophia-Maria breitet sich der zwölfteilige Tierkreis aus als altes Symbol des Universums, jeweils mit entsprechenden typischen Pflanzen. Zu Füßen der Madonna wachsen Rosen und Lavendel; hinter ihr kann man über einer Jakobsmuschel energetisiertes Wasser entnehmen. Länge und Breite des Gartens sind entsprechend einer alten Zahlmystik bemessen. Kosmische Religiosität, wie sie hier im Marienheilgarten angesprochen wird, setzt eine Theologie voraus, welche die Dualität zwischen Gott und Schöpfung aufhebt und spürt, dass Gott auch in jedem Stein, in jeder pflanze, in jedem Tier, in jedem Menschen und in allen Geistwesen wohnt. Insofern ist der Marienheilgarten eine Einladung zu Ökumene im besten Sinne. Zur kosmischen Religiosität gehört auch, dass die Erde und die Welt als Geschöpf Gottes geachtet und gehegt werden. Wenn Welt Leib und Kleid der Weltseele sind, dann können wir uns auf der Erde auch geborgen und zuhause fühlen, solange wir hier weilen. Während der Felsbrocken vom Untersberg als Zeichen für den noch unerlösten Menschen angesehen werden kann, als Symbol der am stärksten verdichteten Yang-Kraft, des Animus, ist die Madonna Inbild der Erlösung durch ihre Liebe, ihre Fürsorge und Fürbitte, als Sinnbild der Yin-Kraft, der Anima.

Botschaft, wenn du diese Karte gewählt hast

"Lass die Liebe ein", singt die irische Druidin und Heilerin Phyllida Anam Aire, die auch in Großgmain schon mehrfach aufgetreten ist. Lass die Liebe in dein Herz und in deine Seele ein. "Liebe deinen Nächsten wie dich selbst (oder: wie dein selbst)" heißt es im Neuen Testament. Wie kannst du mehr Liebe in dein Herz einlassen, und noch mehr, und sogar noch mehr ...? Am Ende zählt nur die Liebe, wie wir ja eigentlich alle wissen. Bitte Maria um die Gabe, Liebe zu spüren und Liebe auszuströmen.

Spüre in dir, wie Stoff und Geist, wie Körper und Seele immerzu in einem Wechselspiel stehen. Mal gewinnt dieses, mal jenes den Vorrang. Spüre auch, wie in manchen Momenten es nur an dir und deiner Entscheidung liegt, wem du dich mehr zuwendest. Aber noch wichtiger: Lass dir nicht einreden, Körper und Geist seien Gegensätze. Das sind sie nicht. Vielmehr ist der Geist das schöpferische Lebensprinzip und der Körper die Form, in der sich der

Geist ausdrückt. Hier auf der Erde gehören beide zusammen, in einem harmonischen Wechselspiel.

Wenn du dorthin reisen möchtest
Großgmain liegt am Untersberg zwischen Bad Reichenhall und Salzburg. Du kannst mit dem Auto fahren, oder mit einem Bus von Salzburg und von Bad Reichenhall. Der Marienheilgarten liegt direkt neben der Wallfahrtskirche und dem Diana-Maria-Brunnen. Vielleicht besuchst du auch das Keltenmuseum in Hallein ganz in der Nähe oder wanderst zum Untersberg.

19. Chimayo, New Mexico
Wunder der Erde

Mythos
Chimayo ist der wichtigste katholische Wallfahrtsort in Nordamerika. Er hat hier dieselbe Bedeutung wie Lourdes und Fatima in Europa. Die Kirche heißt *El Santuario de Nuestro Senor de Esquipulas*, Schrein unseres Herrn von Esquipulas. Dies ist ein Ort in Guatemala, an dem seit 1759 der "Schwarze Christus" (analog zur Schwarzen Madonna) verehrt wird. Derselbe schwarze Christus wird hier in Chimayo verehrt, weshalb das Kruzifix ebenso genannt wird. Hauptanziehungsgrund für die vielen Tausender von Pilgern, die oft die letzten Meter vom äußeren Kirchentor bis in die Kirche hinein auf Knien rutschen, ist jedoch etwas anderes. In einem Seitenraum der kleinen Kirche befindet sich ein Erdloch, aus dem man sich in kleinen Mengen so genannte heilige Erde entnehmen kann. Die Erde kann vor dem Hausaltar aufbewahrt werden, man kann sie essen, mit Segenswünschen über ein Grab streuen, oder so verwenden, wie man es mit Weihwasser tun würde. Sie gilt als absolut wundertätig. Ein ebensolches Wunder ist, dass sich das Erdloch trotz der vielen Entnahmen auf mirakulöse Weise immer wieder von selbst erneuern soll. Geophagie, das Essen von Erde aus rituellen und gesundheitlichen Gründen, ist in vielen Teilen der Erde bekannt und wird noch heute von Maya-Indianern und anderen Volksgruppen in

Mittelamerika sowie von Naturvölkern überall praktiziert. Das erinnert durchaus auch an die Heilerde aus der Emma-Kunz-Grotte.

Der Schrein von Chimayo wurde zwischen 1814 und 1816 gebaut. Das wundersame Kruzifix soll einige Jahre zuvor, um 1810 aufgetaucht sein, und wurde seither in einer Privatkapelle von Don Bernardo Abeyta verehrt. Don Bernardo sah ein Licht in den Hügeln am Santa Cruz-Fluss. Er begann mit bloßen Händen an der Stelle zu graben, an der das Licht aus der Erde zu kommen schien und fand das Kruzifix. Zunächst wurde es an einen anderen Ort gebracht, verschwand aber drei Mal von dort und tauchte wieder auf, wo heute der Schrein von Chimayo steht. Eine andere Legende berichtet von einem Priester aus Guatemala, der dort getötet wurde, dessen Körper und Kruzifix jedoch an dieser Stelle beim Santa Cruz-Fluss auftauchten, und der in seiner Todesstunde den "Vater von Esquipulas" angerufen und tatsächlich gesehen haben soll. Es wird nicht überraschen, dass dieser Ort den Tewa-Indianern schon vor dem Auftauchen der spanischen Eroberer und ihrer franziskanischen Missionare als Ort der Kraft heilig war. Die Tewa berichteten, dass in alten Zeiten an diesem Ort Feuer und Wasser aus der Erde hervor geschossen kamen und einen kleinen Teich schufen, der nach und nach verdunstete. Der Schlamm und Staub, der übrig blieb, galt schon den Tewa als heilig und heilend. Der Hügel daneben war dem Mythos zufolge ein Zugang zur Unterwelt.

Im Seitenraum der Kirche findet sich die Statue des *Santa Nino de Atocha*, des heiligen Kindes von Atocha. Krücken, Schienen, Dankesbriefe, Fotos und vieles mehr bezeugen, wie Menschen durch ihren Glauben, ihre Gebete und ebenso durch die Wunderkraft der Heilerde von Chimayo, durch die Fürsprache des heiligen Kindes und die Wallfahrt zum schwarzen Christus geholfen wurde.

Botschaft, wenn du diese Karte gewählt hast

Jetzt geht es darum, dass dein Körper geachtet wird, dass du dich um deinen Körper richtig kümmerst, dass du in ihm einen guten Gefährten siehst, mit dem du dich am Leben erfreuen kannst. Betrachte die Erde als eine Form der Schöpfung, die ganz eigene Kräfte besitzt. Spüre, wie die Erdgöttin Gaia, auch in der Form von Maria mit dem Kinde, dir etwas geben und wie sie dich erden möchte. In der Erde sind ganz ursprüngliche Heilkräfte verborgen, die in der Ganzheit von Sand, Erde, Ackerkrume, Heilerde oder gemahlenem Gestein unter Umständen viel wirkungsvoller sind als in mineralischen Nahrungsergänzungsmitteln, in denen nur wenige Bestandteile "herausdestilliert" wurden.

Wenn du dorthin reisen möchtest
Chimayo liegt etwa 30 Meilen nördlich von Santa Fe, etwas abseits der Straße nach Taos. Besonders zu Ostern, schon vom Gründonnerstag an, machen sich Pilger zu Fuß auf nach Chimayo, manche sogar von Albuquerque aus, das immerhin rund 100 Meilen entfernt ist. Nicht weit vom Santuario de Chimayo befindet sich eine umgebaute Hacienda, in der man sehr stilvoll und gut essen kann. Die Fahrt zum Taos-Indianerpueblo weiter nördlich lohnt sich.

Kultorte verschiedener Traditionen

20. Chaco Canyon, USA
Die Sonnenstadt der Anasazi

Mythos
Dieses wohl bedeutendste Kulturdenkmal in ganz Nordamerika war sicher das Zentrum der geheimnisvollen Kultur der Anasazi-Indianer zwischen 900 und 1100 n.Chr. Mehr als 200 kleinere und größere *Kivas* sind dort heute noch zu sehn und nachzuweisen. Kivas sind unterirdische oder halbunterirdische Rundbauten, die wohl zu religiös-rituellen Zwecken, als erdnaher Versammlungsort der Gemeinschaften, zu Heilzwecken und teilweise auch zur astronomischen Beobachtung gedient haben. Die Gebäude waren bis zum Bau der Wolkenkratzer am Ende des 19. Jahrhunderts in New York die größten in Nordamerika. Eine halbrunde Anordnung von Räumen in einem riesigen Bau, die vorn niedriger war und nach hinten anstieg, diente offensichtlich der Nutzung der Sonnenenergie, die sich an kalten Wintertagen im Halbkreis von Publo Bonito, der

größten Wohnanlage, gut hielt. Rund um Chaco Canyon gibt es ein "Straßensystem", wie mit Luftbildern nachgewiesen wurde. Vermutlich wurden hier Baumaterialien vom etwa einhundert Kilometer entfernten Mount Taylor herangerollt und -gezogen. Oder hatte es eine ähnliche rituelle Aufgabe wie manche "Straßen" in Nazca in Peru, nämlich die den Indianern wichtigen Himmelsrichtungen anzuzeigen?

Man fand Schmuck aus Türkisen, Perlmutt aus Abalonemuscheln, Kupferschellen und Papageienfedern – alles Hinweise auf Handelsverbindungen zumindest bis hinunter nach Mexiko.

Archäoastronomen haben herausgefunden, dass die Felsritzmalerei, die einen Halbmond und einen Stern sowie eine Hand zeigt, die Sternenexplosion der Supernova von 1054 darstellt, die auch an anderen Stellen auf der Erde ähnlich "verzeichnet" wurde. Die Anasazi bestimmten Sonnenwenden und Tagundnachtgleichen exakt; ein "Sonnendolch" inmitten einer Spirale (nicht allgemein zugänglich) und verschiedene andere Spiralen und Zeichen belegen das. So die Bärentatze oberhalb der Wijiji-Siedlung, von der aus betrachtet die Sonne zur Wintersonnenwende genau hinter einer markanten alleinstehenden Felssäule aufgeht. Im *Casa Rinconada* genannten Kiva fällt nur beim Sonnenaufgang zur Sommersonnenwende der Lichtschein auf das einzige Fenster in einer Nische, das offensichtlich allein deshalb gebaut wurde.

Das größte Rätsel des Chaco Canyon: Warum wurde er plötzlich verlassen? Und warum wussten die indianischen Stämme in der weiteren Umgebung nichts mehr von dessen Existenz, bis Mitte des 19. Jahrhunderts eine militärische Erkundungsmission Chaco Canyon wiederentdeckte? Eine These, die ich in meinem Terra X-Film sowie im Buch "Terra X – Von den Insel des Drachenbaums zur Festung der Sturmgötter" ausführlich dargelegt habe, lautet: Die Anasazi verließen quasi über Nacht den Chaco Canyon, aber nicht aufgrund von Krieg oder Seuchen, sondern weil ihre religiös geprägten Voraussagen von Erntezeiten und ausreichenden Niederschlägen aufgrund von Dürreperioden nicht mehr eintreffen konnten. Das erschütterte ihren Glauben an ihre Verbindung zu den Sonnen- und Sterngöttern und ihre Aufgabe als zentrale irdische Verwalter der Schöpfungsweisheiten derart, dass sie ihren

Glauben aufgaben und demzufolge sogar ihren "Vatikan" (denn so etwas war diese Hauptsiedlung damals sicher) verließen, um weiter unten am Rio Grande ein neues, anderes Leben zu führen.

Botschaft, wenn du diese Karte gewählt hast
Welche Rätsel gibt dir dein Leben bisher auf? Was kannst du nicht wirklich verstehen, worüber kannst du nur Mutmaßungen anstellen? Welche Verbindung spürst du zu Sonne und Venus und darüber hinaus zum Kosmos, zu den Sternen, den Plejaden, dem Orion oder anderen fernen Lichtfunken? Jetzt ist eine gute Zeit, dass du in einer sternenklaren Nacht warm eingepackt irgendwo draußen in der freien Natur an den Himmel blickst und darüber meditierst, wie sehr du selbst ein Sonnen- oder ein Sternenkind bist. Was kannst du in dir von deinem Lebensauftrag spüren oder ahnen? Wie kannst du ihn unter den Umständen, die dir gegeben sind, noch besser verwirklichen?

Wenn Du dorthin reisen möchtest
Chaco Canyon liegt in der so genannten Four Corners Area im Südwesten der USA, wo die Bundesstaaten New Mexico, Arizona, Utah und Colorado aneinander stoßen. Die meisten Besucher werden wohl von Albuquerque oder Santa Fe aus nach Chaco Canyon fahren. Das dauert zwischen drei und vier Stunden. Man kann und darf im Chaco Canyon selbst nicht übernachten. Eine nächst grössere Ortschaft ist Shiprock.

21. Tara, Irland
Kultzentrum der Druiden

Mythos
Der Hügel von Tara, irisch *Teamhair na Rí*, "Hügel der Könige", ist ein lang gestreckter Kalksteinrücken, der eine Reihe sehr alter Monumente birgt und der Sitz des *Árd Rí Éireann* oder Hochkönigs von Irland gewesen sein soll. Dieses Tara war viele Jahrhunderte hindurch das Zentrum der keltischen Welt Irlands. Die irischen Hochkönige

wurden hier gekrönt, auf Tara feierte man bedeutende Feste, und hier fanden auch Gerichtstermine statt. Bis in das 12. Jahrhundert v.Chr. fanden hier die Krönungszeremonien statt. Das Ausmaß der frühen Pracht, vor allem bis zum 6. Jahrhundert, können heute nur noch die von Gras bewachsenen Grundrisse und Fundamente als stille Zeugen der einst stattlichen Bauwerke belegen. Der Hügel ist zwar nur rund 150 Meter hoch, aber man genießt von dort aus eine wunderbare Aussicht auf die Umgebung. Das sagt wohl auch der ursprüngliche Name Taras, *Teamhair* , was auch als "Ort der schönen Aussicht" gedeutet werden kann. Zum Gelände gehört der Hügel der Geiseln, der *Mound of Hostages*, der Königssitz, der *King Seat*, sowie das Cormac's House.

Tara ist jedoch auch schon in vorkeltischer Zeit ein bedeutsamer Ort gewesen, wie zahlreiche Historiker meinen. Vorkeltische Monumente lassen sich bis auf die neolithische Zeit von 5.000 v.Chr. datieren. Der erwähnte Hügel der Geiseln besitzt eine kurze Passage, die genau auf die alten keltischen Feste von *Samhain* (2. November, "Allerheiligen") und *Imbolc* (2. Februar, "Mariä Lichtmess") eingestellt ist. Heute werden diese Feste in neu-keltischen Gruppen, am 31.10. bzw. am 1.11. sowie am 1. Februar begangen. Martin Brennan stellt in seiner Schrift *The Stones of Time* (Der Stein der Zeit) fest, dass der etwa vier Meter lange Sonnenstrahl, der in die Höhlenpassage scheint, durch seine tägliche Veränderung Zeitbestimmen ausreichend genau möglich macht.

Auf dem King Seat befindet sich das vielleicht wichtigste Zeugnis des alten Tara, der Krönungsstein *Lia Fail*, auch "Stein des Schicksals" genannt. Einer alten Überlieferung zufolge wurde er vom königlichen Geschlecht der vorkeltischen *Tuatha Dé Danann* von den nördlichen Inseln der Welt mitgebracht. Er soll drei Mal gebrüllt haben, wenn er vom auserwählten richtigen König berührt wurde. Seinen heutigen Standort erhielt der *Lia Fail* erst nach der Schlacht von Tara, um diejenige Stelle zu markieren, an der 400 Aufständische ihr Leben ließen. Mit dem Einzug des Christentums in Irland verlor auch Tara an Bedeutung. In den Legenden des heiligen St. Patrick heißt es, er sei nach seiner Ankunft in Irland direkt nach Tara gewandert, um den stärksten Ort des heidnischen Glaubens mit dem Christentum zu konfrontieren.

Ebenfalls zu Tara gehören die etwas abseits gelegenen Plätze *Rath of Synods, Rath Laoghaire, Sloping Trenches* und *Rath Grainne* sowie *Banqueting Hall.*

Botschaft, wenn du diese Karte gewählt hast
Was spricht deine Seele an, wenn du von den Taten der Großkönige hörst und von Weisheit und Magie keltischer Druiden? Hast du das Gefühl dort früher schon einmal gelebt zu haben? Welches Thema von damals spielt auch jetzt in diesem Leben eine wichtige Rolle? Willst du zu Samhain oder Imbolc an Ritualen teilnehmen? (Mehr dazu auch in Phyllida Anam Aires "Ein keltisches Totenbuch – Bewusstes Leben, bewusstes Sterben; erscheint im Herbst 2006 im Ennsthaler Verlag.)

Wenn du dorthin reisen möchtest
Der Hügel von Tara liegt nahe dem Fluss Boyne, zwischen Navan und Dunshaughlin im County Meath, Leinster; knapp 50 Kilometer nordwestlich von Dublin.

22. Chartres, Frankreich
Streben nach Vollkommenheit

Mythos
Die "Akropolis Frankreichs" ist aufgrund ihrer architektonischen, künstlerisch-ästhetischen, aber vor allem auch magisch-spirituellen Bedeutung die vielleicht wichtigste "Einweihungskirche" des Christentums. 4000 Skulpturen schmücken die Kathedrale im Inneren, noch mehr die Fenster. Das Gewand der Maria, der die Kathedrale geweiht ist, wird hier seit 876 aufbewahrt. Untersuchungen haben ergeben, dass der Stoff möglicherweise aus Syrien aus dem 1. Jahrhundert n.Chr. stammt. Der Innenraum des gotischen Baus, der wohl die Krönung der damaligen Baukunst darstellt, wird durch die sakrale Licht- und Farbgebung der hohen Fenster und der berühmten Rosette auf wundersame Weise durchleuchtet. Das berühmte "Blau von Chartres" in den ursprünglich 186, heute noch 152 farbigen Glasfenstern aus dem 12. und 13. Jahrhundert sendet

ganz eigene Energien aus und taucht den Kirchenraum in ein überirdisch erscheinendes Licht. Die beiden Kirchentürme streben wie "kosmische Antennen" zum Himmel. Der große Bau wirkt trotz seiner Ausmaße wie etwas Immaterielles.

In uralter Zeit stand ein roher Stein-Dolmen hier auf einem Punkt, an dem belebende Energie aus der Erde fließen sollte. Daneben gab es einen Brunnen. Druiden hatten hier eine Ausbildungsstätte und stellten nach einer entsprechenden Vision die Statue einer schwangeren Jungfrau neben dem Brunnen auf. Christen beteten diese Statue als "schwarze Jungfrau" oder "Jungfrau, die gleich gebären wird" an. Die erste Kirche hier wurde im vierten Jahrhundert an der Mauer einer galloromanischen Stadt errichtet. Vor der römischen Eroberung im Jahre 51 v.Chr. wurde diese Region von Karnuten bewohnt, die eine Muttergottheit verehrten, die mit der Erde verbunden war. So sind die damals an diesem Ort bereits erspürten kosmischen und terrestrischen Energien auch heute noch wirksam. Die Erdstrahlung wird vor allem im geheimnisvollen Labyrinth von Chartres fühlbar.

Das Labyrinth ist mit einem Durchmesser von fast dreizehn Metern eines der größten, die je in einem Gebäude errichtet wurde. Insgesamt ist der Weg, wenn man ihn Schritt für Schritt durchmisst, über 261 Meter lang. Wenn man ihn auf den Knien zurücklegt, braucht man dafür etwa eine Stunde. Menschen, die das Labyrinth abschreiten, werden bei den Richtungsänderungen im Umgang oft sehr abrupten Energieveränderungen unterworfen, die sowohl organisch als Kreislaufprobleme spürbar werden, aber unter Umständen auch erhöhte Bewusstseinszustände hervorrufen können.

Eine Legende berichtet, dass die Tempelritter die Geheimnisse der göttlichen Zahlen und Maße vom Tempel des Salomon im Heiligen Lande erfuhren und den Baumeistern von Chartres anvertrauten.

Im Westgang des südlichen Querschiffes ist eine große rechteckige Steinplatte quer zu allen anderen eingelassen. Ein merkwürdiger Zapfen wird am Tag der Sommersonnenwende um die Mittagszeit von einem Sonnenstrahl getroffen, der durch das nicht gefärbte Glasfenster St. Apollinaire fällt. Unter der Kathedrale sollen vierzehn unterirdische Wasserströme fließen; außerdem soll sie sich auf einem Erdstrom befinden, der Reims und seine Kathedrale mit der Bretagne verbindet.

Botschaft, wenn du diese Karte gewählt hast
Welchem Ziel strebst du in dem Lebensabschnitt zu, in dem du dich jetzt befindest? Welches kosmische Licht weist dir dabei den Weg? Welche Erdkräfte kannst du beim Gehen deines persönlichen Initiationswegs spüren? Welche schwächen dich, welche stärken dich? Das Labyrinth ist ein Spiralsymbol der fortschreitenden Einweihung in deinen Lebenssinn und dessen Verwirklichung. Dabei bist du jederzeit Teil einer Ganzheit – und kannst deshalb auch jederzeit Hilfen von unten und oben nutzen.

Wenn du dorthin reisen möchtest
Chartres liegt etwa 70 Kilometer südwestlich von Paris und rund 60 Kilometer nordnordwestlich von Orléans. Früher war es üblich, dass Kranke in der nördlichen Galerie der Krypta eine neuntägige Andacht vollzogen (*Novene*).

23. Stonehenge, England
Ein Tempel des Kosmos

Mythos
Etwa 3500 v.Chr., also in einer vorkeltischen Zeit, wurde mit dem Bau des berühmtesten Megalith-Kreises auf der Erde begonnen. Ursprünglich gab es einen äußeren Ring aus paarweise aufgestellten, etwa fünf Meter hohen Sandsteinmonolithen, die durch Decksteine miteinander verbunden waren. Weiter innen folgte ein Kreis aus so genannten Blausteinen. In deren Mitte stand ein hufeisenförmiger Dreiviertelkreis aus fünf "Torbogen-Steinen" (zwei vertikale Steinblöcke, die durch einen horizontalen abgedeckt werden und so zusammen wie ein Tor wirken), in dessen Mitte ein kleineres Hufeisen aus Blausteinen gebildet war. Ganz im Zentrum lag ein riesiger Altarstein. Im Nordosten der Anlage, außerhalb der Ringe, stand ein unförmiger "Fersenstein". Manche der Blaustein-Kreise wurden im

Lauf der Frühzeit wieder abgebaut und durch andere Steine ersetzt. Die ganze Landschaft rings um Stonehenge ist reich an vorgeschichtlichen Relikten und verfügt allein über mehr als 350 Hügelgräber.

Heute gilt als gesichert, dass Stonehenge von zumindest zwei Kulturen – der halbnomadischen Hirtenkultur und der ihnen nachfolgenden keltischen – als zentraler Ort der Religion und Rituale genutzt wurde. Man konnte auch nachweisen, dass die Anordnung der Steinkreise dazu diente, astronomische Berechnungen über den Sonnen- und den Mondlauf anzustellen, vermutlich aber darüber hinaus auch einiger oder aller Planeten und den Stand der Sterbilder zu ermitteln. Dass dies zu religiösen, vielleicht auch wie im Chaco Canyon zu landwirtschaftlichen Zwecken erfolgte, liegt nahe. Manche Forscher meinen, dass Stonehenge als Kalender und als astrologisches Weissagungsorakel benutzt worden sein könnte. Bei den Sachsen hieß Stonehenge die "hängenden Steine" (daher ihr heutiger Name), im Mittelalter wurde es in der Literatur als "Tanz der Giganten" bekannt. Viele Jahre lang trafen sich moderne Druiden hier in Stonehenge, um ihre Rituale zu feiern. Völlig unklar bleibt, wie Steinblöcke, die bis zu 28 Tonne wiegen, hierher geschafft worden sind, und mit welchen technischen Mitteln sowie auf der Grundlage welcher wissenschaftlicher Erkenntnisse und genauen Berechnungen Stonehenge überhaupt hat entstehen können.

Botschaft, wenn du diese Karte gewählt hast

Welche Beziehung hast du zu Sonne, Mond und Sternen? Auf welche Weise nimmst du am Kreislauf der Natur teil, an den Jahreszeiten? Versuche, dir einen Jahresplan zu machen, wie du das Jahr ab jetzt (oder von deinem nächsten Geburtstag an, von Neujahr, vom 21. März oder einem anderen wichtigen Datum, das jetzt am nächsten liegt) entsprechend dem Rhythmus von Himmel und Erde, von Kosmos und Natur bewusst erleben möchtest. Es reicht, wenn du dir für jeden Monat ein besonderes Erleben vornimmst.

Wenn du dorthin reisen möchtest

Stonehenge liegt in Südengland in der Grafschaft Wiltshire, nördlich von Salisbury und südlich von Avebury, nahe dem Fluss Avon.

Man kann von Salisbury zu Fuß dorthin wandern, dem Fluss Avon entlang, durch die Dörfer Middle Woodford und Under Woodford und dann den Schildern nach durch den Wald bis zur Ebene.

24. Ephesos (Efes), Türkei
Gesichter der Göttin

Mythos

Die antike griechische Stadt in West-Anatolien lag vor der Verlandung in nachchristlicher Zeit an der Mündung des Flusses Kaystros am Meer. Seit dem 10. Jahrhundert v.Chr. wurde es von ionischen Griechen besiedelt und entwickelte sich zum wichtigsten Handelsplatz im Westen Kleinasiens. Es geriet nacheinander unter lydische, persische, seleukidische, pergamenische und römische Herrschaft. Nach einer Neugründung 290 v.Chr. verfiel es ab dem 4. Jahrhundert n.Chr. und wurde später von Mongolen und Osmanen zerstört.

Ephesos ist in der Religions- und Kulturgeschichte eine Heimstatt des ewig Weiblichen, der Göttermutter. Hier wurde unter dem Namen *Kybele* Jahrtausende hindurch die altanatolische Muttergottheit verehrt. Es folgte die Anbetung der griechischen Göttin *Artemis* und ihr zu Ehren wurde ein weltberühmter Artemistempel errichtet, der zu den sieben klassischen Weltwundern zählte. 114 Meter lang, 55 Meter breit und über 20 Meter hoch war das Bauwerk damals, das jedoch nie fertig gestellt werden konnte. Hethitische, assyrische und ägyptische Formen prägten die Figuren. Die ionischen Griechen, die hier siedelten, hatten geschickt die anatolische Kybele mit ihrer Artemis verschmolzen (die später wiederum in die römische *Diana* überging). "Groß ist die Artemis der Epheser" war in der Antike ein geflügeltes Wort, um die Bedeutung der Muttergottheit auszudrücken. 260 n.Chr. wurde das *Artemision* von Goten zerstört. In Ephesos tagte 431 ein ökumenisches Konzil, um die Frage zu klären, ob Jesus menschlich, göttlich oder beides gewesen sei (was zur Verurteilung der "Nestorianer" führte, die annahmen, dass Jesus ein göttlich inspirierter Mensch war). Hier in Ephesos wurde auch festgestellt, dass Maria die "Mutter Gottes" sei, was sie

– vielleicht doch nicht ganz unbeabsichtigt – in einen Rang erhob, der sie der Göttin Artemis gleich stellte. In Ephesos verbreitete Paulus seine Lesart des Christentums und beim heutigen Efes soll auch das Haus liegen, in dem Maria ihr Leben beschloss. Es heißt *Mereyem* Ana auf türkisch, "Haus der Jungfrau Maria". Auch die "Grotte der Siebenschläfer" soll erwähnt werden, die Christen vor Verfolgung diente.

Botschaft, wenn du diese Karte gewählt hast
Welches Frauenbild hast du? Was sind für dich die Archetypen von Mutter, Frau, Schwester, Liebender, Tochter, Tante, Großmutter, weiser Frau, Göttin ...? Wenn du diese Karte gezogen hast, geht es darum, wie du mit der Anima in dir und in den Menschen deiner Umwelt umgehst. Du wirst aufgefordert, dich eine Woche lang bewusst für die Kraft der Anima zu öffnen und zu erspüren, wo und auf welche Weise sie in deinem Leben wirkt und dir hilft, mehr "im Fluss" zu sein, mehr vom Herzen her zu leben.

Wenn du dorthin reisen möchtest
Ephesos liegt im Westen der Türkei und heißt heute türkisch Efes, rund 50 Kilometer südlich der Hafenstadt Izmir. Das Amphitheater wird übrigens manchmal wieder bespielt. Wer eine Fahrt von Istanbul aus unternimmt, wird vermutlich auch in Troja und Pergamon weiter nördlich und beim antiken Orakel in Didyma weiter südlich Station machen, um auf den Spuren der alten Griechen zu wandeln.

25. Eleusis, Griechenland
Initiation in die Mysterien

Mythos
Im Altertum war Eleusis (neugriechisch: Elevsis) durch den Fruchtbarkeitskult zu Ehren der Göttinnen Demeter und Persephone bekannt. Ihr Fest im Herbst hieß "Eleusinische Mysterien" und stellte auch eine Form von Einweihung dar. Göttervater Zeus hatte mit Demeter, der Korngöttin, eine Tochter gezeugt, Kore/Persephone. Hades,

der Gott der Unterwelt und Bruder des Zeus (damit auch Bruder der Demeter) wollte diese Tochter zur Frau. Durch eine List entführte Hades Kore in die Unterwelt, die sich hinter ihnen spurlos schloss. Demeter zürnte so sehr, dass sie fortan nicht mehr bei den Göttern auf dem Olymp leben wollte und zugleich schwor, der Erde keine Fruchtbarkeit mehr zu gewähren, bis sie ihre Tochter wiederhätte. Sie siedelte sich in Menschengestalt in Eleusis an, ohne zu wissen, dass sie nahe dem unsichtbaren Eingang zur Unterwelt war, einem Ort, der heute Plutonium heißt. Hermes konnte Kore schließlich aus dem Hades befreien und zu Demeter zurückbringen. Weil sie allerdings vom Granatapfel gegessen hatte, den ihr Hades gereicht hatte, durfte die Tochter nur zwei Drittel des Jahres oben weilen, das dritte Drittel, dem Winter entsprechend, musse sie zu Hades in die Unterwelt zurück. Außerdem trug sie nun den Namen Persephone. Demeter gab den Menschen das Geschenk eines Samenkorns, mit dem der Getreideanbau begann und die Ernährung der Menschen sicher gestellt wurde. Zum Dank verlangte sie die Errichtung eines Mysterien-Heiligtums in Eleusis. Der früheste Bau entstand in mykenischer Zeit um 1400 bis 1200 v.Chr. Der leider verstorbene Mythenforscher Bernd A. Mertz macht zu recht darauf aufmerksam, dass durch die zeitweise Wiederkehr der Persephone ans Tageslicht der Mythos angelegt wurde, dass Menschen auch aus der Unterwelt wiederkommen können. Werden, Vergehen und Wiederauferstehen von Menschen und Pflanzen, von Seele und Körpern, von Geist und Natur, wurde hier auf bildhafte Weise ausgedrückt. Außerdem die drei Lebensstadien, insbesondere der Frau: junge Frau, reife Frau und Mutter sowie Alte. Cicero schreib einmal darüber: "Nicht nur haben wir dort (in Eleusis) den Grund erhalten, dass wir in Freude leben, sondern dass wir mit besserer Hoffnung sterben." Ein *Telesterion* genannter überdachter, nach außen hin abgeschirmter Raum, fasste bis zu 5.000 Menschen, die aus Athen und anderen orten nach Eleusis kamen, um an den kleinen und großen Mysterien teilzunehmen. Aufgrund der geforderten Geheimhaltung der Einweihungszeremonien wissen wir nicht, was sich tatsächlich abspielte. Vermutlich ging es unter anderem auch um das symbolische Erleben von Tod und Wiedergeburt. Bald rankten sich jedoch auch Berichte über angeblich orgiastische Feiern um Eleusis.

Botschaft, wenn du diese Karte gewählt hast

Welchen Bezug hast du zu Werden und Sterben und Vergehen und Wiederauferstehen? Welche bewusste Dankbarkeit empfindest du dafür, dass wir aus der Erde Nahrung erhalten? Welche Furcht umwölkt dein Gemüt, dass eines Tages dein Körper eben dieser Erde zurückgegeben wird? Vielleicht magst du folgende Meditation machen: Was ist dir wichtig, wenn du noch 10 Jahre lebst? Was, wenn es nur noch ein Jahr wäre? Was, wenn du nur noch einen Tag hättest? Was wäre wesentlich, wenn du nur noch wenige Minuten hier in und mit diesem Körper lebtest? Und was spürst du, wird dich auf der anderen Seite erwarten? Was kannst du von hier mitnehmen? Welches Licht, welche Weisheit, welches unsterbliche Sein?

Wenn du dorthin reisen möchtest

Eleusis liegt knapp dreißig Kilometer nordwestlich von Athen. Zwischen Athen und Eleusis verläuft die so genannte Heilige Strasse, *Hiera Odos*. In Eleusis beginnt diese Straße direkt am Heiligtum bei den beiden Propyläen, den Eingangstoren zum heiligen Bezirk. Sie führt zum Ortsteil Kerameikos am Rande Athens, wo das Reich der Hekate (der Alten in der weiblichen Trias von Kore-Demeter-Hekate) begann. Eleusis liegt heute in einem lauten Industriegebiets, aber man sollte sich trotzdem dorthin trauen.

26. Bruder Klaus-Weg, Schweiz
Wege des Lebens

Mythos

Der Mystiker Nikolaus von der Flüe, genannt Bruder Klaus, lebte von 1417 bis 1487. Seine letzten zwanzig Lebensjahre verbrachte er als Einsiedler. Er war gefragter politischer Ratgeber und Vermittler und verhinderte 1481 eine Spaltung der Eidgenossenschaft. Mit seinem geistlichen Berater Heimo am Grund setzte er die Aufnahme von Freiburg und Solothurn in den Bund der Eidgenossen durch und rettete so den damals erheblich bedrohten Frieden. Bruder Klaus ist der Schutzpatron der Schweiz; sein Heiligentag ist auf den 25.9.

gelegt worden. Der als Bruder-Klaus-Weg bekannte Pilgerpfad ist erst in neuerer Zeit angelegt worden und führt von Stans nach Sachseln, vorbei an Ranft, wo Bruder Klaus lebte. Es ist der Weg, den Heimo am Grund gegangen war, um den heiligen Eremiten aufzusuchen.

Nikolaus war verheiratet mit Dorothea Wyss, mit der er zehn Kinder hatte. Als sein ältester Sohn alt genug war, um den für damalige Verhältnisse ertragsstarken Bauernhof zu bewirtschaften, verließ der Ratsherr des Kantons und Richter seiner Gemeinde mit dem Einverständnis seiner Frau die Familie, um Einsiedler zu werden. Er ließ sich in Ranft in einer Schlucht nur wenige Minuten von seinem Haus nieder. In seiner Klause führte er ein intensives Gebetsleben. Immer wieder wird er von intensiven Visionen heimgesucht. Angeblich nahm er für den Rest seines Lebens außer der Eucharistie nichts zu sich und trank lediglich das frische Quellwasser aus einem nahen Bach. Dies bestätigte der zuständige Bischof nach einer Untersuchung. Sein Grab und seine Einsiedelei in Ranft am Bruder-Klaus-Weg wurden schon bald nach seinem Tod zu einem der wichtigsten Pilgerorte der Schweiz.

Nach Meinung der Tiefenpsychologin Marie-Louise von Franz sind Nikolaus' Visionen teilweise heidnischen Ursprungs und bieten ein anderes als das übliche christliches Gottesbild. Der "häretische" Inhalt des so genannten Radbildes brachte Bruder Klaus in die Gefahr, als Ketzer verurteilt zu werden. Daher gab er darüber und über seine letzte Vision viel weniger preis als über seine früheren. Für Jung ist Nikolaus "der einzige hervorragende schweizerische Mystiker von Gottes Gnaden, der unorthodoxe Urvisionen hatte und unbeirrten Auges in die Tiefen jener göttlichen Seele blicken durfte, welche alle durch Dogmatik getrennten Konfessionen der Menschheit noch in einem symbolischen Archetypus vereinigt enthält" (Ges. Werke, 11, § 487). Jung hält Nikolaus deshalb für den Prototyp eines modernen Mystikers jenseits der Spaltung in verschiedene Konfessionen und Religionsbekenntnisse.

Botschaft, wenn du diese Karte gewählt hast

Was ist dein persönliches Gottesbild, ungeachtet der Entwürfe, und

Vorgaben, die du aus dem Religionsunterricht, aus der Kirche oder von anderswo her kennst? Du hast das Recht und vielleicht sogar die "Pflicht", deinen eigenen Weg zur Wahrheit zu suchen und ein persönlich stimmiges Gottesbild zu entwickeln.

Wenn du dorthin reisen möchtest
Flüeli, Ranft und Sachseln liegen im Kanton Obwalden, am Sarner See, eine knappe Autostunde von Luzern.

27. Aachen, Deutschland
Mitte des geeinten Europas

Mythos
Lange bevor Karl der Große seine Kaiserpfalz in Aachen erbauen ließ, war dieser Ort wegen der heißen Quellen, die dort entspringen, schon den Kelten heilig. Die Kelten widmeten die Wasser *Granus*, ihrem Gott der Heilung. Später bauten die Römer Badeanlagen und Schreine und nannten den Ort *Aquis Grani*. Karl wählte den Ort wegen der heißen Quellen, die er aus Gesundheitsgründen genoss, aber er wusste auch um die spirituelle Bedeutung dieses Platzes. Sein Ziel war, heidnische Kraftorte zu christianisieren und so baute er seine achtseitige Königskapelle, das spirituelle Herz seiner Pfalz, direkt über den römischen Bädern. Karl, der erste Heilige Römische Kaiser, seit der Titel wieder geführt wurde, wurde 800 in Rom als Beschützer des Glaubens gekrönt. Seine Nachfolger wurden in der achteckigen Kapelle in Aachen gekrönt. Im 14. Jahrhundert baute man einen Chor an die Kapelle, um einen Aachener Dom zu schaffen. Das ist alles, was heute noch von der Kaiserpfalz zu sehen ist.

Der Dom birgt zahlreiche heilige Reliquien, die Karl im Verlauf seines Lebens gesammelt hat, wie die Windel des Jesuskindes und das Lendentuch, das Christus am Kreuz getragen hat. Karls sterbliche Überreste wurden bei seinem Tod 814 hier begraben und 400 Jahre später in einen goldenen Sarg am Ostende des Doms umgebettet. Sein Marmorthron in der Galerie oben blickt auf den Altar darunter. Während des Mittelalters haben der Thron, der Sarg und die Reliquien Aachen zu einem Schlüsselort europäischer Wallfahrt gemacht. Den Thron kann man nur im Rahmen einer Führung sehen. Aachen wird wegen seiner achtseitigen Kapelle im Französischen auch Aix-la-Chapelle genannt. Wichtige Forschungsergebnisse hat Hermann Weisweiler im Buch "Das Geheimnis Karls des Großen – Astronomie in Stein: Der Aachener Dom" vorgelegt. Die Weiheinschrift des Doms lautet: "Sind die lebendigen Steine zur Einheit friedlich verbunden, stimmen in jeglichem Teil Zahl und Maß überein, so wird leuchten das Werk des Herrn, der die Halle erschaffen hat." Die achteckige Kapelle ist auf jeden Fall ein Kraftort, der auch Laien sogleich als solcher spürbar wird.

Botschaft, wenn du diese Karte gewählt hast

Hast du in deinem Leben schon bemerkt, dass bestimmte Zahlen immer wieder auftauchen – an Hotelzimmern oder Hausnummern, auf Nummernschildern oder in anderer Form? Welche Zahlen sagen dir etwas im Leben? Was bedeuten Sie dir? Nimm dir ab und zu Zeit, ohne jede Überbewertung, darüber nachzudenken, welche Zahlen und Maße für dich Harmonie bedeuten.

Wenn du dorthin reisen möchtest

Aachen liegt im Dreiländereck von Deutschland, Holland und Belgien und ist gut mit Auto oder Bahn erreichbar.

Kraftorte der Antike

28. Gigantija, Malta
Verehrung der Göttin

Mythos

Gingantija ist der heutige Name für einen Tempelkomplex auf der Insel Gozo, die zu Malta gehört. Die monumentale Anlage besteht aus zwei Tempeln, die von einer gemeinsamen Mauer umfasst sind. Sie stammen aus der zweiten Hälfte des vierten Jahrtausends v.Chr! Sie zählen zum Weltkulturerbe der Unesco. Der südliche Kultbau markiert den Beginn der vorgeschichtlichen Monumentalbauten auf Malta. Weitere derartige Anlagen findet man auch auf der Hauptinsel Malta, bei Tarxien und Hal Saflieni, nahe der Hauptstadt Valetta. Fundstücke wie Statuen der Erdmutter oder Großen Göttin, belegen, dass hier auf Malta der Mutterkult eine besonders frühe und ausdrucksstarke Form gefunden hatte. Die Frauengestalten werden als außerordentlich gut bei Leibe, mit breiten Hüften, kurzen stämmigen Beinen und verschränkten Armen dargestellt. Manche Forscher sehen darin den Wunschtraum einer von ständiger Hungersnot bedrohten Kultur, die sich eine Erdmutter vorstellt, die Üppigkeit und Fülle verheißt, und die darin auch ein Schönheitsideal findet. Das war ja in manchen asiatischen und afrikanischen Gesellschaften bis in das 20. Jahrhundert ebenso. Spiralmuster verzieren den Eingang zum Hochaltar des Tempel in Tarxien. Offenbar haben hier auch Tieropfer stattgefunden. So faszinierend diese Stätte und auch die Katakomben und Grabkammern von Hal Saflieni sind (mit dem "Orakelraum", in dem leise und mit tiefer Stimme gesprochene Laute mit merkwürdigen Echo zurückkommen), so meine ich doch, dass die Schwingung in Gozo, das eben etwas abgelegener ist und von weniger Menschen aufgesucht wird, noch deutlich stärken zu spüren ist. Du solltest dir einen Tag für deinen Aufenthalt in der Tempelanlage von Gozo freihalten (und dann eben auch auf Gozo übernachten). Wenn man in Europa einer energetisch starken Stätte der Muttergöttin nahe sein will, so sollte man hierher reisen.

Botschaft, wenn du diese Karte gewählt hast

Welche Rolle spielt deine Mutter für dich? Deine Großmütter? Deine Tochter? Deine Schwester? Kannst du den Frauen in deinem Leben vergeben für das, was sie dir (vermeintlich) angetan oder nicht angetan haben? Bist du bereit, sie (zumindest innerlich, z.B. wenn sie schon verstorben sind) um Verzeihung zu bitten, für das, was du ihnen (vermeintlich) angetan oder nicht angetan hast? Öffne dich für eine klare und liebevolle Beziehung zur Anima in deinem Leben und zu allen Frauengestalten, in denen dir dieser Archetypus konkret gegenübertritt – das ist die Botschaft dieser Karte.

Wenn du dorthin reisen möchtest

Auf die Hauptinsel Malta gehen zahlreiche Flüge (z.B. von Wien, München, Zürich, Frankfurt). Nach Gozo kommt man sowohl mit Bus und Fähre als auch mit einem Mietwagen, was ich empfehle. Auf Malta wird englisch gesprochen. Die Ursprache ist eine Form des Arabischen, die jedoch als einzige mit lateinischen Buchstaben geschrieben wird.

29. Bodh Gaya, Indien
Baum der Erleuchtung

Mythos

Unter einem Bo-Baum erlangte Siddharta Gautama Erleuchtung und wurde der Welt als Buddha offenbar, als Erwachter. Das geschah etwa um 500 v.Chr. Der jetzt als heilig verehrte Baum (der Bo-Baum heißt auch Bodhi- oder Pipal-Baum) ist ein direkter Abkömmling des Ursprungsbaums. Sieben Jahre lang hatte Gautama die Erleuchtung vergeblich auf dem Wege der Askese angestrebt. Nun fand er sie in der stillen Meditation unter dem "Baum der Erkenntnis" (interessante Parallele zum Garten Eden, nicht wahr?), nachdem er zunächst den Versuchungen von Verlangen und Angst, Festhalten und Tod widerstanden hatte, und sich dann auch durch geistige Angriffe von Dämonen und durch vermeintlich himmlische Verlockungen anderer geistiger Wesen nicht vom Weg der Mitte hatte abbringen lassen. Von Bodh Gaya aus wanderte Buddha nach Benares, um dort zunächst fünf Schülern seine Lehre vom Leiden, den Ursachen des Leidens und von der Überwindung des Leidens zu verkünden. (Mehr zum Buddhismus im Buch "Die Welt des Buddhismus" von Gill Farrer-Halls, erschienen im Urania Verlag, CH-Neuhausen 2001.)

Neben dem berühmten Bo-Baum ist der Mahabodhi-Tempel aus dem 3. Jahrhundert v.Chr. wichtig. Er ist Buddha geweiht, dessen Statue das Allerheiligste schmückt. Der so genannte Diamant-Thron ist Buddhas Meditationssitz und gilt Buddhisten als heiligster Platz auf der Erde, quasi als Nabel der Welt. Seine Aura soll so stark sein, dass keine Himmelswesen diesen Ort überfliegen können. Hier soll der Buddha gesessen haben und äußerlich nach Osten, innerlich in die Ewigkeit geschaut haben. In Bodh Gaya versammeln sich Buddhisten aus aller Welt, um Zeremonien durchzuführen, zu meditieren und sich in Lehrprogrammen weiterzubilden.

Botschaft, wenn du diese Karte gewählt hast
Jetzt geht es um Stille und um Erdung sowie darum, die eigene Mitte zu finden. Achtsamkeit ist als Vorübung gut geeignet. Achtsamkeit, wie du sitzt oder stehst oder gehst; Achtsamkeit, wie du sprichst und zuhörst; Achtsamkeit, wie du fühlst und denkst. Achtsamkeit, in Gefühle, Gedanken und Schwingungen hineinzuspüren, ohne gleich zu reagieren, wahrzunehmen ohne zu urteilen. Dafür wünsche ich dir guten Zeiten, in denen du das ausprobieren kannst.

Wenn du dorthin reisen möchtest
Bodh Gaya liegt in der Provinz Bihar, zwischen Benares (Varanasi, Kashi) und Kalkutta. Es gibt ein internationales Meditationszentrum, in dem man unter Anleitung schweigend meditieren kann. Der Vishnupada-Tempel, ein Heiligtum für den hinduistischen Gott Vishnu, birgt einen in Silber gefassten Fußabdruck, der langes Leben, Reichtum und Weisheit sichern soll, wenn man dort Opfergaben darbringt. Der Buddha wird von Hindus als eine Inkarnation ihres Gottes Vishnu verehrt.

30. Carnac, Frankreich
Zentrum der Megalithen

Mythos
Steinalleen aus rund 3000 Menhiren, die bis zu fünf Meter hoch sind und ungewöhnliche Megalithdenkmäler und -gräber machen Carnac zum Anziehungspunkt für Menschen aus aller Welt. Diese vorgeschichtliche Hauptstadt der Region gibt Zeugnis davon, was Menschen im 3. Jahrtausend v.Chr. bewegt hat. Hier sind Kräfte aus Kosmos und

Erde zu sehen und buchstäblich auch zu spüren. Kranke und müde Menschen, die in diese Gegend kommen, "tanken" Energie auf und kommen gut erholt von hier zurück. Manche Steine sind 350 Tonnen schwer: Wie konnten Menschen der Frühzeit sie vor 5000 oder 6000 Jahre hierher schaffen und aufrichten? Einzelne Steine wurden offenbar zur astronomischen Beobachtung und Messung verwendet, wie in Stonehenge. Die Funktion anderer bleibt bisher noch völlig ungeklärt. Vier Hauptfundstellen – bei Le Ménec, Kermario, Kerlescan und Le Petit Ménec – waren aufeinander bezogen, allerdings weiß man ebenfalls noch immer nicht, wie und warum. Nordöstlich von Carnac liegt einer der zahlreichen Grabhügel der Region, der "Tumulus von Saint-Michel". In diesem Hügel von gut 120 Metern Länge und zwölf Metern Höhe sind mehrere Grabstätten aus der Zeit um 4000 v.Chr. Dass auf ihm eine St-Michaels-Kapelle errichtet wurde, belegt einmal mehr den Versuch, "heidnische" Kraftorte christlich zu vereinnahmen und "umzupolen". Wenn es stimmt, dass Carnac ein riesiges astronomisches Observatorium gewesen ist, dann erhebt sich die Frage, woher die Menschen damals ihr Wissen hatten. Etwa aus Atlantis?

Botschaft, wenn du diese Karte gewählt hast

Gewinne Klarheit, indem du mit beiden Beinen fest auf der Erde stehst, sozusagen in ihr verwurzelt bist, und Deinen Blick nach vorne und oben, auf dein Ziel und in den Himmel richtest. Bereits aufgrund der Tatsache, dass du Mensch bist und Bewusstsein besitzt, hast du auch die Gabe, Klarheit über Ziele zu gewinnen und Schritte zu unternehmen, um sie zu erreichen. Dein Leben ist wie eine vormarkierte Straße – die du allerdings beschreiten musst.

Wenn du dorthin reisen möchtest

Carnac ist ein Badeort an der Südküste der Bretagne. Zur Sommersonnenwende gibt es hier Seminare über die Entwicklung von medialen Kräften. Von Carnac ist es auch nicht weit nach Paimpont und zum Wald von Brocéliande (siehe dort). Am Rande von Locmariaquer in der Nähe von Carnac liegt der in vier Teile zerbrochene größte Megalith Europas, der auch Märchenstein heißt. Er soll zur Erforschung des Mondlaufs um die Erde gedient haben.

31. Cumae, Italien
Sibyllinische Verheißungen

Mythos

Diese älteste griechische Siedlung in Italien wurde 750 v.Chr. als Kyme gegründet. Ihre Blütezeit war zwischen 700 und 500 v.Chr.; sie übte auf Etrusker und Römer einen starken kulturellen Einfluss aus. Vorchristliche Tempelruinen bezeichnen den Ort, an dem eine geheimnisvolle Frau Weissagungen verkündet. Die so genannte Sibylle von Cumae war die berühmteste der antiken Orakelfrauen, aber nicht die einzige. In Libyen gab es eine weitere, in Ägypten und natürlich auch in Delphi, wo sie Pythia hieß. Die sibyllinischen Orakelbücher waren im Altertum als Sammlung von Weissagungen über Geschichte und Völker bekannt und begehrt; Nostradamus soll eine Abschrift zur Grundlage seiner Centurien gemacht haben. Jupiter-Tempel und Apollo-Tempel hier stammen aus römischer Zeit; auch eine Kirche aus dem 6. Jahrhundert n.Chr. findet sich. Der eigentliche Kraftplatz umfasst jedoch nur die Grotten in der Nähe der alten Akropolis von Cumae. Die angebliche Sibyllen-Grotte wurde Anfang des 20. Jahrhunderts wiederentdeckt. Sie ist ein über 180 Meter langer Stollen, der über Lichtschächte und Zisternen verfügt. Während dieser Teil jedoch wohl im ersten vorchristlichen Jahrhundert eher militärischen Zwecken als der Weissagung gedient haben mag, befindet sich daneben eine zweite Grotte oder Höhle. Der Zugang führt über einen gut 100 Meter langen Stollen zu einem Eingangsbereich mit in den Stein gehauenen Sitzbänken. Dahinter befand sich wohl die Kammer der Sibylle. Im Gang wechseln sich Licht und Dunkel ab, weil Lichtschächte nur manche Passagen des Zugangs erhellen. So wurde eine mystische Atmosphäre geschaffen, die der seelischen Öffnung für die Weissagungen dienlich gewesen sein dürfte. Auch der Widerhall der Stimme und ein vielleicht ein wenig gespenstisches Echo haben den Eindruck von Orakelsprüchen wohl verstärkt.

Botschaft, wenn du diese Karte gewählt hast

Es scheint an der Zeit zu sein, dass du dich mit deinem Thema bzw.

deiner Frage an eine "weissagende Frau" wendest. Das kann jemand sein, die "channelt" oder Karten legt oder einfach medial ist. Wenn du davor (noch) zurückschreckst, dann lege dir selbst die Karten, aber lass sie dir von einer guten Freundin deuten. Auf jeden Fall solltest du die weibliche Intuition nutzen, um mehr Einsicht zu erhalten.

Wenn du dorthin reisen möchtest
Cumae liegt westlich von Neapel, in der Nähe des Meeres.

32. Delphi, Griechenland
Rätsel der Pythia

Mythos
Seit dem 9. Jahrhundert v.Chr. ist in Delphi ein Apolloheiligtum mit dem berühmten Orakel nachzuweisen. Der Rat der Orakelpriesterin Pythia wurde von vielen Einzelpersonen gesucht, die geschäftliche und private Weissagungen erbaten, vor allem aber konsultierte man sie vor politischen Entscheidungen. Die Priesterin, vermutlich mehrere Frauen, die sich abwechselten, saß über einer Felsspalte, aus der angeblich bestimmte Dämpfe quollen, nahm aber auch bestimmte Pflanzen zu sich, die sie in Trance versetzten. Ihre eher gestammelten Sprüche wurden dann von männlichen Priestern gedeutet. Berühmt-berüchtigt ist der Spruch an einen König: Wenn du den Fluss überschreitest, wirst du ein großes Reich zerstören. Der König zog in den Krieg über den Fluss – und verlor sein eigenes Reich! Die wohl berühmteste Weissagung aus Delphi betraf Thebens König Laios und seine Frau Iokaste. Ihnen wurde orakelt, dass der König von der Hand seines Sohnes sterben würde, sollte er je einen Sohn zeugen. Deshalb wurde ihnen geraten, kinderlos zu bleiben. Das funktionierte nicht so recht; ein Sohn wurde geboren, die Füße wurden ihm durchstochen, er wurde ausgesetzt – und er kam als Ödipus zurück. Der Rest ist bekannt: Aufgrund von diversen Verwicklungen erschlägt Ödipus seinen Vater Laios, befreit Theben von der Sphinx und heiratet die Witwe des früheren Königs, die je-

doch eben auch seine eigene Mutter ist. Freud hat daraus eine wichtige psychologische Verknüpfung zwischen Vater und Tochter und Mutter und Sohn abgeleitet; Chuck Spezzano (*Karten der Heilung* bei Urania, u.a. mit der Ödipus-Verschwörung) hat diesen Ansatz weiter entwickelt. Auf jeden Fall liegt in Weissagungen manchmal auch ein Fluch und eine Tragödie, die eine direkte "Schuld" des Einzelnen nicht klar erkennen lässt. Wichtiger als die mehr oder minder deutlichen Orakelsprüche war jedoch die moralische Funktion, die Delphi einige Jahrhunderte lang ausübte. Über dem Eingang zum Tempel standen die bekannten Worte "Mensch erkenne dich selbst". Auf Säulen waren moralische Maximen nachzulesen wie "Nichts im Übermaß", "Hilf den Fremden", "Beherrsche den Zorn", "Hüte dich vor unrechtem Tun", "Bezeuge, was göttlichem Recht entspricht", "Stelle das unberechenbare Schicksal in Rechnung", "Schätze Voraussicht", "Liebe die Freundschaft", "Halt fest an der Bildung", "Tue, was gerecht ist" und vieles mehr. Delphi wurde, wie manch anderer Ort auch, als "Nabel der Welt" erachtet.

Botschaft, wenn du diese Karte gewählt hast

Nicht, was jemand dir voraussagt, ist wichtig, sondern was du selbst tust bzw. lässt, und sogar noch wesentlicher ist, wie du dich selbst siehst, empfindest, ausrichtest. Entscheidend für das Schicksal sind Reden und Handeln. Grundlegend dafür sind Denken und Fühlen. Die Basis bildet das unterbewusste und unbewusste Menschenbild, das wir ins uns tragen, unser Selbstwertgefühl, und die innere Bindung an Werte, die wir spüren. Dein Bewusstsein und dein So-Sein bestimmen dein Leben, im Inneren wie im Äußeren.

Wenn du dorthin reisen möchtest

Delphi liegt in Mittelgriechenland, am Berg Parnass in der Landschaft Phokis.

33. Osterinseln, Pazifik
Botschaften aus der Vorzeit

Mythos

Bis 500 Meter reckt sich die Hauptinsel, die vulkanischen Ursprungs ist, über das Meer empor. Polynesier kamen als erste Siedler hierher; Thor Heyerdahl meinte, dass Vorläufer der Inkakultur von Peru aus hier gesiedelt hätten. Zwei Besiedlungswellen sind nachzuweisen, die erste um 400 n.Chr., die zweite um 1350. Die Osterinsel ist die einzige polynesische Insel, auf der sich eine Schriftsprache entwickelte. Eine hieroglyphenähnliche Schrift, *rongorongo* genannt, wurde auf Holztafeln festgehalten. Bei uns ist die 1722 durch eine niederländische Expedition entdeckte Inselgruppe vor allem durch die monumentalen Tuffsteinfiguren bekannt geworden, die vermutlich Ahnen darstellen. Diese Figuren, die so genannten *moai*, sind zwei bis neun Meter hoch, tragen Kopfschmuck, und waren zum Teil in Reihen auf Steinplattformen aufgestellt. Halbmondförmige Brustgehänge aus Holz mit zwei Köpfen im Profil sowie zeremoniell genutzte Paddel, die bei Ritualtänzen gebraucht wurden, zählen zu weiteren Besonderheiten des künstlerischen Ausdrucks, deren Bedeutung noch ungeklärt ist. Die archaisch anmutenden Monumentalfiguren sind, so meinen manche Mythenforscher, trotz der relativ späten Ansiedlung hier, Erinnerungen an sehr frühe Vorzeiten. Unter Umständen wurden sie sogar errichtet, ohne dass die Künstler ihre eigentliche Bedeutung noch kannten. Dann wären sie eine Form der Ahnenbeschwörung, mit der man diese bittet, wieder auf diese Erde zu kommen und helfend einzugreifen. Aber auch das wird Spekulation bleiben müssen. Am besten spürst du selbst, was die Figuren in dir auslösen. Übrigens gibt es eine Hauptinsel und einige kleinere umliegende Inselchen, weshalb wir diese Karte auch Osterinseln genannt haben.

Botschaft, wenn du diese Karte gewählt hast

Du bist das bislang letzte Glied in einer Kette von Vorfahren und Ahnen, deren Botschaften und Glauben, deren Archetypen und Seelengaben du in dir trägst. Was kannst du in dir erlösen oder in deinem Leben verwirklichen, um so dem Auftrag der deiner persönlichen Vorzeit gerecht zu werden und deine Vorfahren zu "erlösen" bzw. zu "verwirklichen"? Du stehst auf den Schultern deiner Ahnen: Achte sie, danke ihnen und lass dir in Traum, Vision, Meditation oder Intuition sagen, welche Botschaft sie für dich in Bezug auf dein Thema bzw. deine Frage haben.

Wenn du dorthin reisen möchtest
Die Osterinseln gehören zu Chile. Sie liegen im Südpazifik, zwischen Samoa bzw. Fidschi und Chile. Sie werden von Polynesiern und Chilenen bewohnt, und haben ein subtropisches Klima.

Weitere besondere Kraftorte

34. Iona, Schottland Der Geist der Inseln

Mythos
"Iona hat seinen Zauber über die Söhne der Menschen geworfen. In frühen Zeiten hörte es die süßen Lieder über Gott, die St. Columba und seine Anhänger sangen. In späteren Zeiten haben größere Männer als wir hier gefunden, was sie suchten. Diese abgelegene Insel, diese Heimat vieler Träume, gibt immer noch ihr Geheimnis preis, aber nur solche Menschen, die wirklich suchen, werden es finden." Dieses Zitat schmückt den Gang eines der kleinen Hotels in Iona. Es lässt etwas von der Faszination der Insel spüren, die Reisende im Lauf der Jahrhunderte erlebt haben. Die beeindruckende Abtei reckt sich dort immer noch den Meereswellen entgegen. Die Reise des Hl. Columba war gefährlicher als unsere heute: er verließ Derry in Nordirland auf einer Wallfahrt, kam 563 in Iona an und gründete dort das erste Kloster der Insel. Die Abtei beherbergt jetzt die Iona-Gemeinschaft, die am 15. Juni zu Ehren des Hl. Columba eine christliche Messe feiert. In unserer Zeit kommen Pilger nicht nur wegen der vielen Plätze, die mit dem Leben des Heiligen und mit

der Klostertradition der Insel zu tun haben, nach Iona, sondern sie erhoffen sich, dort innere Ruhe und spirituelle Erneuerung zu finden. Wenige Touristen trauen sich über den Umkreis der Abtei und die nahen Läden hinaus. Der Westteil der Insel jedoch blickt auf den Atlantik, er ist zerklüfteter und schwingt mit der lebendigen Energie geheimnisvoller natürlicher Orte der Kraft wie der spukkenden Höhle, des heilenden Teichs und der Bucht hinter dem Meer. (Nach Westwood, *Pilgerreisen*, Urania Verlag)

Botschaft, wenn du diese Karte gewählt hast
Stell dir vor, du verbringst eine oder zwei Wochen auf einer einsamen Insel. Was nimmst du mit? Wie verbringst du deine Zeit? Begib dich tatsächlich einmal auf eine einsame Insel, auch wenn es nicht Iona ist, und auch wenn du dort nur ein paar Stunden bleiben kannst. Viele Seen in Europa haben kleine, einsame Inseln, die sich als "Probelauf" für einen längeren Inselaufenthalt gut eignen.

Wenn du dorthin reisen möchtest
Nach Iona muss man über Oban in den schottischen West Highlands; von dort die Fähre zur Isle of Mull; dann überquert man die Insel und geht an Bord einer kleineren Fähre nach Iona. Leben auf Iona ist gemächlich. Am besten bleibst du über Nacht, um den entspannten Rhythmus zu nutzen. Unterkunft vorher buchen, da es nur wenige Hotels gibt. Autos und Camping sind auf Iona generell nicht erlaubt, Parkplätze und Campingplatz gibt es bei Fionnphort auf Mull. Auf Iona braucht man auch im Sommer Regenschutz.

35. Externsteine, Deutschland
Im Hain der Götter

Mythos
Eine bemerkenswerte Gruppe von Sandsteinfelsen in den Wäldern Norddeutschlands diente seit den Zeiten von Stonehenge als Tempel im Wald und Platz der Anbetung. Sie erheben sich aus dem Hügelzug des Teutoburger Waldes und ragen rund vierzig Meter darüber hinaus. Von

Gletschern abgeschliffen und sowohl von der Natur als auch vom Menschen weiter geformt, bilden die Felsen einen einzigartigen Landschaftstempel, der als Externsteine oder Drachensteine bekannt ist. Seit der Antike war dies ein Ort, an dem die Gesetze des Kosmos erforscht wurden und ein Platz für Wandlung und Heilung. In vorchristlichen Ritualen wurden Aspiranten in ein Felsengrab gelassen, das in der Form eines menschlichen Körpers aus dem Stein gehauen war. Drei Tage lang lagen sie erwartungsvoll im angespannten Zustand eines "Tempelschlafes", um die spirituelle Welt zu erfahren. Ein solcher Landschaftstempel wird von intelligenten Energieströmen gebildet, die sowohl Wahrheiten als auch den Heiligen Geist offenbaren. Ein Landschaftstempel ist ein Lichtzentrum, in dem sich die Energieströme in der Landschaft ausdrücken. In dieser Energiestruktur gibt es sieben Chakras, welche die sieben menschlichen Chakras spiegeln. Das ist die Grundlage heiliger Architektur, was an den Externsteinen sehr deutlich wird.

Die Externsteine sind Teil eines sehr viel größeren Landschaftstempels, der bis zum Hermanns-Denkmal beim etwa acht Kilometer entfernten Detmold reicht. Hermann einte zum ersten Male die alten germanischen Stämme und führte sie in einer großen Schlacht im Jahre 9 n.Chr. zum Sieg über die Römer. Das Denkmal zeigt ihn als riesige St. Michaels-Figur mit einem geflügelten Haupt; sein Schwert lässt er hoch über einen Hügel schweifen, welcher das Kronenchakra dieses größeren Landschaftstempels darstellt. Die Externsteine sind dessen natürliche Polarität, die Erddrachen im Wurzelchakra. Es gibt so etwas wie einen Solar Plexus-Berg, von dem aus man einen phantastischen Ausblick genießen kann. Ein Herzchakra-Hügel liegt an einer Seite eines berühmten Adlergeheges und wird auf der anderen Seite von einem Vogelreservat eingebunden. Nicht nur die Natur, sondern auch unsere eigenen Chakras lassen sich durch solche Wanderungen an Orte der Kraft in Harmonie bringen, und erfüllen den Körper dann mit neuen Kräften. Unsere Handlungen werden vom Körper gespiegelt: etwas wird immer bewegt, gewandelt und sowohl in uns als auch in der Welt ums uns herum geheilt. (Nach: Almut Martini vom "Haus der Begegnung und alternative Heilweisen" Bad Pyrmont, in Jennifer Westwood: Pilgerreisen, Urania Verlag Neuhausen, S. 154f)

Botschaft, wenn du diese Karte gewählt hast
Gott, Great Spirit, die Götter wurden ursprünglich nicht in geschlossenen Gebäuden, sondern unter freiem Himmel, in so genannten heiligen Hainen, angerufen und angebetet. Geh hinaus in einen stillen Wald, auf eine Lichtung, zwischen Birken, Buchen oder Eichen, und verbinde dich mit Erde und Himmel, mit Seele und Schöpfergeist.

Wenn du dorthin reisen möchtest
Die Externsteine stehen rund 50 Kilometer südwestlich von Hannover. Von Hameln aus führt eine Jahrhunderte alte Straße dorthin, durch Bad Pyrmont, wo ein Bad in den Mineralquellen eine entspannende Vorbereitung für die Pilgerreise ist. Die Externsteine sind ein beliebtes Ausflugsziel. Um Menschenmengen zu umgehen, solltest du an einem Wochentag vor 10 Uhr früh ankommen. Vielleicht magst du Kontakt mit Mutter Erde und dem Geist des Kraftortes aufnehmen, bevor du in die geistige Aura der Externsteine eintrittst.

36. Burg Lockenhaus, Österreich
Letzte Zuflucht der Templer

Mythos
Die Burg Lockenhaus, früher Leuka genannt, wurde Anfang des 13. Jahrhunderts erbaut, vielleicht auch schon früher. Vermutlich entstand sie auf Resten einer römischen Befestigung, welche die Bernsteinstraße durch diese Region bewachte. Die Burg wird 1242 urkundlich erwähnt, weil sie während des Mongolensturms eine wichtige Schutzfunktion ausgeübt hatte und weil zahlreiche Ordensritter der Templer und der Johanniter in diesen Kämpfen gefallen waren. Der Templerorden war durch den ungarischen König Geiza ins Land geholt worden. Die Baukunst von Lockenhaus, die offensichtlich mit den Bauhütten der großen spätromanischen und frühgotischen Kirchenbauten verbunden war, wie die vorgefundenen Steinmetzzeichen nahe legen, weist die Bauherren als kenntnisreiche und

wohlhabende Leute aus. Gesetze der Symmetrie, Fünfeck und Sechseck, Pentagramm und Hexagramm, bestimmen den Bau.

Die Templer hatten übrigens auch Besitz im nahen Ödenburg, so gehörte ihnen wohl auch die dort befindliche achteckige St. Jakobs-Kapelle.

Burg Lockenhaus bot in kleinerem Maßstab das Bild einer Festung, wie sie in Syrien typisch waren. Konvent, Kapelle, Kapitelsaal, Brunnen und vor allem Kultraum waren neben den notwendigen Wehranlagen wichtige übliche Bestandteile der Gebäudestruktur. Die Hauptaufgabe des Templerkonvents war der Kampf gegen die Feinde Christi bzw. des Christentums. Dass sie selbst zum Opfer einer französisch-vatikanischen Intrige und praktisch völlig ausgelöscht wurden, gehört zur bitteren Ironie der Geschichte des Christentums.

Eine Besonderheit der Burg Lockenhaus ist der unterirdische Kultraum, der exakt nach Norden ausgerichtet ist und früher nur durch eine Kreisöffnung in der Decke betreten und verlassen werden konnte. Genau unter der Deckenöffnung befindet sich ein gefasstes Wasserbecken bzw. ein Brunnen, in dem sich das Licht bei entsprechendem Sonnenstand spiegelt. Im Kultraum gibt es zwei einander gegenüber liegende "Altäre"; ein Tabernakelstein weist bislang noch nicht zweifelsfrei gedeutete symbolische Formen auf. Das wiedergefundene "Sakramentshäuschen" mit sorgfältig ausgeführter Hostienkammer trägt ein ineinander verflochtenes Schlangenpaar, das Symbol für das Wort "Religio" und ein Zeichen des Brotes.

In diesem Kultraum wurde, so die Überlieferung, das Grabtuch Jesu Christi viele Jahre oder Jahrzehnte lang hindurch aufbewahrt, bevor es weiter nach Turin verbracht wurde, wo es sich noch heute befindet. Lockenhaus war demnach einer der wenigen noch wirklich sicheren Orte, an den die Templer diesen großen Reliquienschatz aus dem Vorderen Orient nach Europa retten konnten. Ob das Turiner Grabtuch nun historisch "echt" ist oder nicht, ob hier im Kultraum wirklich dieser Schatz gehütet wurde oder eine Kopie oder ein ganz anderer: Nach meinem eigenen Erleben kann ich sagen, dass dieser Kultraum wirklich eine ganz eigene, wundersame Schwingung besitzt, die keineswegs in der gesamten Burg herrscht.

Botschaft, wenn du diese Karte gewählt hast

Schütze das, was Dir wirklich wertvoll ist: Deine Werte, Deine Liebe, Deine Verbindung zur Schöpferkraft. Bitte um Hilfe, dass Du Stärke und Segen bei diesem Werk empfängst.

Wenn Du dorthin reisen möchtest

Die Burg Lockenhaus liegt unweit des Ortes Oberpullendorf im mittleren Ostzipfel des Burgenlandes; etwa zwei Autostunden von Wien. Sopron, das frühere Ödenburg, heute zu Ungarn gehörig, ist eine knappe Autostunde entfernt. Manchmal finden wundervolle Konzerte dort statt; man kann den Rittersaal auch zu Festlichkeiten anmieten. Ein Kuratorium verwaltet die Burg. Tel. +43-2616-2394, A-7442 Burg Lockenhaus. Es gibt einen modernen Templerorden, der sich humanitären, karitativen und kulturellen Zwecken widmet. Kontakt: A-7540 Tobaj-Punitz 23, Austria, z.Hd. Großprior Manfred J. Augustin; E-Mail: osmth_austria_mja@hotmail.com

37. Santiago de Compostela, Spanien
Die Botschaft des Jakobus

Mythos

Ein Pilgerführer aus dem 12. Jahrhundert beschreibt die Kathedrale so: "Du findest keinen Fehler noch Unregelmäßigkeit. Wer traurig zu den Schiffen des Tempels hinaufgestiegen, wird glücklich und getröstet von seiner wundervollen Schönheit von dannen gehen." Ein Heiliger, ein Stern und eine Muschel. Der Legende nach floh der Apostel Jakobus (der Bruder Jesu?) vor der Verfolgung im Heiligen Land und kam nach Nordspanien. Dort predigte er das Evangelium bis zu seiner Rückkehr nach Jerusalem, wo er im Jahre 44 n.Chr. den Märtyrertod starb. Seine sterblichen Überreste wurden von seinen Schülern Athanasius und Theodor nach Spanien, an die Stätte seines missionarischen Wirkens, zurückgebracht und dort begraben. 813 wurde der Eremit Pelago von einem Stern zu jenem Feld geführt, wo Jakobus begraben lag. *Santiago de Compostela* bedeutet wörtlich "Sankt Jakob vom Sternen-Feld". Pilger und Büßer haben seit dem Mittelalter diese in Europa höchst beschwerliche Pilgerreise nach Santiago unternommen. Sie sammelten sich in Klöstern, um aus Sicherheitsgründen in Gruppen zu reisen. Vier Routen, die durch Frankreich führen, treffen sich an der spanischen Grenze. Die Pilger tragen eine Muschel, das Symbol des Heiligen Jakobus, seit ein früher Pilger, der sich vor Vagabunden aufs offene Meer hinausrettete, unter dem Schutz einer Muscheldecke wieder an Land kam. Die Gebeine und Reliquien des Jakobus sind in der Krypta unter der Kathedrale aufgebahrt, an dem Ort, an dem sie ursprünglich gefunden worden sein sollen. Die Steinskulptur des Heiligen, in Silber und Edelsteine gefasst, befindet sich über dem Hochaltar.

Botschaft, wenn du diese Karte gewählt hast
Gerade diese Karte erinnert dich daran, dass unser gesamtes Leben eine Pilgerreise ist. Wohin reist du? Hast du ein Ziel vor Augen? Diese Karte lädt dich auch dazu ein, eine Zeit lang "auszusteigen" aus dem Alltag und dich auf einen Pilgerweg zu begeben, buchstäblich zu Fuß, um wieder einmal zu "entschleunigen" und eine neue Perspektive auf dein Leben zu gewinnen.

Wenn Du dorthin reisen möchtest
Compostela liegt an der Nordwestspitze von Spanien. Das Fest des hl. Jakobs wird am 25. Juli gefeiert. Zumindest einen Abschnitt auf einem der zahlreichen Jakobswege, die auch in Deutschland, Österreich und der Schweiz beginnen, sollte man zu Fuß gehen.

38. Glastonbury, England
Geheimnisse des Grals

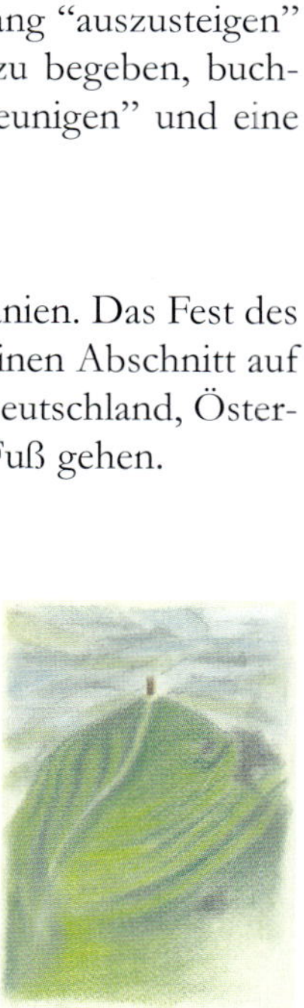

Mythos
Fast täglich wird in Glastonbury ein neuer Mythos kreiert. "Glastonbury – Altes Eiland von Avalon" steht auf dem Ortsschild. Ein Ausdruck, der Ort und Legende, Tatsache und Glaube, Gegenwart und Vergangenheit einfängt, die diesen Platz durchströmen. Glaston-

bury gilt als ein spiritueller Magnet für ganz unterschiedliche Pilger und existiert in vielen verschiedenen Facetten. Seit Jahrhunderten werden Menschen ganz unterschiedlicher Traditionen und Weltanschauungen angezogen, die nun auf einander wirken. Es liegt am Einzelnen zu entdecken, welches Glastonbury für ihn stimmig ist. Das christliche Glastonbury wird von den Traditionen geprägt, die der Stadt den Titel "Krippe des englischen Christentums" eingebracht haben. Der Legende zufolge landete Joseph von Arimathäa, der Jesu Grab bereitgestellt hatte, in Glastonbury, wo er eine einfache Kirche zu Ehren der Jungfrau Maria baute. Damals lag Glastonbury noch am Meer. Manche meinen, dass Joseph, der ein Händler war, das Gebiet schon zuvor aufgesucht hatte und seinen Neffen bei einer solchen Reise mitgebracht haben könnte. Josephs Stab, den er bei seiner Ankunft in die Erde stieß, erblühte zum berühmten Dornbusch von Glastonbury, dessen Blüten sowohl im Frühling wie zu Weihnachten aufgehen. Angeblich brachte er noch eine andere, weit heiligere Reliquie mit – den Gral. Während sich der Kult um Joseph entfaltete und sich romantische Geschichten rund um König Arthur verbreiteten, wurde der Gral entweder als das Gefäß beschrieben, in dem Joseph das Blut Christi nach der Kreuzigung aufgefangen hatte, oder als der Kelch, der beim Abendmahl benutzt wurde.

Die "Entdeckung" der Leichname von König Arthur und seiner Gemahlin auf dem Grund der Abteil im 12. Jahrhundert schien die Gleichsetzung von Glastonbury mit Avalon und seine Verbindung zu Arthur gemäß der volkstümlichen Tradition zu bestätigen. Die Abtei wurde über der St.Josephs-Kirche errichtet, ein Ort, der in den Worten eines mittelalterlichen Dichters "die heiligste Erde Englands" ist. Seit die Dominikaner-Mönche die Abtei im Zuge der Auflösung der Klöster im 16. Jahrhundert verlassen mussten, verfiel sie. Heute wird sie als Ort der Geschichte verwaltet. Während der jährlichen Wallfahrt im Juni, wenn bis zu 14.000 Pilger kommen, gewinnt die Abtei etwas von ihrer ursprünglichen Funktion und Atmosphäre zurück.

Viele zeitgenössische Pilger fühlen sich von der vorchristlichen Bedeutung Glastonburys angezogen. Manche behaupten, dass die Abtei auf einem antiken Platz liegt, an dem die Göttin angebetet wurde, und sie betrachten die Wälle entlang den Seiten des Tors als ein komplexes dreidimensionales rituelles Labyrinth, das womöglich von prähistorischen Völkern geschaffen wurde. Für andere liegt die Bedeutung von Glastonbury in seiner angeblichen Verbindung zu alten Druiden. Demnach soll es wie eine Art von Universitätszentrum für angehende Druiden aus ganz Europa gewesen sein.

Glastonbury wird heute auch als ein Zentrum des New Age bezeichnet, als ein Ort, an dem sich Erdlinien verbinden und wo das bzw. ein Herzchakra des Planeten Erde liegt. (Andere Orte meinen, dass das Herzchakra bei ihnen zu finden sei.) Menschen kommen dorthin, um sich selbst zu finden. Während des Layouts zum Buch höre ich, dass in Glastonbury der erste Göttinnen-Tempel in Europa eingerichtet worden ist, an dem regelmäßig Rituale und Gebete durchgeführt werden.

Botschaft, wenn du diese Karte gewählt hast

Welche Aufgaben stehen dir demnächst bevor? Aus welcher Quelle möchtest du die Kraft schöpfen, sie zu erfüllen? Oder in der Sprache von Glastonbury: Was ist dein persönlicher Gral? Wo ist er zu finden? Was bedeutet die Tafelrunde der Edlen für dich? Welche Funktion nimmst du in der Tafelrunde deines Lebens ein? Das sind Fragen, die du dir jetzt stellen und für die du deine Antworten erspüren und überlegen und dann schriftlich festhalten solltest.

Wenn du dorthin reisen möchtest

Der *Tor* (das ist ein Begriff für einen Felsenhügel oder Felsturm, auf dessen Gipfel ein Kirchturm aus dem 14. Jahrhundert steht), erhebt sich inmitten einer flachen Ebene am Rande der Stadt. Ein Pfad führt spiralförmig hinauf. Die Abteiruine liegt in der Stadtmitte von Glastonbury. Die Stadt ist in Somerset im Südwesten Englands. Die jährliche Wallfahrt findet Ende Juni oder Anfang Juli statt. Tausende anglikanischer, katholischer und orthodoxer Pilger kommen zur Abtei, um zu beten, geistig erhoben und geheilt zu werden. Nicht-christliche Feiern finden das ganze Jahr hindurch statt, vor allem zur Sommer- und Wintersonnenwende (21. Juni und 21. Dezember) und zum Frühlingsfest *Beltane* (1. Mai).

39. Konya, Türkei
Mystik jenseits von Religion

Mythos

Konya war einst eine fruchtbare Oasenstadt am Rande der zentralanatolischen Steppe, am Fuße der Ausläufer des Taurus-Gebirges. Berühmt ist es wegen zweier Mystiker, die hier im 13. Jahrhundert gewirkt haben und deren Andachtsstätten heute noch Anziehungspunkt für viele Tausend Pilger unterschiedlicher Religionen sind. In Konya lehrte Celaleddin Rumi, Mevlana genannt, " Herr und Heiliger". Im Westen und auch in der Türkei ist er allerdings vor allem durch den Orden der tanzenden Derwische und sein literarisch-spirituelles Hauptwerk *Masnavi* bekannt. Rumis Verse zählen im Osten zur Klassik und tauchen auch in Schulbüchern auf. Seine Kernbotschaft war es jedoch, die ihn zum geistigen Mittelpunkt seiner Zeit und Region machte. Sie lautet: "Wir kommen von Gott und gehen wieder zurück zu Gott. Wir kommen von einem raumlosen Ort und kehren dorthin wieder zurück." Er betrachtete die Angehörigen aller Religionen als gleichwertig und lud alle Menschen ungeachtet ihrer Konfession zu sich ein: "Komm, komm wieder, auch du Ungläubiger, Götzenverehrer oder Feueranbeter. Komm, ob Türke, Jude oder Christ, komm und ob du noch so oft gesündigt hast – komm zu mir." Er lehrte das, was man heute Sufismus oder Sufitum nennt, was in der Hingabe an die spirituelle ewige Wahrheit in einem selbst besteht, und in jeder Religion praktiziert werden kann. Die Sant Mat-Lehre von Sant Kirpal Singh, Sant Darshan Singh und Sant Rajiinder Singh bezieht sich oft auf Rumi. Sein Grab und sein Kloster sind heute noch die wohl bedeutendste Wallfahrtsstätte in der Türkei, auch wenn das Kloster seit den Zeiten Kemal Atatürks nicht mehr als solches besteht, weil die Vormachtstellung der Religion und ihrer Institutionen aufgehoben wurde. Vor Rumis Grabmal unter dem grün-blau gekachelten Turm, einem Wahrzeichen Konyas, sieht man Leute vom Land und aus der Stadt, Frauen und Männer, jung und alt gleichermaßen mit nach oben geöffneten Handflächen beten und den Segen des Heiligen anrufen. Weniger bekannt ist die Andachtsstätte seines Lehrers, Shams von Täbriz, die eine knappe halbe Stunde Fußweg entfernt liegt. Sie ist deutlich besinnlicher, weil weniger bekannt und besucht.

Botschaft, wenn du diese Karte gewählt hast
Was ist die Religion des Herzens? Was verbindet alle Menschen, gleich, welchen Glauben sie haben? Entdecke in dir jetzt das, was dein Wesen ausmacht und was deine Seele bewegt, auch wenn alle Äußerlichkeiten wegfallen. Wie Rumi sagte: "Sei nicht ohne Liebe, damit du nicht ohne Leben bist. Stirb in der Liebe, damit du am Leben bleibst."

Wenn du dorthin reisen möchtest
Wenn du nicht mit Leihwagen oder Bus von Antalya oder Alanya her nach Konya fährst, kannst Du auch von Istanbul aus fliegen.

40. Kyffhäuser, Deutschland
Warten auf eine neue Zeit

Mythos
Der Kyffhäuser ist zunächst einmal ein waldreicher Bergrücken südlich des Unterharzes und der Goldenen Aue in Thüringen. Seine höchste Erhebung ist der Kulpenberg mit 477 Metern Höhe. Auf dem Nordostkamm wurde in den neunziger Jahren des 19. Jahrhunderts das Kyffhäuser-Denkmal erbaut. Die ehemalige Reichsburg Kyffhausen, erbaut um 1110, war eine der größten Burgen im Hochmittelalter. Sie entstand zum Schutz der Pfalz Tilleda und ist seit dem 16. Jahrhundert eine Ruine.

Der Kyffhäuser ist einer der Orte, an denen die so genannte Kaisersage angesiedelt wird. Diese Sage handelt von einem großen Herrscher, der nach seinem irdischen Verschwinden nicht wirklich zu leben aufhört, sondern nur vorübergehend entschlafen ist, einstmals jedoch erwachen und die Herrlichkeit einer alten Kaiserzeit wieder herstellen wird, als gütiger und weiser Herrscher eines Volkes oder mehrerer Völker, denen er Eintracht und Frieden bringt. Friedrich I., Barbarossa genannt, soll hier im Kyffhäuser einen solchen Schlaf halten. Aber auch Otto I. und Friedrich II. werden als Statthalter im Berge genannt. Wir erinnern uns: Kaiser Karl der Große soll im Untersberg darauf warten, eine neue Zeit der Einheit Europas zu beginnen, und König Artus wird in einem ebensolchen Wartezustand auf Avalon oder im Hügel bei Glastonbury vermutet. Im südlichen Abhang des Kyffhäusers gibt es eine Gipshöhle, die immerhin ungefähr eineinhalben Kilometer lang ist, in welcher der Sage nach Kaiser Barbarossa dem Beginn einer neuen Zeit entgegenschläft. Alle einhundert Jahre fragt Barbarossa einen Zwerg, ob die Raben noch um den Berg kreisen. Wenn sie das tun, muss er weitere einhundert Jahre warten. Sein Bart schlingt sich bereits zwei Mal um den Tisch herum. Immer wieder haben Herrscher versucht, sich den Kaiser-Mythos zu Nutze zu machen, indem sie suggerierten, sie seien nun der wiedererwachte Kaiser; zuletzt Kaiser Wilhelm I., der 1871 unter Preußens Führung das Deutsche Kaiserreich (kurzzeitig) wieder erstehen ließ. Neben der Barbarossa-Höhle gibt es eine Reihe weiterer Höhlen und Spalten im Kyffhäuser. An der Westseite des so genannten Kosakenberges, nordwestlich von Bad Frankenhausen, wurden etliche Höhlen wissenschaftlich untersucht. Professor Behm-Blanke hat festgestellt, dass man hier vor etwa 3.000 Jahren rituelle Menschenopfer vollzog und sogar einen vermeintlich sakralen Kannibalismus praktizierte. In einer Höhle, die damals sicher von Fackeln erhellt wurde, fanden Riten für zwei Ur-Göttinnen statt. In manchen Höhlen befinden sich kleine natürliche Seen mit sehr klarem Wasser.

Botschaft, wenn du diese Karte gewählt hast

Hoffst du auf eine Zukunft, die nie kommt, auf ein Wunder, das nie eintrifft? Wie realistisch ist das bloße Warten auf eine Veränderung, auf Erlösung, auf Transformation? Was kannst du hier, wo du jetzt bist, und heute in dieser Zeit, die du wirklich "hast", aktiv selber gestalten und bewirken? Diese Karte weist dich darauf hin, dass es an dir liegt, dein Schicksal zu gestalten, und dass nur du selbst zu deines Glückes Schmied werden kannst. Selbstverständlich sind auch Segen und Gnade notwendig – aber der erste und wichtigste Schritt besteht darin, dass du deine Eigenverantwortung annimmst.

Wenn Du dorthin reisen möchtest
Der Kyffhäuser liegt vier Kilometer westlich von Bad Frankenhausen am Südharz. Wenn du dich in der Barbarossa-Höhle auf den dort extra für Besucher gebauten symbolischen Thron setzt, soll dir das Glück bringen.

Der Kyffhäuser als Touristenmagnet vermag heute vielleicht nicht mehr so viel Energie ausstrahlen wie andere weniger besuchte Orte. Das hat er naturgemäß mit manchen in diesem Buch genannten Kraftorten gemeinsam.

41. Newgrange, Irland
Höhle des Lichts

Mythos
Die Ganggräber von Newgrange, Knowth and Dowth, Teil der Fundstätte von Boyne, stellen einen der größten vorgeschichtlichen Friedhöfe in Europa dar. Man findet in diesem nordöstlichen Teil von Irland auffällig viele Wälle, Menhire und eben auch über fünfundzwanzig Ganggräber (*passage graves*). Das sind Anlagen, die tief in natürliche oder künstliche Erdhügel hineingegraben worden sind. Nur wenige Tage vor und nach der Wintersonnenwende fällt der Schein der Sonne so durch eine spezielle Öffnung, dass Lichtstrahlen einige Minuten lang den Beckenstein am Ende des Ganges erhellen.

Der Grabhügel von Newgrange war einmal vierzehn Meter hoch, heute sind es nur noch etwa neun. Sein Durchmesser beträgt 76 Meter; der Hügel ist mit über 200.000 Kieselsteinen, die mit weißem Quarzsand überzogen wurden künstlich aufgeschüttet worden. Fast einhundert quer gelegte Randsteine umgeben den Grabhügel; von ursprünglich 35 frei stehenden Menhiren sind nur noch zwölf erhalten. Die Randsteine sind mit einer Fülle üppiger Spiralen, Winkel und Rauten behauen, von denen manche kosmologische bzw. astronomische Bedeutung besitzen sollen. Auch der vor dem Eingang liegende Megalith, über drei Meter lang und eineinhalb Meter hoch, ist mit herrlichen Spiralen geschmückt. Ob die Spirale, die ja überall auf der Erde als archetypisches Symbol auftaucht, nur ein Symbol für die Reise der Seele in das Totenreich ist, oder doch eher für die Entwicklung der Seele durch dieses Leben und über den physischen Tod hinaus steht?

Rund 700 mit Ritzzeichnungen verzierte Steine gibt es im Tal der Boyne. Der Forscher Martin Brennan meint, dass New Grange die älteste bekannte "Sonnenuhr" der Welt darstellt, da diese Anlage ja immerhin rund 5000 Jahre alt ist. Die hügel- und eiförmige Anlage mit ihrer gebärmutterartigen Höhlenkammer im Inneren, einer hohen Säule in Phallusform und zwei Kreidebällen ist darüber hinaus vermutlich auch ein Symbol für die Fruchtbarkeit der Erde und des Menschen und sucht diese vielleicht durch die symbolische Nachbildung magisch zu beschwören. (Auf einem Kalksteinhügel im Hügelland von Cerne Abbas, North Dorset Downs, Grafschaft Dorset, findet sich ja auch heute noch der Kreisriese mit Keule und erigiertem Penis. Fruchtbarkeitsriten waren zum Beltane-Fest am 1. Mai, aber auch zu anderen Gelegenheiten überall eine mystische Notwendigkeit, um Fortbestehen und Fülle zu sichern sowie Ausdruck der nach Kälte und Hunger des Winters wiedererwachten Kraft und Lebensfreude.)

Botschaft, wenn du diese Karte gewählt hast

Was ist für dich das Urbild des Lebens und wie es entsteht? Wie verbinden sich für dich Leben und Sterben und das, was danach kommen mag? Wo ist dein Ort des Rückzugs in eine Schutzhöhle, in die nur das reine, klare Licht der Seele dringt? In der Meditation? Im Gebet? Draußen in der Natur, in einer Höhle? In einer Kapelle oder Krypta?

Wenn du dorthin reisen möchtest

Newgrange liegt knapp 50 Kilometer nordnordwestlich von Dublin und westlich von Drogheda, im Verwaltungsbezirk Meath, am Fluss Boyne.

42. Val Müstair (*Münster*), Schweiz
Gebet in den Bergen

Mythos

Der Überlieferung nach geht das wohl 780 gegründete und 805 erstmals erwähnte Kloster im Münstertal auf Karl den Großen zurück. Es lag damals an einer wichtigen Handelsverbindung vom Bodensee nach Italien. Aufgrund seines Alters und vor allem wegen seiner kunstgeschichtlich außerordentlich bedeutsamen Fresken im Stil der karolingischen Renaissance wurde es zum Unesco-Weltkulturerbe ernannt. Diese Fresken stellen den größten erhaltenen Zyklus von Szenen aus dem Leben Daniels, Jesu und der Apostel dar. Im 13. Jahrhundert brachte ein Hostienwunder der Wallfahrt Aufschwung; die Heiligenblut-Reliquie wurde jedoch 1799 von französischen Soldaten geraubt. Seit 1163 wohnen hier fürsorgliche Nonnen. Man kann in einfachen Unterkünften und gegen bescheidenes Entgelt auch Aufnahme im Gästetrakt des Klosters finden. Val Müstair ist aber nicht nur wegen seiner fast archaisch anmutenden Saalkirche mit den szenischen Darstellungen wichtiger christlicher Ereignisse in die Liste der 48 Kraftorte aufgenommen worden, sondern wegen des Friedens, der in diesem Tal fernab moderner Hauptverkehrswege zu spüren ist, und wegen des kraftvollen Eindrucks, den die Natur hier der Seele vermitteln kann.

Botschaft, wenn du diese Karte gewählt hast

Ziehe dich eine Weile in eine wirklich abgelegene Gegend zurück, in die Stille und den Frieden der Natur. Wenn es möglich ist, in ein Bergtal, das nicht überlaufen ist, und in dem du für einige Tage ganz zur Ruhe kommst. Wandere in den Bergen, ruhig ganz allein. Sprich mit der Schöpfung, lausche auf die Natur, sieh und nimm wahr, was sie dir zu sagen hat.

Wenn du dorthin reisen möchtest

Müstair und das Münstertal liegen im Kanton Graubünden, im Ostzipfel der Schweiz, jenseits des Ofenpasses, an der Grenze zu Südtirol, mit Verbindung zum Etschtal, zum Vintschgau und nach

Meran. Von Chur, St. Moritz oder Meran muss man getrost mit einigen Stunden Fahrzeit rechnen. Wer hierher fährt, nimmt sich ohnehin viel Zeit mit. Im Kloster gibt es regelmäßig auch Fastenwandertage und -wochen.

Die Kraft der Gemeinschaft

Hier geht es um das, was Herz und Geist, Bauch und Spirit von Menschen erschaffen können, um konkrete Hinweise auf die Verwirklichung von Lebensplänen. Aber: Nicht alle Gemeinschafen sind für alle Menschen geeignet. Da ich nur fünf habe auswählen können, bleiben sehr viele genauso schöne und gute Gemeinschaften an dieser Stelle leider unerwähnt. Vertraue deiner inneren Stimme, wenn du eine Gemeinschaft suchst, die für dich stimmig ist. Bleibe wach, auch bei den hier genannten, und folge lieber deiner Intuition als noch so gut gemeinten Ratschlägen anderer Personen.

Botschaft dieser fünf Karten

Wenn du eine der fünf Karten aus dieser Gruppe ziehst, bekommst du damit eine Einladung, tatsächlich an diesen Ort zu reisen. Wenn das nicht möglich ist, dann besorge dir ein Buch über den Ort, schau auf die Webseite und finde heraus, ob es in deiner Nähe Studiengruppen mit Menschen gibt, die dort schon waren und nun bei uns eine ähnliche Gemeinschaftsidee anstreben.

43. Findhorn, Schottland
Bewusstes Leben

Die Findhorn-Gemeinschaft und die gleichnamige Stiftung, die sie trägt, sind auf bestimmten Werten gegründet: Dienst am Planeten, schöpferische Mitarbeit mit der Natur und Öffnung für das Göttliche in allen Wesen. Die Menschheit befindet sich nach der Einschätzung der Findhorn-Gemeinschaft in einer evolutionären Bewusstseinsentwicklung, die spirituelle Werte in das Leben einfließen und integrieren lässt. Ein formelles Glaubensbekenntnis oder gar eine religiöse Doktrin gibt es in Findhorn nicht. Alle wichtigen Religionen und spirituellen Pfade werden als einer von zahlreichen möglichen Wegen zur Erkenntnis des Göttlichen in sich selbst und anderen gewürdigt. 1962 legten Peter und Eileen Caddy sowie Dorothy Maclean, nach Jahren des spirituellen Trainings und der Einstimmung auf Gottes Willen, im Nordosten Schottlands, nahe Inverness bzw. Forres, den Grundstein für die heutige Findhorn-Gemeinschaft. Dorothy entdeckte, dass sie Kontakt zu den Lichtwesen der Pflanzen aufnehmen konnte – zu den Devas – und Peter nutzte ihr Talent, um den legendären Findhorn-Garten aufzubauen. Auf dem unfruchtbaren sandigen Boden des Camping-Parks wuchsen mit einem Mal die erstaunlichsten Pflanzen, Kräuter und Blumen, und auch die vierzig Pfund schweren Kohlköpfe.

Aus einer kleinen Gruppe von sechs Menschen wuchs mit der Zeit eine internationale Gemeinschaft heran, an deren Entwicklung zeitweise international bekannte Persönlichkeiten teilnahmen wie Sir George Treveleyan, David Spangler und Phyllida Anam Aire. Ganzheitliche Bildung über Zusammenhänge zwischen Ökologie und Spiritualität, Umgang mit Leben, Sterben und Tod, sowie bewusstes Leben in seinen vielfältigen Aspekten stehen im Mittelpunkt.

Heute lebt in Findhorn eine Gemeinschaft einiger Hundert Menschen, die zahlreichen unterschiedlichen Tätigkeiten nachgehen – in künstlerischen, handwerklichen, erzieherischen und landwirtschaftlichen bzw. gärtnerischen Bereichen. Sie fühlen sich durch eine positive Vision für die Menschheit und die Erde miteinander verbunden, die auch eine undogmatische Spiritualität beinhaltet. Tausende früherer Gemeinschaftsmitglieder haben den Geist von Findhorn in die Welt getragen, als Seminarleiter, Autoren, Geschäftsleute, Wissenschaftler, EDV-Spezialisten, Ökologen und Künstler. Peter Caddy ist 1994 verstorben; Eileen Caddy lebt noch in Findhorn; Dorothy Maclean wirkt heute von Nordamerika aus.

Findhorn ist ein "Ecovillage-Projekt" (wie auch Santa Branca). Das bedeutet, dass sich eine Dorfgemeinschaft nachhaltige eigene Energieerzeugung betreibt, dass Gebäude im Hinblick auf Nachhaltigkeit und Energieeffizienz (um-)gebaut werden, dass die Lebensformen selbst ökologisch, ökonomisch, kulturell und spirituell ausgerichtet sind in Rücksichtsnahme auf Umwelt und Natur, auf andere Menschen und spätere Generationen, auf gegenseitige Achtung und Wertschätzung.

Wenn du dorthin reisen möchtest
Edinburgh ist der nächste größere Flughafen; Inverness die nächste größere Stadt. Es ist unbedingt sinnvoll, wenn du erst einmal etwas über Findhorn liest oder dich nach Infogruppen in deiner Umgebung umhörst. Alles weitere findest du unter: www.findhorn.org

44. Damanhur, Italien
Visionen der Zukunft

Die "Föderation Damanhur" wurde Anfang der 70er Jahre in Italien gegründet und ist heute ein weltbekanntes Zentrum spiritueller, künstlerischer und sozialer Forschung. Damanhur ist eine Ökogesellschaft, eine Föderation von Gemeinschaften und Ökodörfern, deren soziale und politische Struktur sich kontinuierlich weiter entwickelt. Ziele von Damanhur sind: Die Freiheit und das Wiedererwachen des Menschen als göttliches, spirituelles und materielles Prinzip, die Schaffung eines autarken Lebensmodells, das auf ethischen Prinzipien eines guten gemeinschaftlichen Lebens und Liebe beruht, die harmonische Integration und Kooperation mit allen Kräften, die mit der Evolution der Menschheit verbunden sind.

Jedes Jahr besuchen Tausende von Menschen Damanhur, um sein soziales Modell kennen zu lernen und zu erproben, um seine Philosophie zu studieren und um in den Tempeln der Menschheit zu meditieren – einer mächtigen unterirdischen Gebäudestruktur, die von Mitgliedern der Gemeinschaft von Hand unterirdisch in den Felsen gehauen wurden. Dort gibt es eine Halle des Wassers, der Erde, der Sphären, der Spiegel, der Metalle, den Blauen Tempel, das Labyrinth, und die Tempel der Menschheit. Jeder Raum sowie jede Form und Proportion, jeder Klang und jedes Licht darin haben symbolische Bedeutung.

Das *Primi Passi*-Programm wird auch in englischer oder deutscher Sprache angeboten. Personen, die sich für ein Leben in dieser Gemeinschaft interessieren, dient dieses spezielle Kennenlern-Programm als Entscheidungsgrundlage für die unterschiedlichen Möglichkeiten der Mitgliedschaft: Man kann Einwohnerin oder Einwohner von Damanhur oder "Außenmitglied" sein. *Primi Passi*-Teilnehmer erleben einen intensiven Einstieg, der um die drei Aspekte oder "Körper" von Damanhur herum aufgebaut ist: Der Sozialkörper, die Meditationsschule und das Spiel des Lebens. Alle Teilnehmer leben gemeinsam in einem Haus, das von der Gemeinschaft gestellt wird, um eigene unmittelbare praktische Erfahrungen mit der Organisationsweise eines "damanhurianischen Nucleos" zu machen.

Wenn du dorthin reisen möchtest

Damanhur liegt 40 km nördlich von Turin, nahe Ivrea und dem Ort Baldissero Canaveso. Der nächste Flughafen ist Turino-Caselle, etwa 40 Minuten Fahrtzeit entfernt. Man kann auch abgeholt werden. Alles weitere findest du unter: www.damanhur.org; e-mail: newlife@damanhur.it

45. Polaris, Dänemark
Der Geist der Weißen Bruderschaft

Grethe Fremming und Rolf Havsboel sind die Begründer der Transformations-Kinesiologie, einer besonderen Methode der Selbstheilung und Heilung, der Persönlichkeitsbildung und spirituellen Entwicklung. Die Transformations-Kinesiologie (kurz auch TK genannt) ist eine Pioniertechnik, die auf den Lehren der zeitlosen Weisheit aufbaut, wie sie in Büchern von Alice Bailey, Helena Roerich, Torkom Saraydarian, Grace Cooke, Paramahansa Yogananda und anderen zum Ausdruck kommt. Die Prozesse bieten Einzelnen und Gruppen eine einzigartige Chance, bewusst mit der Seelenenergie zu arbeiten, Blockaden zu lösen und begrenzende Glaubensmuster aufzugeben, welche den vollen Ausdruck der Seele bzw. des wahren inneren Wesens im Leben behindern. Die Inspiration für TK entspringt aus der Tatsache, dass – sobald wir offen für die Information der Weisheit aller Zeitalter sind – alles möglich ist.

Grethe Fremming, die frühere Präsidentin des International Kinesiology College, Schweiz (1995-2004) und Rolf Havsboel, Elektronik-Ingenieur und Forscher, sind die Gründer und Leiter des Polaris International College und des Polaris-Zentrums in Dänemark. Das Polaris-Zentrum ist zu einem internationalen Treffpunkt für Menschen aus den USA, der Schweiz und Deutschland geworden. Über zwanzig Jahre Forschungsarbeit und praktische Anwendung, sowohl in Dänemark als auch in Kursen, Seminaren und Ausbildungen in den USA, Australien, der Schweiz und Deutschland, haben sie und ihre Methode des Erweckens der Seelenkräfte international bekannt gemacht. Grethe Fremming und Rolf Havsboel haben außerdem in Zusammenarbeit mit der internationalen spirituellen und humanitären Organisation, die als White Eagle Lodge in London 1934 von Grace and Ivan Cooke begründet wurde, die dänische White Eagle Lodge aufgebaut. Die Arbeit der White Eagle Lodge besteht vor allem darin, die alte und neue Botschaft der "Bruderschaft der Menschen und des Friedens auf Erden" in unserer Zeit zu manifestieren.

Der Name White Eagle weist auf einen Menschen mit spiritueller Einsicht und visionären Gaben hin. Der weiße Adler ist ein Symbol für höhere mediale und spirituelle Kräfte, für das Herz des Geistes und die neue Zeit. White Eagle sagt von sich selbst, dass er ein Sprecher der Sternen-Bruderschaft ist. Die Geschichte der Sternenbruderschaft begann mit der Polaris-Bruderschaft in Frankreich 1920. Arthur Conan Doyle hat darüber in seinem Buch "The book of the Beyond' (Das Buch vom Jenseits) geschrieben.

Der Kern der White-Eagle-Arbeit besteht darin, Farben und Schwingungen in Aura und Chakras der Klienten zu senden, um sie auf telepathische Weise zu harmonisieren und ihre eigene innere Heilkraft zu erwecken. Meditation und Astrologie sind ein weiterer Teil dieser Arbeit.

Wenn du dorthin reisen möchtest
Das Polaris-Zentrum liegt rund 20 Kilometer westlich von Kopenhagen. Um die Programme des Polaris-Zentrums in Dänemark und in anderen Ländern zu erfahren, sowie zur unbedingt notwendigen Voranmeldung zu einem Besuch, kannst du dich wenden an: Polaris Centret, Grethe Fremming und Rolf Havsboel, Kyndeløse Strandvej 22, DK-4070 Kirke Hyllinge, Dänemark; Tel: +45-46-406860; E-mail: whiteeagle@polariscentret.dk

46. Santa Branca, Brasilien Gemeinschaft mit der Natur

Santa Branca ist aus dem Traum von Menschen geboren, die nach Harmonie, Glück und Frieden streben – sowohl in unserem eigenen Inneren wie in unserer Umgebung und Umwelt. Im Herzen Brasiliens, nicht allzu weit der Hauptstadt Brasilia, dort wo Don Bosco visionär das Herz der Erde geschaut hat, liegt eine über 3000 Hektar große ökologische, soziale und spirituelle Gemeinschaft, die diese Ziele anstrebt und dabei immer weiter wächst. Das Gelände wird von Bächen und Wasserfällen durchzogen, ist teilweise von üppigem Amazonaswald bedeckt, bietet Raum für Kreativität und Erholung, für Umweltbildung und Spiritualität, für Begegnungen und Innehalten. Santa Branca ist vom Gründer Jeremias Lunardelli Neto, einem italienisch-stämmigen Visionär, auf sieben Pfeilern aufgebaut: naturbelassenes Land, ökologische Landwirtschaft, Ökotourimsus, ganzheitliche Erziehung und Bildung, Ökodorf, psychosoziale Entwicklung und Spiritualität.

Das **Land** als physische Grundlage: Die Hälfte des Landes für die ökologische Landwirtschaft wird von Wald bedeckt, der als ein privates Naturschutzgebiet ausgewiesen wurde. Hier begegnen sich Mensch und Natur noch auf ursprüngliche Weise.

Die ökologische **Landbewirtschaftung**: Nach und nach wurde und wird die Erzeugung von pflanzlichen Lebensmitteln auf den ökologischen Anbau umgestellt. Neben einer nachhaltigen Rinderaufzucht gibt es auch Projekte für Wildtiere.

Sanfter **Ökotourismus**: Sich an der Natur erfreuen, ohne sie zu zerstören; Sport betreiben und dabei Nachhaltigkeit beachten; sich erholen und dabei die Umwelt schützen – diesen Grundsätzen folgt der Tourismus in Santa Branca.

Psychosoziale Entwicklung: Ein Begriff, der uns zunächst ungewohnt erscheint. Gemeint sind Arbeit und Fortbildungsseminare, die sich mit Themen um Gesundheit und Selbsterkenntnis beschäftigen. Zu den Zielen gehört auch, ausgewogene Beziehungen zu pflegen.

Das **Ökodorf**, auch Ecovila genannt: Es gehört zum Verbund der Ökodörfer, dem auch Findhorn angehört. Die so genannte Permakultur spielt dabei eine große Rolle, außerdem eine nachhaltige Bauweise, sowie ein Gemeinschaftsleben, das auf Integrität und gegenseitigen Respekt Wert legt.

Ganzheitliche **Erziehung und Bildung**: Schüler, Studenten und Lehrpersonen kommen aus der Umgebung, besonders aus der Millionenstadt Goiânia, zu besonderen Kursen und Erlebnistagen, während derer sie mit den umfassenden Aspekten von Nachhaltigkeit und Achtsamkeit im Umgang mit sich selbst, anderen Menschen, Tieren und Pflanzen und mit der ganzen Erde bekannt gemacht werden. Hier wird Schritt für Schritt der Weg in eine bessere Zukunft ganz praktisch eingeübt.

Spiritualität: Die Einheit in der Vielfalt wird gesehen und geachtet. Leben in friedvollem Wachsen und Austausch der mannigfaltigen Formen, in denen sich das große schöpferische Lebensprinzip zeigt, stellt einen Kern von Santa Branca dar.

Santa Branca freut sich über alle Besucher aus dem Ausland, besonders auch aus Europa. Im Ökodorf könnte man für relativ wenig Geld sogar eine zweite dauerhafte Bleibe oder einen Rückzugsort für das Alter finden, weil Land und Hausbau einen Bruchteil dessen kosten, was im verstopften Europa dafür aufzuwenden ist.

Wenn du dorthin reisen möchtest

Santa Branca liegt in der Nähe der Großstadt Goiânia, die über einen eigenen Flughafen verfügt; Fahrzeit von dort eine knappe halbe Stunde – man fährt über Terezópolis und von dort nach Santa Branca. Unter Umständen kann man den Gründer auch zu Konferenzen und zum Austausch über die Vision von Santa Branca und darüber einladen, wie diese Vision und Wirklichkeit mit den Zielen und Projekten anderer Menschen und Träger an anderen Orten auf der Erde harmoniert. Alles weitere findest Du unter: www.stabranca.com.br; Tel. +55-62-3144777

47. Taizé, Frankreich
Bruderschaft im Geiste Christi

In Taizé im Südburgund gründete Frère Roger 1940 eine internationale ökumenische Gemeinschaft. Die Brüder verpflichten sich, ein Leben lang materielle und spirituelle Güter zu teilen, in Ehelosigkeit zu leben und einen schlichten Lebensstil zu führen. Heute gehören zur Gemeinschaft an die hundert Brüder aus über fünfundzwanzig Ländern, sowohl Katholiken als auch Brüder aus verschiedenen evangelischen Kirchen. Kern des täglichen Lebens in Taizé bilden drei gemeinsame Gebete. Die Brüder leben von ihrer Arbeit. Sie nehmen für sich selber keine Spenden und keine Geschenke an. Einige von ihnen leben in kleinen Bruderschaften mitten unter den Armen. Die Brüder von Taizé unternehmen auch Besuchsreisen und bereiten kleinere oder größere Jugendtreffen in Afrika, Süd- und Nordamerika, Asien und in Europa vor. Sie sind Teil eines “Pilgerwegs des Vertrauens auf der Erde”.

Seit Ende der fünfziger Jahre kommen zunehmend junge Menschen (und inzwischen auch viele ältere!) nach Taizé. Zu Tausenden nehmen sie an wöchentlichen Jugendtreffen mit Gebeten und Gesprächsgruppen teil. Gastfreundschaft war von jeher ein wesentlicher Teil des Lebens in Taizé. Das ganze Jahr über nehmen jede Woche Jugendliche aus europäischen Ländern und auch von anderen Erdteilen an den Treffen teil. Sie stehen unter dem Leitwort “Inneres Leben und Solidarität mit den Menschen”.

Von Sonntag zu Sonntag sind alle eingeladen, sich auf den Rhythmus eines gemeinsamen Lebens einzulassen, dreimal am Tag mit den Brüdern zum Gebet zusammenzukommen und mit Jugendlichen anderer Länder zusammenzuleben, bei den Mahlzeiten, in kleinen Gesprächsgruppen und bei verschiedenen praktischen Arbeiten. An den Jugendtreffen können auch Erwachsene ab 30 oder Eltern mit ihren Kindern teilnehmen. Viele Jugendliche kommen in Gruppen nach Taizé.

Taizé bietet die wunderbare Möglichkeit, sich mit gleichgesinnten Christen zu treffen. Die oft gesungenen Gebete aus Taizé haben den Geist und das Charisma dieses wahrhaft ökumenischen Kraftortes in alle Welt getragen. Taizé ist Inbild und Vorbild, wie eine überkonfessionelle christliche Religion ganz praktisch gelebt werden kann.

Wenn du dorthin reisen möchtest
Taizé liegt in der Nähe der Autobahn A6, zwischen Chalon-sur-Saône und Mâcon. Der nächste Bahnhof ist Mâcon-Loché-TGV, mit dem TGV eineinhalb Stunden von Paris entfernt. Taizé ist von Freiburg im Breisgau mit dem Auto in gut drei Stunden und von Genf in zwei Stunden erreichbar. Mit Hilfe der Karten auf der unten genannten Website von Taizé kann man sich gut zurechtfinden. Außerdem gibt es Informationen über wöchentliche Pendelbusse aus Deutschland und anderen Ländern nach Taizé; Zugfahrpläne mit Busanschlüssen nach Taizé; günstigste Anreise von den nächstgelegenen Flughäfen - Paris CDG, Lyon und Genf; Taxis und Sonderbustransfers nach Taizé. Alles weitere findest du unter: www.taize.fr/de. Dort ist auch eine Online-Anmeldung möglich.

Dein eigener Ort der Kraft

48. Dein persönlicher Ort der Kraft
Folge deiner inneren Führung

Botschaft, wenn du diese Karte gewählt hast

Jetzt und für den Bereich deines Lebens, für den du eine Frage gestellt hast oder Inspiration suchst, brauchst du nirgendwo anders zu suchen.

Denn du kennst deinen persönlichen Ort der Kraft bereits. Vielleicht ist er ganz in deiner Nähe. Vielleicht an einem bisherigen Urlaubsort. Vielleicht sogar bei dir zuhause. Glaube einfach an dich. Vertraue deinem höheren Selbst. Folge deiner inneren Stimme.

Und aus anderer Sicht gilt auch: Nur, was du in dir selbst, im Inneren erlebst, wirst du auch im Außen erfahren können. Wenn du jetzt eine Phantasiereise oder Visualisation oder "Rückführung" machst bzw. dich für multidimensionales Erleben oder luzides Träumen (Wach- oder Klarträumen) öffnest, dann kannst du ebenso einen ganz besonderen neuen Kraftort "manifestieren." Denn du ziehst an, was in dir ist.

5. Wie Du mit den Karten arbeiten kannst

Du kannst bestimmte Fragen stellen und dann mit verdeckten Karten arbeiten und eine oder mehrere Karten ziehen, wie man es etwa im Tarot macht. Vorschläge für Auslegearten folgen nach dieser Einleitung. Wie du mischen und die Karten zum Beispiel im Halbkreis auslegen und ziehen kannst, wirst du vom Tarot her kennen. Du kannst aber genauso gut auch ganz deinem eigenen Gefühl folgen und es so machen, wie es für dich jeweils gerade stimmig ist. Hier eine wirklich nur kleine Auswahl an Fragen; dir fallen sicher Hunderte weiterer ein):

Fragebeispiele

- Wohin könnten wir in den Urlaub fahren?
- Über welchen Ort sollte ich mehr wissen?
- Wo fühle ich mich geborgen?
- Was brauche ich jetzt zur Inspiration?
- Wo finde ich Trost und Hilfe?
- Welche Kraft würde mir jetzt nutzen?

Oder auch: An welchem Kraftort ist ein symbolischer Schlüssel für

- meine Beziehung
- meine Familie
- meinen Beruf
- meine Finanzen
- meine Heilung
- meine Kreativität
- meinen Glauben
- meine Meditation
- meine Liebe

Du kannst auch mit offenen Karten arbeiten. Dazu legst du die Karten (alle oder manche), offen vor dir aus und spürst hinein, welche Karte dich in Bezug auf deine Frage am meisten anzieht.

Arbeiten mit einer Karte

Du kannst für alle deine Themen, Fragen, Probleme oder Wünsche eine einzige Karte ziehen, verdeckt oder aus dem offen ausgelegten Deck.

Wochenkarte
Du kannst eine Wochenkarte ziehen oder auswählen, die dann dein Wochenthema zum Ausdruck bringt. Damit können die Kraftortkarten dich durch ein ganzes Jahr begleiten (im Urlaub setzt du vielleicht aus).

Tageskarte
Wenn du eine "Tageskarte" ziehen möchtest, empfehle ich, das nicht häufiger als ein paar Mal im Monat zu machen, weil man sonst leicht kaum noch Zeit finden könnte, wirklich tiefer in das Thema der jeweiligen Karte "einzusteigen". Letztlich wirst du auch an diesem Punkt deine Entscheidung nach deinem eigenen Bauchgefühl natürlich selbst am besten treffen.

Arbeiten mit drei Karten

Die drei Karten können wahlweise stehen für Informationen zu:

Vergangenheit – Gegenwart – Zukunft

Aufgabe/Problem – Fähigkeit/Lösung – Entwicklungsziel

Körper – Gemüt (Gefühl und Vernunft) – Geist (Spirit, Seele)

Wenn du drei Karten verdeckt wählst, schlage ich vor, erst alle drei zu ziehen und immer noch verdeckt vor dich hinzulegen, bevor du sie dann alle drei nacheinander umdrehst.

Die offene Auswahl von drei (und später mehr Karten) fordert uns dazu heraus, uns intensiv auf uns selbst einzustimmen und einzulassen, in uns hinein zu fühlen und auf gewisse Weise auch mehr Verantwortung für die Antworten zu übernehmen, die uns die Kraftortkarten spiegeln. Denn damit wird unser eigener Geist angeregt, sich auf tiefere und höhere Bewusstseinsebenen einzustimmen.

Arbeiten mit fünf Karten

Die fünf Karten können stehen für:

Orakel

1: Wo ich jetzt stehe.
2: Einfluss der Yin-Kraft, der Anima, einer Frau.
3: Einfluss der Yang-Kraft, des Animus, eines Mannes.
4: Ein Konflikt, den ich noch lösen sollte.
5: Eine Hilfe, die ich bislang noch nicht gesehen habe.

Nach dem tiefenpsychologisch-spirituellen Ansatz, den ich im Buch "5 Kräfte meiner Seele" (siehe Literaturhinweise im Anhang) ausführlich beschrieben habe, können die fünf Karten auch stehen für:

Spiritualität und Psychologie

1: Mein Ziel; Sicht aus dem kosmischen Bewusstsein
2: Mein Traum; Hilfen aus dem Astralbewusstsein
3: Meine Wirklichkeit jetzt; die derzeitige Lebensaufgabe
4: Meine Fähigkeit; was ich im Unterbewusstein erarbeitet habe
5: Meine Herausforderung; was noch ein Schatten im Unbewussten ist

Vielleicht willst du weitere und andere, eigene Zuordnungen finden, zum Beispiel zu den fünf Elementen.

Arbeiten mit sieben Karten

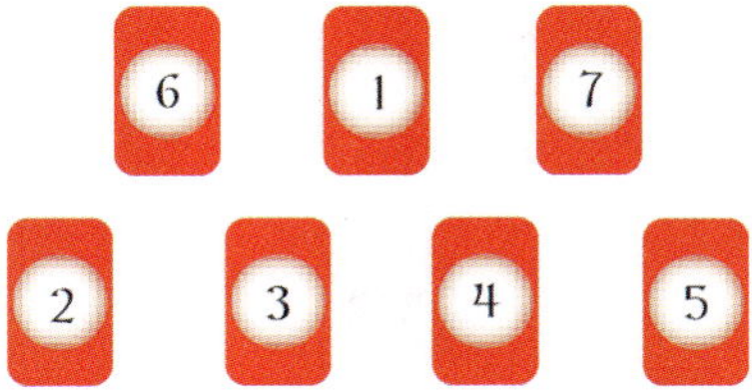

Hier eine Zuordnung, wenn du mit sieben Karten arbeiten möchtest. Auch das kann nicht mehr als *ein* Vorschlag unter zahlreichen Möglichkeiten sein.

1: Das sagt dir Spirit zu Deinem Thema.
2: Das möchte dich die Seele spüren lassen.
3: Das kann dein Gefühl ansprechen.
4: Das treibt dich vom Instinkt her an.
5: Das sagt dein Verstand dazu.
6: Das verheißt dir Glück und ein neues Ziel.
7: Das sollst du prüfen und sicher bewahren.

Vermutlich wirst du merken, dass es zumindest am Anfang eher komplizierter wird, wenn du mit mehr als drei oder fünf Karten arbeitest. Deshalb möchtest du diese Auslegearten mit vielen Karten vielleicht nur bei ganz besonderen Gelegenheiten einsetzen, wenn du reichlich Zeit und Muße hast, dich eingehend mit deinem Thema und mit den vielschichtigen Botschaften der Karten zu beschäftigen.

Arbeiten mit 12 Karten

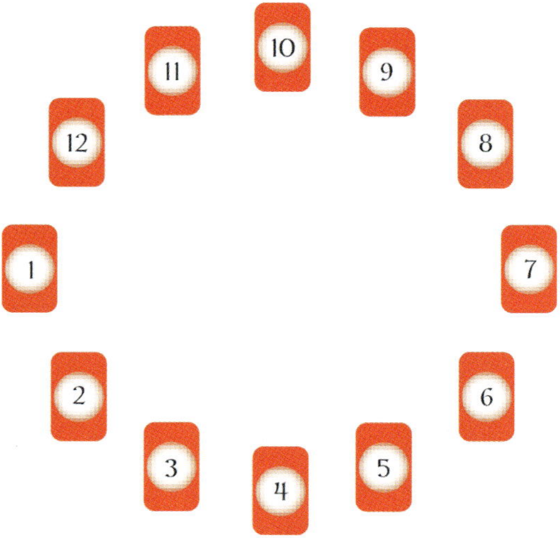

Diese Legeweise orientiert sich am Horoskopkreis. Deshalb stehen die zwölf Karten für folgende Lebensbereiche und die Themen, die dir in diesen Bereichen wichtig sind. Eine solche große Auslegung kann man gut zum Jahresbeginn oder zum Geburtstag machen.

1: Das ist für den Ausdruck meiner Persönlichkeit wichtig.
2: Hier ist ein Hinweis für den Bereich Geld, Besitz und Werte.
3: Darauf sollte ich in meiner Kommunikation achten.
4: Hier steckt eine Botschaft zum Thema Familie und Herkunft.
5: Das gibt mir Anregung zu Stärkung von Kreativität.
6: Darauf könnte ich in meiner Arbeit mehr Wert legen.
7: Ein wichtiger Fingerzeig für Partnerschaft und Beziehung.
8: Das kann helfen, Leid und Verlusterfahrungen zu verarbeiten.
9: Hier eine Einladung zur Reise über bisherige Grenzen hinaus.
10: Das ist für Beruf, Erfolg und öffentliches Auftreten wichtig.
11: Hinweis, wie in Gruppen bessere Ergebnisse zu erzielen sind.
12: Hier ist eine verborgene Botschaft zur Selbsterfahrung.

Hier ist eine freie Seite, auf der du dir einige deiner wichtigen Auslegungen notieren kannst, um sie später wieder nachzusehen.

Teil III: Eine Einladung zu weiteren Orten

6. Kraftorte in Deutschland, Österreich und der Schweiz

In diesem Kapitel möchte ich kurz auf eine Reihe faszinierender und krafterfüllter Orte hinweisen, die im deutschsprachigen Raum oft geradezu “vor unserer Haustür” liegen. Damit möchte ich dich zugleich dazu ermuntern, auch die näheren Kraftorte zu erforschen. Die Auswahl ist offensichtlich subjektiv, und manche bekannten Orte werden absichtlich weniger ausführlich beschrieben als weniger bekannte. Ich habe mich bemüht, sowohl natürliche wie von Menschen geschaffene Kraftorte zu berücksichtigen, dabei sowohl zentrale städtische wie abgelegene Plätze.

Deutschland

Aachen siehe Seite 110

Almbachklamm im Berchtesgadener Land Zwischen Markt Schellenberg und Berchtesgaden erstreckt sich eine etwa drei Kilometer lange Klamm, die vom 1. Mai bis zum 31. Oktober gesichert begehbar ist. Noch bis in die 60er Jahre des 20. Jahrhunderts wurden Baumstämme hier zu Tal gedriftet. Zwischen dunklen, engen Wänden tost das Wasser im Bachgrund, bildet Kaskaden und Fälle, schäumt über Gesteinsbrocken, sammelt sich dann in einer Gumpe und fließt durch ruhige Abschnitte. Von den Felswänden auf beiden Seiten rieselt zusätzliches Nass. Je nach Sonnenstand gibt es Lichtreflexe. Die Farbe des Wassers wechselt von Grün bis Dunkelblau. Die Vegetation ist spärlich, die Steilhänge sind hoch. Je weiter man hinauf kommt, um so friedlicher wird das Bild. Wenn man dann weiter wandert, gelangt man zur berühmten Irlmeier-Madonna, die bei einer Heilquelle steht. Hier ist ein Kraftort, der Seelenfrieden schenkt. Am Eingang zur Klamm ist die letzte Marmorkugelmühle Deutschlands; oberhalb der Klamm lädt Kirchlein und Wirtshaus Ettenberg zu Gebet und Rast.

Altötting siehe Seite 92

Auerberg Der griechische Historiker Strabon berichtet von einer Festung Damasia und von einer keltisch-römischen Entscheidungsschlacht am Auerberg im heutigen Allgäu, nahe der Stadt Stötten. Mit den geordneten politischen und wirtschaftlichen Verhältnissen in der Römerzeit begann der Straßenbau als Vorbedingung zu Handel und Wandel. Wege führten auf den Auerberg, wo sich im 1. Jahrhundert n.Chr. ein militärischer Stützpunkt samt Zivilsiedlung befand. Eine Abzweigung der *Via Claudia* führte am Auerberg vorbei. Ab dem 3. Jahrhundert begannen germanische Alemanneneinfälle. Die römische Macht verlor ihren Einfluss und nach einer flächendeckenden Landnahme ab dem 6. und 7. Jahrhundert entstand eine keltisch-alemannisch-römische Mischbevölkerung. Gleichzeitig gewann das Christentum im Laufe dieser politischen Umwälzungen an Boden und die Alemannen festigten sich zu einer staatlichen Ordnung. In der Zeit um 800 n.Chr. mag wohl auch die Urpfarrei St. Georg auf dem Auerberg entstanden sein. Man erreicht den 1055 m hohen Auerberg auf dem romantischen Römerweg in ca. 1,5 Stunden Wanderzeit. Der Kirchturm ist begehbar und bietet auf einer Aussichtsplattform eine ausgezeichnete Rundsicht auf die Alpenkette.

Bad Iburg bei Osnabrück Im 7. Jahrhundert n.Chr. errichteten Sachsen, auf dem Rückzug vor den herandrängenden Franken und deren blutigem Missionierungsdrang, hier eine Fluchtburg und eine Siedlung mit bemerkenswerten Schutzwällen – die Iburg. Manche Forscher meinen, dass hier auch eine heilige Holzsäule als Abbild der legendären Irminsul, der Weltsäule, welche den Himmel stützt, aufgestellt war. 772 ließ der spätere Kaiser Karl das sächsische Nationalheiligtum zerstören. Auf dem Kultort der Sachsen wurde eine Kirche erbaut, später ein Benediktinerkloster. Von der Kirche sind nur noch Reste der Grundmauern vorhanden; früher standen dort noch Opfersteine. Die ursprüngliche Kraft des Platzes bleibt jedoch für sensible Menschen auch heute spürbar. Verse des Dichters Friedrich Wilhelm rufen die Stimmung damals in Erinnerung, wenn sie vom verglimmenden Abendrot sprechen, vom tiefen Schweigen der Wälder, von der Iburg, die im Morgengrauen ihr Haupt über die Nebel des Tales erhebt, von der Schandtat des späteren Kaisers Karl, von den Opfersteinen unter Eichen ...

Bahai-Tempel Bei Langenhain nordwestlich von Frankfurt steht ein Tempelrundbau, der allen Religionen offen ist. Es gibt nur wenige Bahai-Tempel in der Welt (u.a. in Israel, Indien und bei Chicago); dieser ist der einzige in Europa. Er wirkt von weitem wie eine Glocke oder Blume, hat einen Durchmesser von 48 Metern und eine Höhe von 28 Metern. Dreimal neun Pfeiler erheben sich im Innenraum und tragen die Kuppel. Die siebenundzwanzig Rippen dieser Pfeiler führen zu einem Endstein, der den Namen Gottes in Gestalt einer arabischen Kalligraphie trägt. Durch mehr als fünfhundert Glasfenster strahlt bei entsprechendem Wetter das Sonnenlicht herein. Die Bahai-Religion wurde im 19. Jahrhundert von Bahaullah (geb. 1817) in Persien begründet; Bahaullah war schlimmster Verfolgung ausgesetzt und auch heute noch werden Bahais im Iran (dem früheren Persien) und anderen islamischen Ländern verfolgt Kernsätze der Bahai-Religion,) sind: *Es gibt nur einen Gott. Religiöse Wahrheit ist relativ. Die Menschheit bildet eine Einheit. Es gibt immer wieder neue Gottesoffenbarungen, die zur Weiterentwicklung der Menschen führen.*

Ein Besuch hier kann sicher zur Besinnung und zur Öffnung für eine nicht-sektiererische Form der Spiritualität dienen.

Bastei Ein natürlicher Kraftort mit starker Ausstrahlung sind die Kreidesandsteinfelsen im Elbsteingebirge in der Sächsischen Schweiz, die Bastei genannt werden. 305 Meter über dem Meeresspiegel und 194 Meter über der Elbe erheben sich bizarre Felsformationen, von denen einige durch eine Brücke teilweise miteinander verbunden sind. Die weithin jedoch unzugänglichen Felsen galten den frühen Siedlern hier wohl als Sitze der Götter. In der ehemaligen Felsenburg Neurathen befindet sich einer der zahlreichen Energiepunkte, die nach Aussagen von Radiästheten stark strahlen.

Gesang oder Musik, die in einer Schlucht ertönen, in der eine Felsenbühne eingerichtet wurde, erheben sich leichthin in die Lüfte zu den Felsen oben. Entdecke deine eigenen besonderen Kraftorte, von denen es viele hier gibt.

Benzingerode Der Forscher David Luczyn hat den Menhir von Benzingerode im Harz zuerst beschrieben. Es handelt sich um einen rund dreieinhalb Meter hohen Granitfelsen, der bereits in der Zeit vor der germanischen Besiedlung wohl bewusst ins Feld gestellt wurde. Luczyn vermutet, dass "dieser Stein die Funktion hatte, Fruchtbarkeit über das Land zu verteilen, zu verstärken und zu erhalten und das Wetter zu beeinflussen, das heißt Regen zu machen." Er meint weiter, dass der Stein über dem Zusammenfluss von sechs feinstofflichen Energien platziert wurde. (Man fährt von Benzigerode Richtung Silstedt, biegt links ab und kommt über Schotter- und Feldweg zum Menhir.)

Bingen Das ehedem römische *Bingium* kam 983 an das Erzstift Mainz. Bekannt wurde Bingen vor allem durch die Benediktinerin, Mystikerin, Naturforscherin und Lehrerin Hildegard von Bingen, die in der Mitte des 12. Jahrhunderts das Kloster Rupertsberg bei Bingen gründete. Sie hob die Gleichrangigkeit männlicher und weiblicher Gottebenbildlichkeit hervor; eine neoplatonische Ablehnung des Stofflichen zugunsten des Geistigen lehnte sie ab. Ihr Buch "Scivias – Wisse die Wege" beschreibt ihre Visionen. Mit Päpsten, Kaiser, Königen und Gelehrten ihrer Zeit stand sie in einem Briefwechsel, in dem sie nicht davor zurückschreckt, den "hohen Herren" Vorhaltungen wegen ihres oft rücksichtslosen und liederlichen, gottungefälligen Verhaltens zu machen. Ingrid Riedel hat bewegend über Hildegard geschrieben. Vom ursprünglichen Kloster existiert nur noch ein Kellergewölbe. Die Pfarrkirche Eibingen birgt den Schrein mit den Gebeinen der hl. Hildegard. Eine Abtei St. Hildegard ist oberhalb von Rüdesheim neu erstanden. Bingen, Eibingen und Rüdesheim sind gute geographische Ausgangspunkte, um sich mit der Dimension der weiblichen Seite Gottes im eigenen Inneren zu beschäftigen.

Blankenburg mit Teufelsmauer und Burg Regenstein Von dem Höhenzug, der am Regenstein bei Blankenburg beginnt und sich über acht Kilometer hin bis zu den Gegensteinen bei Ballenstedt zieht, wird der schönste Teil "Teufelsmauer" genannt. 1784 besuchte Goethe die sagenumwobene Sandsteinwand und fand sie "so merkwürdig schön". Hier wurde das erste Naturschutzgebiet Deutschlands ausgewiesen. Die Felsgruppe Bergzug wurde als "Gegenstand der Volkssage und seltene Naturmerkwürdigkeit" unter Schutz gestellt; der ausufernde Abbau des Sandsteins verboten. Die Teufelsmauer kann bequem umwandert werden und bietet von einer angelegten Plattform auf dem Höhenzug einen wundervollen Blick zum Harz und ins Harzvorland. Bei der Bahnfahrt von Quedlinburg in Richtung Thale sieht man das mächtige Gebilde der Teufelsmauer aus Sandsteinquadern, welches sich in Königsstein, Mittelsteine und Papensteine unterteilt, auf der rechten Seite. Nordwestlich von Blankenburg befindet sich auf einem hohen Felsen die Ruine der Burg Regenstein. Die Burg wurde fast vollständig aus dem Fels herausgearbeitet, es handelt sich also um viele künstliche, zum Teil miteinander verbundene Höhlen. Die Regenstein-Sage berichtet, dass im Verlies der Burg eine der schönsten Jungfrauen des Landes gefangengehalten wurde, weil sie die Liebe des Grafen verschmähte. Mit einem Diamantring kratzte sie einen Spalt in den Fels, welcher nach einem Jahr so groß war, dass sie hindurchkriechen und fliehen konnte. Nach ihrer Flucht kehrte sie mit ihren Angehörigen auf die Burg zurück, doch der Graf war verschwunden. Wenig später bemerkte sie, dass aus einem Spalt in einer Felswand dicker Qualm hervorquoll. Als sie hindurch sah, erblickte sie den Grafen im Fegefeuer. Da warf sie ihm aus Mitleid ihren Ring zu, um den Geist des Grafen zur Ruhe kommen zu lassen.

Brocken siehe Seite 65

Chorin Die Zisterzienserabtei am Chorinsee in der Uckermark gehört zu den wichtigsten Bauten der mittel- und nordeuropäischen Backsteingotik. 1334 geweiht, erlebte sie bis zum Dreißigjährigem Krieg und zur Reformation eine große Blüte. Der Maler und Architekt Karl Friedrich Schinkel spürte beim Anblick des "Doms hinter Bäumen" eine "liebliche, sehnsuchtsvolle Wehmut". Der Dichter Theodor Fontane beschrieb in seinen Wanderungen durch die Mark Brandenburg auf dem Weg von Eberswalde nach Angermünde, wie "der prächtige Bau, den die Hügelwand bis dahin verdeckt hatte, aus der Erde aufsteigt und wie eine Überraschung wirkte."

Donnersberg Mit 686 Metern ist der Donnersberg die höchste Erhebung des gesamten Bergstocks im Nordpfälzer Bergwald. Er besteht aus Porphyr, der eine ganz eigene Schwingung besitzt. Dort sind Reste der größten vorgeschichtlichen Wallanlage Mitteleuropas zu sehen, die von den keltischen Trevern im 2. Jahrhundert v.Chr. erbaut wurde. Der Ringwall ist über acht Kilometer lang und bot einigen Tausenden von Menschen Schutz. Der Donnersberg – von Donarsberg, also dem Gott Donar gewidmet – fungierte offensichtlich als gesellschaftliches und religiös-kultisches Zentrum der Kelten dieser Region. Innerhalb der früheren Siedlung besteht noch heute eine Viereckschanze. Auf einem Basaltfelsen namens "Königsstuhl" soll in der Römerzeit ein Jupiter-Kult ausgeübt worden sein. Luczyn vermutet für die spätere fränkische Zeit hier auch einen Gaugerichtsplatz. Hirtenfels, Quelle, ein Sakramentshäuschen eines früheren Klosters üben einen zusätzlichen Reiz aus. Ob hier wirklich der Blitz besonders oft einschlägt (Donar war auch der Gott von Blitz und Donner), und bestimmte Sträucher dann mit ihren ätherischen Ölen als "brennende Büsche" leuchten lassen?

Erfurt Erfurt ist seit alters her eine Mitte Deutschlands, und zwar als Kreuzungspunkt alter Verkehrswege, zum Beispiel der Via Regia von Frankfurt nach Breslau. Auf einem alten Berg, der wohl schon in vorchristlichen Zeiten ein für die gesamte Umgebung wesentlicher Kraftplatz war, wurde zwischen 1154 und 1263 ein Mariendom errichtet. Bereits 742 gründete Bonifatius das Bistum Erfurt. In der Mitte des Marktplatzes vor dem Dom, am Schnittpunkt geomantischer Linien und Zonen aus der gesamten Stadt, befindet sich ein Obelisk. David Luczyn teilt mit, dass radiästhetische Messungen ergeben haben, dass im kurzen Zwischenteil des Doms "in früheren Zeiten ein kultisches Zentrum mit Erdmutterqualitäten gelegen haben könnte". Vielleicht genauso wirkmächtig wie der Kraftplatz Erfurt sind die Worte des berühmten Meister Eckehart, der hier im Dominikanerkloster lebte. Übrigens: Martin Luther studierte und promovierte in Erfurt.

Externsteine siehe Seite 121

Frankfurt am Main Kaiser Karl der Große ließ an der "Franken-Furt", wo er sich einst vor den Sachsen über den Main ans andere Ufer retten konnte, eine Pfalz erbauen. Die Stadt wurde später zum Schauplatz von Kaiserwahlen und -krönungen und schließlich auch durch Geburt und Jugend des deutschen Nationaldichters Goethe "geadelt". Wie viel man von all dem heute noch spürt, muss dem Einzelnen überlassen bleiben. Frankfurt liegt auf einer Kraftlinie mit der Walhalle bei Regensburg, Nürnberg, Würzburg und dann weiter westlich Aachen. In Frankfurt besonders erwähnenswert ist auf jeden Fall das Rudolf-Steiner-Haus und andere anthroposophische Architektur an der Hügelstraße. Hier ist ein "moderner Kraftort" entstanden, der in Kenntnis spiritueller und geomantischer Weisheit Kräfte bündelt und reinigt und hilft, Himmel und Erde, Mensch und Schöpfergeist zu verbinden. Siehe auch Dornach, Schweiz.

Frauenchiemsee Im "bayerischen Meer" liegt die kleine Insel, auf der vom Bayernherzog Tassilo 770 ein Kanonissen-Stift für adlige Klosterfrauen gegründet wurde. Im Zuge der Ungarnstürme 907 ging das Kloster zugrunde. Ein achteckiger sehr robust gebauter freistehender Turm, zunächst wohl als Wehr- und Schutzturm gemeint, später als Glockenturm verwandt, erinnert an einen italienischen Campanile. Frauenchiemsee birgt noch heute eine eigene Schwingung und der aufmerksame Wanderer wird auf der kleinen Insel auch eine besondere Baumgruppe von Linden mit einem "Hauptbaum" finden, in deren Mitte spezielle Kräfte spürbar werden. Früher siedelten hier und rund um den Chiemsee Kelten und Römer. Am ruhigsten außerhalb der Saison und an Feiertagen.

Freiburg im Breisgau Lange Zeit galt Freiburg als esoterisches Zentrum, nicht zuletzt wegen des inzwischen leider aufgelösten Verlags H. Bauer und des immer noch existenten Versandes *Pranahaus*. Inzwischen gilt es vermutlich als "grünste" Stadt Deutschlands mit zahlreichen vorbildlichen Öko-Projekten. Berühmt und energetisierend sind seine "Bächle", die sich seit dem Mittelalter in einem natürlichen Gefälle durch die Stadt ziehen und immer schon (bis auf zwei Gewerbebäche) nur dem *savoir-vivre* und nie etwa als Kanalisationsersatz dienten. Das Freiburger Münster ist der einzige große gotische Dombau in Deutschland, der noch im Mittelalter vollendet wurde, sein Turm gilt als "der schönste der Christenheit". Es konnte erbaut werden, weil der Silberreichtum der Gebirge im Besitz der Herzöge von Zähringen hier zusammenfloss und Freiburg die Pforte ins Burgund darstellte. Beachtenswert die mystischen Bilder von Hans Baldung Grien am Schnewlin-Altar sowie die kürzlich restaurierte figurenreiche Portalhalle mit dem berühmten "betenden Teufelchen."

In der Nähe ist die Severinskapelle bei Denzlingen einen Ausflug wert. Bei den Torbögen vor der Außenmauer und dem Altarstein, die als Ruine an die ursprüngliche Kapelle erinnern, kannst vielleicht auch du Kraftlinien spüren, die andere hier entdeckt haben.

Goseck an der Saale Bei Goseck, zwischen Naumburg und Weißenfels gelegen, fanden Archäologen ein 7000 Jahre altes Sonnenobservatorium. Es besteht aus einer Kreisgrabenanlage mit einem Durchmesser von 75 Metern, die von zwei Meter hohen Palisadenzäunen umgeben war und drei Tore aufwies. Über spezielle Visiere konnten die so genannten prähistorischen Menschen aus dem Inneren der Anlage präzise die Winter- und die Sommersonnenwende bestimmen. Das alte Observatorium ist inzwischen nachgebaut worden. Von 200 Kreisgrabenanlagen aus der Jungsteinzeit liegen 16 Bauten im südlichen Sachsen-Anhalt. Goseck ist nur 25 Kilometer vom Fundort der sagenhaften "Himmelsscheibe von Nebra" entfernt, die als Sensationsfund der Archäologie gilt und die ältesten konkreten Sternabbildungen der Welt zeigt.

Heidenfels bei Kindsbach Die Besiedlung des Raums um Landstuhl in der Pfalz vor zweieinhalb bis dreitausend Jahren wird durch Funde zahlreicher Steinkranzgräber bezeugt. Andere Funde belegen eine Ansiedlung in der Römerzeit. Die "Sickinger Würfel" am Alten Markt in Landstuhl sind die Reste eines römischen Grabmals. Bei der Ortschaft Kindsbach liegen der "Heidenfels", Überreste eines Matronenheiligtums aus den ersten Jahrhunderten nach Christus, sowie die spätantike Höhensiedlung "Großer Berg". Am Fuße zweier Felsen waren Opferstätten aus keltischer und später römischer Zeit. Bei einer heute eingefassten Quelle befanden (befinden?) sich zwei große Steinblöcke, die drei keltische Fruchtbarkeitsgöttinnen ("Matronen") und einen gallischen Druiden bzw. Priester zeigen. Bei Hauptstuhl sind am Rande des "Bergfeldes" und am "großen Hausberg" noch die Überreste einiger Keltengräber zu finden, die ebenfalls Hinweise auf eine Besiedelung in der Zeit zwischen 1000 und 500 v. Chr. geben. Im Langensteiner Gewann bei Mittelbrunn steht nach David Luczyn ein Menhir im Feld.

Heidenschanze bei Dresden Im Weiseritztal am Rande von Dresden, dort wo der kleine Fluss gleichen Namens eine Schleife zieht und dadurch eine bestimmte Energie aufbaut, besteht eine Anlage, die Heidenschanze genannt wird. In gewissem Abstand zum Felsabhang steht eine bis zu zehn Meter hohe Wallanlage. Forscher haben in der Umgebung einige "Opferschächte" gefunden. Das gesamte Gebiet soll über die Qualität verfügen, stark für Kräfte des Himmels zu öffnen und intensive Träume zu geben, so David Luczyn.

Heuneburg bei Herbertingen Nahe einer alten keltischen Grabanalage der Heuneburg bei Herbertingen stießen Forscher unlängst auf rund 2500 Jahre alte Schmuckstücke. In einem abgeernteten Maisfeld entdeckten Archäologen ein Bruchstück einer mit Goldfolie überzogenen Gewandspange aus Bronze. Sie erwies sich als eine sogenannte Fibel aus der späten Hallstattzeit zwischen dem 6. und 5. Jahrhundert vor Christus. Der weitgehend verebnete Grabhügelfriedhof gilt als Beleg für den sozialen Aufstieg einzelner

Bauernfamilien der damaligen Zeit. Sie verdeutlichten ihren Rang durch prunkvolle Grabausstattungen. Der Schmuck ist ein Zeichen dafür, dass es in der Keltensiedlung Heuneburg, die als die am besten erforschte in Mitteleuropa gilt, einen Wettkampf der Reichen um die soziale Stellung gab. Experten gehen davon aus, dass in der Heuneburg und um sie herum vor rund 2500 Jahren zwischen 5000 und 10.000 Kelten lebten.

Hildesheim Vor allem der tausendjährige Rosenstock am Dom, die Bronzetür und die bronzene Christussäule, die spiralförmig ansteigend Szenen aus dem Leben Jesu zeigt, von der Taufe bis zum Einzug in Jerusalem, aber auch der Schrein des Heiligen Godehard strahlen jeweils eine ganz eigene Kraft aus, die den Besuch in Hildesheim, das nachweislich schon seit 815 Bischofssitz ist, lohnend macht.

Hoher Meißner Im nördlichen Bergland Hessens erstreckt sich ein vier Kilometer langes Plateaugebirge, das sich in der Kasseler Kuppe bis auf 745 Meter erhebt. Basalt bedeckt Braunkohlenflöze, die seit dem 16. Jahrhundert ausgebeutet wurden. Auch hier am Hohen Meißner soll Frau Holle gewirkt haben (nicht nur am Hörselberg, siehe auch dort). Frau Holle ist vermutlich die germanische Göttin der Fruchtbarkeit, Freya, die unserem Freitag ihren Namen gab. Sie wurde in Höhlen (Holle = Höhle) und in Seen (siehe auch Avalon) als weise und gütige Frau verehrt und angerufen. In Bad Soden-Allendorf gibt es einen "Frau Holle-Teich", der aus einer eiskalten Quelle in neun Metern Tiefe gespeist wird. Auf dem Grund des Wassers hat Frau Holle, welche die fleißigen wie die Goldmarie belohnt, und die Faulen wie die Pechmarie bestraft, ihre Wohnstatt. Ab und an soll ihre Zauberglocke über dem See klingen. Beim nahen Hilgershausen gibt es die "Frau Holle-Höhle", die hinter einem See in der Mitte einer schalen- bzw. halbmondförmigen Felswand liegt. Die Höhle ist groß, gut fünfzig Meter tief, zwanzig breit und über zehn Meter hoch. Sicher ist sie bereits in germanischer Zeit eine Kulthöhle gewesen. Eine Nacht in der Höhle soll jungen Frauen zur baldigen Mutterschaft verhelfen; das Trinken oder Sichbenetzen mit dem Wasser eines kleinen Tümpels soll alleinstehenden Frauen helfen, einen Mann zu finden. Vermutlich kommt es darauf an, eine richtige Nacht zu erwischen, wie eine Neumond- oder Vollmondnacht, am besten zu den Sonnenwenden oder Tagundnachtgleichen, oder Beltane oder Samhain, dem 1. Mai oder dem 1. November.

Hörselberg bei Eisenach Die Hörselberge in Thüringen bilden einen Muschelkalkrücken, der in dem sich zahlreiche Höhlen befinden. Die höchste Erhebung ist 484 Meter über dem Meeresspiegel. Ähnlich, wie Kaiser Barbarossa in zwei Bergen vermutet wird (im Kyffhäuser, Deutschland, und im Untersberg, Österreich), so hat auch Frau Holle mehr als einen mythischen Wohnplatz, nämlich sowohl hier als auch am Hohen Meißner. Eine alte Sage lautet so: Es war eine Königin von England, mit Namen Ronischwig, welche, als ihr Herr und König gestorben war, die Treue an ihm auch nicht vergessen wollte, sondern gab nach seinem Tode viel Almosen, ließ für seine Seele viel Gebete tun und vermeinte ihren Herrn damit einst aus der Pein und dem Fegfeuer zu erlösen. Da ward gesagt, dass ihr Herr sein Fegfeuer im Lande zu Thüringen in dem Hörselberg hätte. In diesem Berge hörten die Inwohner des Landes oftmals jämmerliches Geschrei von den Seelen oder Gespenstern, die darin lagen, darum ward er von ihnen genannt Hörselberg (Hör Seelen Berg). Daselbst, unter dem Berge, baute die Königin eine kleine Kirche und ein Dorf dabei, und nannte es Satans Stätte, da ihr die bösen Geister allda erschienen waren. Das Dorf wird jetzt Sattelstädt genannt. In diese Kirche ging die Königin mit ihren fast heiligen Jungfrauen, betete oft, gab Almosen und tat andere gute Werke für ihres Herrn Seele, bis an ihr Ende. Und im Jahre 1398 erhuben sich, am hellen Tage, drei große Feuer in der Luft bei Eisenach und da sie eine Weile gebrannt, kamen sie zusammen und teilten sich dann wieder und fuhren alle zu dem Hörselberge. Wo Frau Holle ist, ist also nicht nur "Himmel", sondern bisweilen auch unheimliche Anderwelt. Hier kommt die "wilde Jagd" vorbei, hier haben auch Feen, Zwerge, Wichtel und Elementarwesen ihr Heim, und unweit des Bergs ist die so genannte Tannhäuserhöhle, die über 120 Meter lang ist, ursprünglich mit zwei Eingängen, nun aber aufgrund eines Einsturzes nur noch mit einem. Auf jeden Fall ist die ganze Gegend hier – je nach innerer Ausrichtung und Vorleben – harmonisierend, tröstend und befriedend oder auch etwas unheimlich.

Idar-Oberstein Die Stadt entstand auf den Fundamenten der "Burg im Loch". Diese Burg war eine Wehranlage der Herren von Stein und Zufluchtsstätte für die Bewohner der Siedlung darunter, die in der großen Naturhöhle des "oberen Steins" (Felsens) in der Nahe errichtet wurde. Daraus entstand der Name Oberstein. Das Bergwerk Steinkaulenberg ist die einzige für Besucher zugängliche Edelsteinmine Europas. Hier kann man erleben, wie Achate, Amethyste, Bergkristalle und Rauchquarze in den Tiefen der Erde wachsen. Die Kupfermine Fischbach lässt ebenfalls einen persönlichen Kontakt zu Kräften aus der Erde zu. Die Felsenkirche, das Wahrzeichen der Stadt, zeigt einen Christus aus Bergkristall, ein einzigartiges natürlich gewachsenes Kreuz aus Achat und eine Felsenquelle, die bereits bei den vorgeschichtlichen Keltenstämmen einer Brunnengottheit geweiht war.

Karlsruhe Die Stadt scheint bei ihrer Neubegründung 1715 "in einer vielfältigen und zwar ebenso vordergründig geodätischen wie hermetisch-esoterischen Weise vom markgräflichen Stadtgründer Carl Wilhelm wissentlich und sorgfältig geplant in die kulturhistorisch gewachsenen topographischen Gegebenheiten der Rheinebene hineingewoben zu sein. Es bestand wohl damals wie heute ein dichtes Netz geomantischer und spiritueller Beziehungen zum gesamten süddeutschen Siedlungsraum und weit darüber hinaus ..." schreibt der Forscher Jens Martin Möller zur Stadtanlage von Karlsruhe. Der Schlossturm ist dabei der Ausgangspunkt für 32 strahlenförmig angelegte Straßen. Der Marktplatz und die Pyramide als Grabmal des Markgrafen Carl Wilhelm liegen auf dem mittleren Strahl dieses Strahlenkranzes. Nur genau bei Sonnenhöchststand zur Sommersonnenwende wird die Pyramide auf ihrer Nordseite für einige Minuten in Licht getaucht. Die Zahl 32 taucht bei Entfernungsmessungen wieder auf, so sind es 32 Kilometer bis zur Ortschaft Malsch bei Heidelberg und 0,5 x 32 Kilometer bis nach Malsch bei Rastatt. Dort war, so Rudolf Steiner, in vorgeschichtlicher Zeit eine "spätatlantische Sonnenorakelstätte". War die Stadtanlage von Karlsruhe eine späte Erinnerung an atlantisches Wissen? (Quelle: *Orte der Kraft – Kräfte des Lebens*, Fischer Verlag CH-Münsingen, S.159f)

Kevelaer Seit der Mitte des 17. Jahrhunderts einer der bedeutendsten Wallfahrtsorte in Deutschland. Die so genannte Kerzenkapelle war die erste Wallfahrtskirche, eine zweite größere Marienkirche wurde Mitte des 19. Jahrhunderts erbaut, um die wachsenden Pilgerscharen aufnehmen zu können. Ein Reisender wurde 1641 durch Stimmen zur Errichtung einer Kapelle aufgefordert; später sah er ein Gnadenbild in einem Heiligenhäuschen. Dieses Gnadenbild, ein Kupferstich, erwarb die Hausfrau Mechel Scholt; es wurde 1642 in einen Bildstock eingefügt, um den herum dann die erste Wallfahrtskapelle erbaut wurde. An hohen Wallfahrtstagen sieht man Pilger nicht nur mit Kerzen, sondern mit ganzen Lichtbäumen singend einher ziehen.

Köln Das "heilige Köln", unlängst Schauplatz des Weltjugendtages der Katholiken und der Begegnung eines deutschen Papstes mit Vertretern des örtlichen und des nationalen deutschen Judentums, soll in dieser Reihe von Kraftorten nicht fehlen. Es gibt jedoch so zahlreiche Kraftpunkte, dass eine kursorische Aufzählung einiger weniger genügen muss. Offensichtlich ist der Dom auf dem Domhügel ein alter vorchristlicher Kraftplatz gewesen. Die Römer hatten hier einen Weiheort für die Göttin Kybele, davor stand hier ein Heiligtum der Ubier. Ob er bei dem Zustrom heutzutage noch Erdkräfte bzw. Seelenkräfte wirklich erleben lässt? Albertus Magnus, Thomas von Aquin und Meister Eckehart lehrten in Köln. In St. Andreas, nahe dem Dom, liegt der Kirchenlehrer Albertus Magnus in der Krypta in einem römischen Steinsarkophag. Diese Krypta und andere laden ein, sich in Stille und Kontemplation wieder "aufzuladen". St. Maria im Kapitol soll ebenfalls erwähnt werden, und auch die Schwarze Madonna aus "Fieberbaumholz" in der Kupfergasse (bzw. Schnurgasse), die viele Menschen als "Orakel" befragen. Man blicke, heißt es, auf das so genannte dritte Auge der Madonna und stelle die eigene Frage aus ganzem Herzen: dann wird eine der beiden Gesichtshälften anscheinend eine Bewegung zeigen, die es nun zu deuten gilt. Neben Kunst und Karneval gehören auch die eigentümlichen Heinzelmännchen von Köln zu den eben eher verborgenen Kräften, die in der Stadt wirken.

Kreuzberg, Rhön St. Kilian , Apostel der Franken, soll hier 686 mit Gefährten einen Altar der Göttin Holla auf dem nahen fast eintausend Meter hohen Aschberg umgestürzt haben, um dort ein Kreuz zu errichten (deshalb "Kreuzberg"). Am Herrgottsbrunnen in Haselbach wurde der erste "Heide" getauft. Beides, Aschberg mit Göttinnenaltar und "Herrgottsbrunnen" sind klare Hinweise auf vorchristliche Kraftorte, die zwar von der neuen Religion usurpiert wurden, jedoch ihre Kräfte auch heute noch besitzen. Es entstand eine "Kreuzbruderschaft". Bei der Rückkehr der Würzburger Kreuzbergpilger wird in der Semmelstraße Zwiebel- und Zwetschgenkuchen und Frankenwein angeboten, die so genannte Zwiebelkerwe.

Kyffhäuser siehe Seite 130

Lilienstein Der Lilienstein ist ein Berg in der Sächsischen Schweiz. Der riffähnliche Tafelberg ist 415 m hoch und liegt gegenüber der Festung Königstein. Sein Name wurde vermutlich von St. Gilgen bzw. St. Ilgen abgeleitet, frühere Namen waren "Ylgenstein" und "Illgenstein". Der Lilienstein, der einzige Tafelberg rechts der Elbe, ist das Symbol des Nationalparks Sächsische Schweiz. Aus einer jungsteinzeitlichen Besiedlung im 6. bis 9. Jahrhundert v.Chr. fanden sich Steinbeile und Äxte. Auch bronzezeitliche Funde sind bekannt. Eine erste urkundliche Nennung des Liliensteins erfolgte 1379, er wurde als "Ylgenstein" bezeichnet, aus dieser Zeit stammt vermutlich die Felszeichnung eines Kreuzes am Südaufstieg. Bereits im Mittelalter gab es eine kleine böhmische Burg auf dem Lilienstein. 1406 wurde noch eine Burgbesatzung erwähnt, in den nachfolgenden Jahrzehnten verfiel die Burg jedoch und wurde wohl um 1550 aufgegeben. Am Lilienstein wurde ab 1989 damit begonnen, wieder Wanderfalken in der Sächsischen Schweiz anzusiedeln, nachdem diese Greifvögel schon in den 1960er Jahren dort aus-

gestorben waren. Heute besteht im Elbsandsteingebirge wieder eine stabile und selbsttragende Wanderfalkenpopulation. In der Westecke des Liliensteins befindet sich eine von nur drei zum Klettern freigegebenen Massivwänden im Klettergebiet der Sächsischen Schweiz. Daneben gibt es am Lilienstein mit *Liliensteinnadel*, *Liliensteinwächter* und *Heini* noch drei "richtige" Klettergipfel. Wer aufmerksam die Bäume und ihre Verwachsungen beobachtet und in manche Felsplatten hineinspürt, wird gerade am Lilienstein intensive Erdkräfte wahrnehmen können.

Mainz Mainz ist einer der drei Städte mit "Kaiserdomen" (die anderen beiden sind Worms und Speyer), die an einer Kraftlinie liegen, welche von Helgoland über Mainz, Worms und Speyer, den Hohentwiel (bei Singen) nach Mailand und Karthago reicht. Der Dom in Mainz wurde auf einer vorchristlichen Tempelanlage erbaut und ist eine Höhepunkt romanischer Baukunst am Rhein. Die Doppelchoranlage spiegelt, wie in Worms und Speyer, die Reichsidee des Mittelalters vom Nebeneinander weltlicher und geistlicher Macht. Als stimmungsvoller moderner Kontrast zum geschichtsträchtigen Dom, seinen Grabstätten und Denkmälern und Erinnerungen an Königskrönungen und die Macht der Mainzer Kirchenfürsten mag man sich meditativ in die Kirchenfenster des russisch-französischen Künstlers Marc Chagall im Chor des Doms und in der Pfarrkirche St. Stephan versenken, die durch ihre Blautöne die Seele für inneren Frieden zu öffnen vermögen.

Maria Laach Die Benediktinerabtei liegt am Laacher See, dem größten Kratersee der Eifel. Dieser Ort der Einkehr und Besinnung preist Gott in der "Klarheit der Romanik, gespiegelt in der lichten Düsternis des Laacher Mars", wie ein Pilger des 19. Jahrhunderts notierte. Im Geviert des inneren Säulenrundgangs befindet sich ein symbolisches Paradiesgärtlein, in dem vier Löwengestalten Springbrunnen tragen, deren Wasser in die vier Himmelsrichtungen fliessen – wie im biblischen Garten Eden.

Meißen Der mächtige gotische Dom zu Meißen – die einzige Kathedrale in Sachsen – ragt hoch und weithin sichtbar über der

Elbe auf. Die turmartige Achteck-Kapelle im Winkel zwischen Kirchenschiff und dem südlichen Querhaus zeichnet sich durch eine beachtliche Verdichtung von Energien aus. Als Zentrum edler Schönheit ist die Meißner Porzellanmanufaktur einen Besuch wert. Hier wurde seit 1710 das erste europäische Hartporzellan hergestellt.

Michaelsberg bei Untergrombach Der Michaelsberg ist bekannt geworden, da er einer jungsteinzeitlichen Kultur den Namen gab, deren Spuren hier zum ersten Mal dokumentiert werden konnten, der "Michelsberger Kultur". Der Berg bildet nach Süden und Westen hin eine steil abfallende Kuppe, während er im Norden und Osten eher sanft abfällt und in die nahen Hügelketten übergeht. Wenn man den Zugang zur Bergkuppe im Süden und Osten mit einer Holzpalisade und einem davor liegenden Wall-Graben-System versperrt, dann hat man mit relativ wenig Aufwand eine befestigte Höhensiedlung, die vor Angriffen von Feinden schützt. Genau so wurde um etwa 3500 v.Chr. auf dem Michaelsberg gebaut. Der bei Ausgrabungen entdeckte Graben erstreckt sich über 720 Meter. Die Wände waren steil und endeten in einer 2,5-3,5 Meter breiten Sohle. Als Reste der Siedlungstätigkeit zeigen sich Gruben von runder oder ovaler Form und meist nur ungefähr einem Meter Durchmesser und bis 1,3 Metern Tiefe. In ihnen fanden sich Teile von Tongefäßen und Tierknochen. Auffallend ist der Mangel an Steinwerkzeugen. Pfostenlöcher von Hütten oder Häusern konnten aufgrund der starken Erosion nicht mehr rekonstruiert werden. Auch Gräber fanden sich nicht, statt dessen einzelne Skeletteile in den Gruben. Ein Phänomen, das noch nicht erklärbar ist. Ähnliche Anlagen wie auf dem Michaelsberg befinden sich in Bruchsal-Aue, Scheelkopf, Heidelsheim und Bretten-Bauerbach. Am Boden ist heute von der Michelsberger Kultur leider nichts mehr zu erkennen. Phantasie und Vorstellungskraft des Wanderers sind gefordert. Nur aus der Luft kann man die Verläufe der Gräben und Wälle verfolgen. Wer sich eine sichtbare Vorstellung von den Überresten unserer Vorfahren auf dem Michaelsberg machen möchte, sollte die kleine Ausstellung im Foyer der Michaelsklause besichtigen.

Milseburg/Rhön Dieser “Milseburg” genannte heilige Berg (835 m) ist einer der markantesten der Rhön und trägt den Beinamen “Perle der Rhön”. Seine Form ähnelt einem Trapez. Seine Süd- bis Ostseite fällt in einem riesigen, steilen Felsen ab, was ihm auch seine bizarre Form gibt. Der sonst bewaldete Berg ist auf dieser Seite völlig kahl, so dass sich der Felsenabhang wirkungsvoll von seinem Umfeld abhebt. Auf dem Gipfel, auf dem sich eine Kreuzigungsgruppe aus dem Jahre 1756 und eine dem heiligen Gangolf geweihte Kapelle befindet, hat man einen der schönsten Ausblicke in die Rhön. Die Milseburg war in vergangenen Zeiten eine echte Kelten-Hochburg. Davon zeugen die bis heute erhaltenen Ringwallanlagen. Außerdem lag an ihrem Fuße ein keltisches Dorf, dessen Mauern und Befestigungen teilweise noch zu erkennen sind. Den Berg umgibt ein Keltenlehrpfad. Wer noch weiter ins Tal absteigt, gelangt in das Künstlerdorf Kleinsassen, das durch seine alljährlichen Kunstwochen im Sommer bekannt ist. Einer Sage nach trieb hier in grauer Vorzeit der Riese Mils sein Unwesen. Gangolf soll ihn schließlich mit seinen Gebeten bezwungen haben. Man erzählt sich, dass der Riese Mils unter der Milseburg begraben liegt. Eine Besonderheit für Radfahrer: Ein alter Eisenbahntunnel führt unter dem Berg hindurch und kann im Sommer befahren werden! Im Winter fungiert der Tunnel als Überwinterungsrefugium für Fledermäuse und ist dann gesperrt.

Murrhardt Der älteste überlieferte Name der Stadt heißt *Murrahart*, etwa: Weidewald am Moor. Die Anfänge der Stadt Murrhardt gehen bis in die Römerzeit zurück. Das Weltkulturerbe Limes zieht sich direkt durch das Stadtgebiet. Ein rekonstruierter Römerturm befindet sich bei Grab, mehrere Reste des Limes sind in der Umgebung sichtbar. Auf dem Walterichsberg, an dessen Stelle sich heute die Walterichskirche befindet, stand zu römischen Zeiten ein Tempel zu Ehren des Mithras, der ursprünglich ein persischer Sonnengott war. Unter den römischen Soldaten war der Mithraskult weit verbreitet. Das ehemalige Benediktinerkloster St. Januarius ist die geistige Keimzelle der Stadt. Das Kloster wurde bereits im 8. Jahrhundert gegründet und hatte eigenes Münzrecht, hier wurden die *Murrhardter Pfennige* geprägt. Eine alte römische Steinplatte (Opferstein des Mithras-Kultes?), auf welcher der Ortsheilige Walterich gesessen, gelehrt und geheilt hatte, wurde später zu seiner Grabplatte. Teile dieser Grabplatte wurden nach 1600 zu einem Opferstock verarbeitet und neben den Haupteingang der Kirche in die Wand eingemauert, um so die Wunderkräfte des Steines auch ausserhalb der Kirche "greifbar" zu machen. Man muss nämlich, wenn man sein Scherflein in den Opferstock einwirft, tief mit dem Arm in die Mauer hineinlangen, so dass die Kräfte des Steins direkt in den Körper fließen können (und man wie bei einem Zauberstein einen Wunsch innerlich aussprechen darf, der dann in Erfüllung geht).

Nürnberg Die fränkische Metropole, einst freie Reichsstadt und Schauplatz von Reichstagen, mit ihrer Hohenzollernburg und dem Aufbewahrungsort der Reichsinsignien, erlebte im Mittelalter eine kulturelle Blüte sondergleichen. Albrecht Dürer, Veit Stoß, Regiomontanus, die Meistersinger sind nur wenige Namen, die daran erinnern. Das "Nürnberger Ei", die erste eiförmige Taschenuhr mit Federwerk wurde hier hergestellt, von hier fuhr die erste deutsche Eisenbahn nach Fürth. Traurige Berühmtheit als "Kraftort" für Massenaufmärsche, die das Volk verblendeten, erlangte die Stadt durch die Reichsparteitage unter Hitler, wovon die Filme von Leni Riefenstahl, "Der Sieg des Willens" etwa, beklemmendes Zeugnis ablegen. Auch die so genannten Nürnberger Gesetze, perfide legalistische Vorläufer der mörderischen Rassenpolitik, der Judenverfolgung und des Holocaust, tragen den Namen der Stadt. Die Alliierten haben durch die "Nürnberger Kriegsverbrecherprozesse" nach dem Sieg über Nazi-Deutschland dem auch energetisch-symbolisch etwas entgegensetzen wollen. Luczyn hat darauf hingewiesen, dass sich Kaiserburg, St. Sebald, Hauptmarkt, St. Lorenz und St. Klara auf einer geraden Linie miteinander befinden; ebenso auch die Kaiserburg, das Rathaus, die Frauenkirche und St. Martha. Quer dazu verlaufen Verbindungslinien zwischen St. Jakob und Egidienkirche und von St. Sebald zu St. Katharina. St. Lorenz steht übrigens zwischen einem "Tugendbrunnen" und einem "Teufelsbrunnen". Die Altstadt selbst atmet mit ihrer weitgehend intakten Stadtmauer noch mittelalterlichen Geist. Ein "Kraftort" ganz besonderer Art ist die jährliche Spielzeugmesse, die größte der Welt: Lebensfreude durch Spielen! Und die jährliche Erfindermesse zeigt, wie Grenzen des Geistes überschritten werden können.

Paderborn In der Stadt der Quellen (Born = Quelle) gab es Siedlungen schon in der vorrömischen Zeit. Karl der Große hielt hier 777 den ersten fränkischen Reichstag ab und beschloss 799 in der Paderborner Pfalz mit Papst Leo III. die Wiederrichtung des weströmischen Kaiserreichs und seine ein Jahr später erfolgte Kaiserkrönung in Rom. Der Paderborner Dom erhebt sich auf einem Hang gelegen über die ganze Stadt. Sein Wahrzeichen ist das "Hasenfenster", das drei springende Hasen zeigt. Allerlei mystische Geheimnisse lassen sich da hinein- oder auch herauslesen. Neben dem Dom befindet sich eine kleine Kapelle, die durch eine ungewöhnliche Akustik bezaubert. Fass dir ein Herz und singe, töne oder chante, wenn du drinnen bist. Ebenfalls wert, erspürt zu werden, sind die Abdinghofkirche und die Bartholomäuskapelle.

Puch bei Fürstenfeldbruck Die selige Edigna von Puch soll 35 Jahre lang in (oder eher: unter bzw. bei?) der noch heute existierenden "Tausendjährigen Linde" gelebt haben. Man hielt sie für eine Tochter des französischen Königs Heinrich I., der sie zur Ehe zwingen wollte, obwohl sie Ehelosigkeit gelobt hatte. Sie entfloh ihm nach Osten, kam in Not, und wurde der Überlieferung nach von einem Bauern gerettet, der sie auf seinem Ochsengespann mitnahm. Dieser Bauer soll ihr Schutzengel gewesen sein. Edigna erfuhr bei einem hohlen Lindenbaum göttliche Zeichen, und lebte fortan in oder bei diesem Baum, neben einer kleinen romanischen Kirche. Die Einsiedlerin wurde bald als Wundertäterin bekannt; nach ihrem Tode nahmen die Wunder nicht etwa ab, sondern weiter zu. Hier verbinden sich offensichtlich die seelische Kräfte einer Heiligen mit den Erdkräften eines uralten Baumes.

Regensburg Seit unvordenklichen Zeiten ist dieser Platz am Donauübergang besiedelt, zunächst als keltische Siedlung *Radasbona*, dann als römisches Kohortenkastell *Castra Regina*, dann ab 535 von einwandernden Baiern. Im 6. Jahrhundert wurde er zum Mittelpunkt des Herzogtums Bayern, und Regensburg wurde unter den Agilofingern durch die Tätigkeit des Heiligen Emmeran zu einem Zentrum der Missionierung. Zum dreischiffigen, außen mit Figuren übersäten Dom bemerkte ein Schriftsteller um 1830 einmal: "Man sieht solch einem Dome die ganze Muße des Mittelalters an, wo ein einziger Mensch sein halbes Leben lang an solch einem kleinen steinernen Bischof, an solch einer Reihe Schnörkel arbeiten möchte". Regensburg war Schauplatz von kaiserlichen Reichstagen und dann Tagungsort des "Immerwährenden Reichstages" von 1663 bis 1806. Dom, Altes Rathaus und Reichssaal sind Orte, die daran erinnern. Obwohl geomantisch nicht mehr viel zu spüren sein mag, ist Regensburg doch ein geistig wirksamer Kraftort für die Idee der Einheit der deutschen Lande und wurde deshalb von mir hier aufgenommen.

Reichenau Diese vier Quadratkilometer große Insel im Bodensee war zwischen dem 8. und 12. Jahrhundert eines der geistigen und kulturellen Zentren des Heiligen Römischen Reiches und hatte eine außergewöhnlich hohe Bedeutung für Politik, Wissenschaft und Kunst im gesamten abendländischen Raum. Ihre Äbte nahmen herausgehobene Positionen am Hof der deutschen Könige und Kaiser ein. Reichenauer Mönche erstellten die erste approbierte Abschrift der Benediktsegel, die damals im ganzen Abendland Gültigkeit erlangte und zeichneten den berühmten "St. Galler Klosterplan".

Der Name legt nahe, was Reichenau war: eine "reiche Aue"! Vielleicht noch eindrucksvoller als die romanischen Kirchenbauwerke sind die herrlichen illuminierten Folianten zu Themen der Religion, Philosophie, Naturkunde, Musik und Kunst. Die "Reichenauer Malerschule" wirkte von etwa 950 bis 1150. Vor allem jedoch herrscht hier noch die Schwingung einer beschaulichen Natur, die nicht von Industrie und moderner Hektik völlig zerstört worden ist. Hier kannst du wirklich frische Kraft auch auf einer ganz körperlichen Ebene "tanken". (Quelle: *Landesdenkmalamt Baden-Württemberg*, Arbeitsheft 8, Konrad Theiss Verlag, Stuttgart, 2001)

Rostock Nach der Eroberung der hier gelegenen Slawenfestung 1161 siedelten sich rheinische, westfälische und niedersächsische

Kaufleute hier an. Im 14. und 15. Jahrhundert stieg die Hansestadt zu einer hohen Blüte auf: hier wurde 1419 die erste nordeuropäische Universität gegründet und eine gewaltige Marienkirche mitten in der Stadt erbaut. Der damalige Reichtum zeigt sich auch darin, dass neben dem Hauptaltar 39 weitere Altäre errichtet wurden. Eine, wie ein Kirchenführer schreibt, "astronomische Uhr" aus dem Jahre 1472 ist in Wahrheit eine astrologische! Sie zeigt die zwölf Tierkreiszeichen inmitten der Symbole der vier Evangelisten und macht so deutlich, dass die heute so oft als Esoterik verpönte Astrologie über Tausend Jahre lang selbstverständlicher Teil des religiösen Lebens war. Ein frühgotischer Taufstein mit einem Bronzebecken bzw. Taufkessel mit Deckel gehört zu den kostbarsten Stücken. Zwei besondere Kraftpunkte sind in der Mitte der Kirche, wo sich Querschiff und Langschiff kreuzen, sowie in der Mitte der südlichen Halbrundung.

Schloss Neuschwanstein Diese im neuromanischen Stil nach Plänen des Theatermalers Christian Jank erbaute Märchenburg des wundersamen und geheimnisumwitterten bayerischen Königs Ludwig II. ruft bei unverstellten Seelen ganz natürliche romantische Kindheitsträume wach: von einer heilen Welt, in der gerechte Herrscher einem idealen Staat vorstehen, in dem es allen Menschen gut geht und immerzu eine mythisch-wagnerianische Musik erklingt. Im nahen Füssen gibt es inzwischen eine Oper über das Leben von Ludwig II. Ein ebenso romantisierendes Pendant zu Neuschwanstein ist Schloss Linderhof.

Schlosspark Türnich bei Köln Der Forscher und "Erdheiler" Marco Pogacnik hatte 1990 bei den Basler-PSI-Tagen, die ich damals moderiert habe, sein Modellverfahren vorgestellt, wie er den Schlosspark Türnich durch "Erdakupunktur" und andere Maßnahmen zwischen 1986 und 1989 gereinigt und neu energetisiert hat. Viele Bäume waren krank und am Absterben, die Wassergräben biologisch fast tot und Besucher übten sich leider in einem unrechten Vandalismus. Pogacnik schlug folgende Schritte vor: Auflösung von Blockaden und Reinigung des Ortes. Blockaden sind z.B.: Wunschprojektionen, etwa in Bezug auf die Entfaltung von Pracht;

Wunden durch Zerstörung oder Unterdrückung der eigenen Kräfte des Ortes, die im ätherischen Gewebe des Ortes weiterhin bestehen; Auftreten von schwarz-magischen Kräften aufgrund von Flüchen; Missbrauch eines Ortes durch illegitime Machtausübung. Die Wiederbelebung kann durch "Erdakupunktur" mit Kristallen, Steinen, bestimmten Hölzern, Symbolen und Steinzeichen erfolgen, durch Gebet, Meditation und Anrufung von guten Erdgeistern und Himmelswesen. Heute ist der Park ein Beweis dafür, wie subtile energetische und geistige Kräfte auch tot geglaubte Natur regenerieren und Stimmung und Verhalten von Menschen positiv beeinflussen können.

Speyer Speyer mit seinem Kaiserdom (siehe auch Mainz und Worms) ist die Grablege salischer und staufischer Herrscher. Vier Kaiser, drei Kaiserinnen, vier Könige, Prinzen und Prinzessinnen sowie Bischöfe, die auch Reichskanzler waren, haben in der Kaisergruft (über die Krypta zu erreichen) ihre letzte Ruhe gefunden. Der Platz war früher, wie so oft bei anderen Kirchengebäuden auch, eine vorchristliche Kultstätte. Mich hat besonders ein Seitenaltar berührt, welcher der heilig gesprochenen Märtyrerin Edith Stein gewidmet ist, und ihren berühmten Satz zitiert: "Wer die Wahrheit sucht, sucht Gott – ob er es weiß oder nicht." Neben dem Dom ein Museum, das oft besonders interessante Ausstellungen von europäischem und Weltrang zeigt.

Steingaden Die Gemeinde im so genannten Pfaffenwinkel des bayerischen Allgäus beherbergte ehedem eine Prämonstratenserabtei mit einer romanischen Kirche von 1176, dem romanischen Kreuzgang und einer gotischen Vorhalle mit Wandmalereien. Sechs Jahrhunderte lang war das Welfenkloster ein Mittelpunkt von Seelsorge, Naturerforschung und Kultur. Ein besonderer Reiz geht von der Johanniskapelle aus dem 12. Jahrhundert aus. Ein Löwe hütet den Eingang zu dieser romanischen Grabkapelle am Eingang zum Friedhof. Der Löwe fungiert symbolisch zum Schutz vor negativen Energien. Auf dem Boden der Kapelle gibt es ein Relief, das zur Mitte der Kapelle weist. Dort befindet sich der Einstieg zur Grabkammer der Familie von Dürckheim. Hier hat auch der bekannte

Philosoph, Mystiker und Zen-Meister Karlfried Graf Dürckheim, der nach seinen Jahren in Japan in Todtmoos im Schwarzwald wirkte, seine letzte Ruhestätte. Hinsichtlich Architektur sowie Energielinien und -punkten fällt eine deutliche Parallele zur Jerusalemer Grabeskirche auf. Zu Steingaden gehört die ungleich berühmtere Wieskirche, ein Juwel der Rokoko-Baukunst des Dominikus Zimmermann, die nach meiner persönlichen Erfahrung jedoch nicht an die Kraftausstrahlung der Steingadener Kirche und Kapelle heranreicht. Vielleicht spürst du selbst es allerdings anders.

Telgte Dieser Kraft- und Gnadenort bei Münster zieht jedes Jahr rund 100.000 Pilgerinnen und Pilger an. Von Osnabrück führt eine zweitägige Fußwallfahrt nach Telgte. Eine große Pilgerfahrt ganz anderer Art ist die der Vertriebenen aus der Grafschaft Glatz in Schlesien. Der Zentralbau der Kirche ist oktogonal, was zusätzlich zum besonderen Kraftplatz, an dem sie steht, die Energie noch erhöht. Die frühgotische Holzskulptur der schmerzberührten Maria, die den Leichnam Jesu auf ihrem Schoß hält, stand früher auf dem Kirchhof im Freien. Zu den Weihegaben in Telgte zählt der Brautschmuck der Tochter des polnischen Königs und Türkenbezwingers Jan Sobieski, der bayerischen Kurfürstin Theresia Kunigunde und der Bischofsring an der rechten Hand der Maria, den Heinrich Tenhumberg gestiftet hat. (Der zuvor vom selig gesprochenen Bischof Clemens August von Galen gestiftete Ring war 1969 gestohlen worden.)

Trier Die älteste Stadt Deutschlands wurde von Römern 15 v.Chr. gegründet. Davor lebten hier jedoch bereits die keltische Volksgruppe der Treverer. Kaiser Augustus ließ diese Stadt deshalb "Augustua Treverorum" nennen. In seiner wechselvollen Geschichte zwischen Römergründung und Frankenstürmen, Völkerwanderung und Normannenraubzug überlebten nur die spätantiken monumentalen Großbauten, wie die Porta Nigra, das Amphitheater, die Barbara- und die Kaiserthermen sowie ein System unterirdischer Kellergänge, das die Thermen bediente. Auch die Grundpfeiler der so genannten Römerbrücke gehören zu den beachtlichen Hinterlassenschaften der Römer, da sie auch heute noch die Brücke zu tragen vermögen. Nach der trierischen Überlieferung wurde der Dom dort gebaut, wo zuvor der Palast der Kaiserin Helena, der Mutter von Konstantin dem Großen, gestanden haben soll. Dieser hatte in der zweiten Hälfte des 4. Jahrhunderts das von Frankenstämmen weitgehend zerstörte Trier wieder aufgebaut. In Trier kann man also durchaus auch heute noch den Geist der römischen Antike "atmen". Eine der bedeutendsten Wallfahrten im deutschsprachigen Raum führt nach Trier, zur Tunika Christi, dem Gewand Jesu also, um das die Soldaten unter dem Kreuz gelost haben sollen. Sie soll von der erwähnten Helena in Jerusalem gefunden und als Reliquie nach Trier gebracht worden sein. Der Silberschrein, in dem dieses Gewand jetzt ruht, ist mit acht großen Bergkristallen besetzt und von einem neunten gekrönt, was sicher, wie David Luczyn meint, "für eine mächtige Aufladung" sorgt. Wie viele Kirchen so spiegelt auch die Liebfrauenbasilika eine "heilige Geometrie" wider, die in diesem Falle auf Quadratformen aufgebaut ist.

Vierzehnheiligen Angelus Silesius berichtet in seinem Mirakelbuch von Erscheinungen, die der Sohn eines Klosterschäfers im September 1445 hier im Fränkischen hatte. Er hörte ein Kind auf dem Acker weinen, dann lachen. Bei einer zweiten Erscheinung schaut er das Kind, als ob es eine kristallene Gestalt sei, neben der zwei Kerzen brennen. Im Juni 1446 sieht er erneut ein Kind, diesmal ein nacktes mit einem Kreuz auf der Brust, das wie eine Sonne strahlt. Das Kind ist umgeben von vierzehn Kindern in rot-weißen Kleidchen. Es wird ihm geoffenbart, dass er Jesus und die vierzehn Nothelfer und Nothelferinnen sieht. Diese Vision von Nothelfern wurde durch spätere Wunder als überzeugend betrachtet und so entstand eine Wallfahrt an diesen Ort, die auch heute noch Tausende anzieht. Der Gnadenaltar in der Mitte der Wallfahrtskirche gilt als einmaliger Höhepunkt der Altarbaukunst des Rokoko. Man mag fragen, ob der ursprüngliche Geist hier und an ähnlichen Orten nicht durch touristische Massenüberfrachtung verschwindet. Ich meine jedoch, dass es gerade an solchen Orten in erster Linie darauf ankommt, mit welcher inneren Einstellung wir dorthin pilgern und ankommen. Vielleicht sucht man sich auch eine besonders stille Zeit aus.

Waldsassen Die “Kappel auf dem Glasberg” bei Waldsassen im Kreis Tirschenreuth in Bayern ist aufgrund ihres einzigartiges Grundrisses und Aufbaus ein ganz spezieller Kraftplatz. Um ein gleichseitiges Dreieck in der Mitte wölben sich drei Halbkreise nach außen vor, in denen jeweils ein Hauptaltar steht. Drei Türme erheben sich an den Spitzen des Dreiecks, ein Kegeldach zwischen den Türmen umschließt den Bau, der keine eigene Fassade besitzt. Die Idee der Dreifaltigkeit und Dreieinigkeit kommt hier auf eine bemerkenswerte Weise zum Ausdruck. Kraftpunkte sind meines Erachtens nach die jeweiligen Mittelpunkte der drei Halbkreise. Hier lässt sich vielleicht auch selbst etwas davon erspüren, wie der absolute Gott, die Kraft des Heiligen Geistes (bzw. des Wortes oder der Sophia) und die in Christus menschgewordene göttliche Kraft in uns und der gesamten Schöpfung wirken.

Walberla (Ehrenbürg) bei Forchheim Im Volksmund der Franken heißt der markante, sagenumwobene Tafelberg östlich von Forchheim “das Walberla”; der richtige Name des Bergmassivs ist aber “Ehrenbürg”. Die Ehrenbürg besteht aus dem 532 m hohen Rodenstein und dem 512 m hohen Walberla, das von einer im 17. Jahrhundert gebauten Kapelle (erste Nennung allerdings bereits um 1350) gekrönt wird. Wegen dem auf dem Bergrücken vorhandenen Trockenrasen und der seltenen Pflanzen wurde das Walberla, das im Naturpark Fränkische Schweiz liegt, unter Naturschutz gestellt. Archäologische Funde zeugen von einer Besiedlung des Walberlas bereits in der Bronzezeit 1000 v.Chr.; Befestigungsanlagen der Kelten von 500 v.Chr. sind heute noch erkennbar. Am 1. Sonntag im Mai findet das Walberla-Fest zu Ehren der heiligen Walpurga statt, das Tausende von Besuchern anzieht. In der Nacht zum 1. Mai, der Walpurgisnacht, werden hier noch rituell “Druden und Hexen” ausgepeitscht, das heißt, mit lautem Peitschenknallen vertrieben. Andere Legenden erzählen von einem Schatz in einer Höhle, einem unterirdischen See im Berg, und so fort. Die heilige Walpurga soll der Sage nach hier auf dem alten “heidnischen” Kultplatz, als sie eine Kapelle erbauen wollte, von den vermeintlich bösen Geistern des Berges mit Felsbrocken beworfen worden sein, die sie allerdings ebenfalls als Baumaterial verwandte. Sie zwang die

Geister sogar, ihr dabei zu helfen, gab ihnen in der Nacht vor dem 1. Mai jedoch ihre Freiheit zurück. Eine besondere Felsformation, die "steinerne Frau" soll entstanden sein, als eine Königin ihre Rivalin verfluchte, die umgehend zu Stein wurde. Das Gebiet ums Walberla wird geprägt von dem größten geschlossenen Süßkirschenanbau in Deutschland bzw. Europa. Die Kirschblüte verwandelt das Tal alljährlich in ein duftendes Blütenmeer.

Weimar Diese Stadt in Thüringen ist für mich ein "Kraftort", weil hier mehr als anderswo, auch mehr als etwa in Tübingen oder Heidelberg, der Geist der deutschen Klassik noch spürbar ist. Das Goethe-Nationalmuseum im Goethe-Haus am Frauenplan, das ehemalige Residenzschloss mit dem englischen Landschaftspark und Goethes Gartenhaus, das Schillerhaus an der Esplanade, das Lucas Cranach-Haus am Markt und so viele andere Gebäude und Ausstellungen lassen eine Epoche lebendig werden, die sicher den bisherigen geistesgeschichtlichen Höhepunkt in Deutschland darstellt. Wielandmuseum, Liszthaus und Franz Liszt-Hochschule, Nietzsche-Gedenkstätte, deutsche Shakespeare-Gesellschaft, deutsches Nationaltheater, das so genannte Grüne, das Rote und das Gelbe Schloss, die Goethe-Schiller-Gruft mit ihren Sarkophagen, die Bauhausstätten, die zum Weltkulturerbe zählen und vieles mehr machen Weimar zum kleinen und vielleicht unscheinbaren, aber feinen und geistige Kraft ausströmenden Zentrum des Geistes.

Worms Der ursprünglich keltische Ort *Bobetomagus* fiel im 1. Jahrhundert an die germanischen Vangionen; später an Cäsar und hieß dann Civitas Vangionum. Ab 413 war das spätere Worms Zentrum des Burgunderreichs, nach dessen Vernichtung wurde es alemannisch und dann fränkisch, und hieß seit dem 7. Jahrhundert *Wormatia.* Von Worms ging Weltgeschichte aus, einmal als Mythos, ein anderes Mal als hartes Faktum. Die Nibelungensage nimmt hier ihren Ausgang: Der Streit zwischen Krimhild und Brünhilde soll vor dem Portal des damaligen Wormser Doms statt gefunden haben; der burgundische König Gunther zog von hier zum Hunnenkönig Etzel; der sagenhafte Nibelungenschatz soll irgendwo hier am Boden des Rheins noch immer verborgen liegen. Geschichte ist, dass die Merowinger-Königin Brunichildis auf einem ehemaligen römischen Tempel eine fränkische Basilika errichten ließ, dass sich Karl der Große hier mit der byzantinischen Prinzessin Desiderata vermählte und Friedrich II. Isabella von England hier heiratete. Historisches Faktum ist auch, dass Kaiser Karl V. 1521 beim Reichtags zu Worms das "Wormser Edikt" unterzeichnete, dass den Augustinermönch Martin Luther unter den Reichsbann stellte, weil sich Luther geweigert hatte, seine "ketzerischen Thesen" zu widerrufen. Erst dieses Edikt besiegelte die Abspaltung der Protestanten von Rom, den Beginn der Reformation und die erneute Spaltung der christlichen Kirche (nach dem Schisma der orthodoxen Ostkirchen fünfhundert Jahre zuvor). Worms und sein Dom können somit als Kraftorte deutscher und europäischer Geschichte gelten.

Dein eigener Kraftort in Deutschland Fass Dir ein Herz und trage hier getrost den Ort in Deutschland ein, den Du als besonderen Kraftort für Dich entdeckt hast.

➢ ....

Österreich

Bad Aussee Dieser Ort an der Traun am Altausseer See ist außer durch seine wunderschöne Lage in der Natur durch drei Dinge bekannt geworden. Die Saline, die Soleleitung und vor allem das Soleheilbad mit seinem speziellen Heilklima legen gute Erd- und Luftkräfte nahe. Nach wie vor wird vermutet, dass die Nazis Gold oder andere Schätze in die Wasser des über 50 Meter tiefen Altausseer Sees versenkt haben. Außerdem befindet sich hier der "Nabel von Österreich". Im Kurpark von Bad Aussee schließlich liegt der geographische Mittelpunkt des Landes, wie er 1949 festgestellt wurde. Wie eine große Akupunkturnadel wurde ein rund zwei Tonnen schwerer Marmorfindling, leicht bearbeitet, damit er an Menschenform erinnert, auf den geomantisch maßgeblichen Punkt gesetzt.

Burg Lockenhaus siehe Seite 123

Deutschlandsberg In einer kleinen Bergkirche nahe Deutschlandsberg in der Steiermark – so berichtet Christine Cerny in ihrem ausgezeichneten Buch *Magisch Reisen Österreich* – begegnen sich alte heidnische und neure christliche Bräuche. Hier hat sich die Stimmung einer alten Weihestätte bewahrt, obwohl oder vielleicht gerade weil das Kirchlein eine gute Wegstrecke vom Ort entfernt ist. Seitlich vom Altar steht ein Schränkchen, in dem kleine eiserne Tierfiguren, offensichtlich Votivgaben, aufbewahrt werden. Nach dem Gottesdienst, so Cerny, nahmen Gläubige solche Figuren in die Hand, hielten sie zum Altar hin, verrichteten ein Gebet und umschritten sodann im Uhrzeigersinn den Altar. Ein eiserner Ring, auf den Kopf gelegt, soll zum Beispiel Kopfschmerzen auflösen (aaO, S.220). Im Ort nach der Kirche fragen.

Dürrnberg Dieser Ort liegt in der Nähe von Hallein, südlich von Salzburg. Dürrnberg stand längere Zeit im Schatten von Hallstatt, nimmt inzwischen jedoch einen eigenen Rang als Fundstelle bedeutender prähistorischer, keltischer Stätten, Gräber und Zeugnisse aus dem Alltagsleben ein. Hier wurden lange Zeit Salz, aber auch Erze abgebaut. Das Keltenmuseum in Hallein bietet einen guten "Einstieg" ins Thema, auch wenn man zum Aspekt der Verehrung von Muttergottheiten nicht viel findet. Ramsaukopf mit Resten eines steinernen Heiligtums, Hallersbühel oberhalb des Gräberfeldes am Moserstein mit einem alten Brandopferplatz sowie einem Quellheiligtum, und ein heiliger Bezirk am Fuße des Putzenkopfes sind einige der bemerkenswerten Kraftorte am Dürrnstein.

Eisriesenwelt Im Tennengebirge südlich von Salzburg erstreckt sich tief im Berg ein erst 1879 entdecktes Höhlensystem mit zum Teil bizarr geformten Eisbildungen. Der Haupteingang tritt in gut 1600 Meter Höhe zu Tage; die Gesamtlänge des systems beträgt 50 Kilometer; ein Großteil ist im Rahmen einer Führung begehbar (unbedingt warm anziehen). Die Beleuchtung ist teilweise spektakulär; eine intensive Schwingung wird man aber wohl nur dann wahrnehmen können, wenn die Gruppe nicht zu groß ist bzw. wenn man sich zeitweise etwas abseits halten kann. Mit Auto und per Fußmarsch oder Seilbahn erreichbar.

Großgmain Ältester Marien-Wallfahrtsort im Salzburger Land; bis zum 1. Weltkrieg Kurort, an den Monarchen, Präsidenten und Künstler kamen. Auch der Dichterfürst Goethe soll hier gewesen sein. Von der Ruine der Plainburg hat man einen wunderschönen Blick auf das Reichenhaller und Salzburger Land. Hier befand sich früher eine vorchristliche Kultstätte, danach eine Burgkapelle (in der Nordwestecke). Von Fürstenbrunn führt ein beschilderter Pilgerweg hinauf nach Großgmain. Guter Startpunkt ist der Gasthof Esterer mit seinem Kaiser-Karl-Denkmal. Großgmain beherbergt den Marienheilgarten (siehe dort) und liegt unmittelbar am Untersberg (siehe dort).

Gurk Nachdem Kärnten durch Salzburger Bischöfe missioniert worden war, wurde das einsame Gurktal im 11. Jahrhundert zu einem kulturellen und religiösen Zentrum. Marienkirche und Kloster entstanden, bewohnt von Benediktinerinnen vom Salzburger Nonnberg; ein Dom wurde errichtet mit Krypta und Hochaltar im Stil des Übergangs von romanischer zu gotischer Bauweise, alle späteren Bauteile gehören Renaissance, Barock und Rokoko an. Als der Bischofssitz nach Klagenfurt verlegt wurde, geriet Gurk in Vergessenheit. Die Bauten und Bilder, die Skulpturen und Reliefs, die Wandmalereien von 1220, der Kreuzaltar aus 18 Tonnen Kärtner Blei und vor allem die besondere Stimmung der Krypta machen diese Kirche zu einem eigenen Ort der Kraft. Die Krypta weist einhundert Säulen auf, wodurch sie "in ihrer perfekten Regelmäßigkeit und dem geheimnisvoll-dämmrigen Licht wie ein verzauberter Wald wirkt."

Heiligenkreuz Heiligenkreuz im Wienerwald ist Österreichs älteste Zisterzienserabtei. Wie so viele Kirchen und Klöster wurde auch dieses an einem alten Kraftplatz errichtet, weil die Menschen damals noch gut wussten bzw. spürten, wo besondere Energien das Leben durchströmen. Das Langhaus der Stiftskirche ist romanisch und wirkt eher schwer; der helle weite Hallenchor gilt manchen als schönstes Beispiel der Hochgotik in Österreich. Die Dreifaltigkeitssäule und der Brunnen stammen von einem italienischen Meister. Heiligenkreuz mit seinem Kreuzgang mit 300 roten Marmorsäulen, mit Kapitelsaal, Schlafsaal, Bibliothek, Wirtschaftsbauten und so fort spiegelt auf unnachahmliche Weise die Struktur des mönchischen Lebens von damals wider.

Kremsmünster Bereits 777 gründete der Bayernherzog Tassilo Kremsmünster als Benediktinerstift. Da Karl der Große ihn für unbotmäßig hielt, bekämpfte und besiegte er seinen Cousin Tassilo 788 und Kremsmünster wurde königliches Stift. Im Stift wurde Ende des 16. Jahrhunderts Europas "erstes Hochhaus" erbaut, der so genannte Mathematische Turm mit Sternwarte und naturwissenschaftlichen Sammlungen. Tassilos Hochzeitskelch dient heute als Urne bei der Abtwahl. An der Ostseite des Stifts liegt der Fischkalter, fünf Wasserbecken inmitten von Bogengängen, geschmückt mit Figuren von Göttern und Heiligen, die mit Wasser und Fischen etwas zu tun haben, zum Beispiel der Gott Neptun und der Apostel Petrus. Unweit von Kremsmünster, vor dem Dorf Rohr, steht auf der rechten Seite eine kleine Kapelle, die einen alten Römerkopf birgt.

Krumbach In Niederösterreich liegt eine Region, die “bucklige Welt” heißt. Archäologische Forschungen sind dort auf vorgeschichtliche Funde gestoßen, so auf den Steinkreis von Krumbach, den Felsklotz von Neustift bei Mariensee mit 91 Ritzzeichen und die Entdeckung, dass die Kirche von Payerbach an der Rax auf einer vorchristlichen Kultstätte steht. Der Krumbacher Steinkreis hat einen Durchmesser von rund sieben Metern, er wurde um zwei sich kreuzende Wasserzonen errichtet und besitzt auch heute noch eine starke Strahlung. Die ursprünglich von Völkern, die vor den Kelten hier siedelten, errichteten Steinkreise wurden von den Kelten oft zur Bestimmung von Festtagen genutzt. Eine nahe gelegene Urnennische wurde zum Naturdenkmal erklärt und soll weiter erforscht werden. (Nach: Cerny, aaO, S.277f)

Maria Bildstein Der früher Steußberg genannte Ort hoch über dem Rheintal ist in Vorarlberg unter seinem neuen Namen Maria Bildstein zu einem der bedeutendsten Wallfahrtsorte geworden. Ein Bauer hatte am Ort der heutigen Wallfahrtskirche eine kleine Holzkapelle mit einem Marienbildstock als Gnadenbild errichtet. Die jetzige Kirche entstand, weil der Legende nach Maria mehrfach seinen Söhnen erschienen war und diese aufforderte, ihren Vater an sein Gelöbnis zu erinnern, eine Steinkirche anstelle der Holzkapelle zu bauen. Votivtafeln schildern Gebetserhörungen, Bilder zeigen die Sieben Schmerzen Mariens.

Maria Larch Hier treffen wohl ein Baumheiligtum, ein Quellheiligtum und christliche Verehrung zusammen. Eine stummes Mädchen hatte am Fest Mariä Verkündigung um Hilfe gebeten und ihre Sprache wiedererlangt. Daraufhin soll ein Lehmbild der Muttergottes an einen Lärchenbaum gehangen worden sein. Später wurde hier eine Kapelle mit achteckigem Grundriss errichtet, nach weiteren Wundern, ein zusätzlicher Bau angefügt. Die Lärche wurde dafür gefällt, ihr Holz jedoch mit dem Gnadenbild auf dem neuen Altar aufbewahrt. Der Floriansbrunnen etwas weiter unten war in alter Zeit vermutlich ein Quellheiligtum der Römer und davor der Kelten. Maria Larch liegt in Tirol.

Maria Waldrast In einer hohlen Lärche (siehe auch Maria Larch) sollen Hirtenjungen zu Ostern 1407 ein Madonnenbild gefunden und nach Matrei mitgenommen haben. Ein Holzfäller hörte danach die Stimme Marias, die ihm auftrug, eine Kapelle zu bauen. Maria Waldrast liegt auf 1600 Metern Höhe bei Matrei am Brenner. Hier verbinden sich erneut Natur und Glaube, äußerer Frieden und innere Andacht.

Mariazell siehe Seite 86

Marienheilgarten Großgmain siehe Seite 93

Melk Am Ort einer ursprünglichen Grenzburg steht am Eingang der Donau in das Weinland der Wachau der imposante, immerhin 325 Meter lange Komplex des Klosters Melk. Melk wurde bisweilen das "Versailles der Mönchsrepublik" oder der "Escorial der Benediktiner" genannt, um deutlich zu machen, dass sich die mönchische Prachtentfaltung durchaus mit jener weltlicher Herrscher messen konnte. Trotz des manchmal starken Besucherandrangs ist das Innere der Stiftskirche, das als schönster barocker Sakralraum nördlich der Alpen gilt, doch weiterhin ein Ort, an dem man sich dem Heiligen näher fühlen kann. Die Bibliothek übt ebenfalls einen ganz eigenen Zauber aus; sie erinnert an die St. Galler Stiftsbibliothek. In Melk sollen, so der Forscher Manfred Dimde, noch manche Geheimnisse von Kirche, Welt und Schöpfungswissen verborgen sein.

Pürgg Am Berg Grimming, oberhalb des Ennstales, liegt Pürgg, das wegen seiner Fresken in der Johannes-Kapelle und der Sant Georgs-Kirche viele Menschen anzieht. Die Gegend hier war bereits vor 50.000 Jahren besiedelt! Funde in Höhlen bei Tauplitz weisen auf einen Bärenkult hin. In der Katharinenkapelle, früher nur als Turmkammer bekannt, entdeckte man in der Mitte des 20. Jahrhunderts Wandmalereien, welche die Märtyrergeschichte der heiligen Katharina nachzeichnen. Neben anderen Bilderfolgen gibt es auch eine Szene, auf der ein Mensch einem Sarkophag entsteigt. Das wird als Taufzeremonie oder Wiederauferweckung eines Toten

durch einen Heiligen gedeutet. Die Forscherin Christine Cerny vermutet, dass es sich auch um eine Form der mystischen Einweihung handeln könnte, wie sie aus Griechenland und Ägypten bekannt sind. Dabei verbringt der Aspirant eine Zeit lang in einem Sarg, um den Tod vorwegzunehmen.

Rust Das Städtchen am Neusiedler See im Burgenland, eine Autostunde von Wien entfernt, ist für mich ein Kraftort besonderer Art, und zwar aufgrund seiner beschaulichen Atmosphäre, seines friedlichen Lebens, seiner Lage am Schilfufer des Sees. So scheint es förmlich einzuladen, das Land gemächlich zu Fuß oder mit dem Rad zu erleben und zu erfahren. Als Stadt der Störche ist Rust bekannt geworden und natürlich auch als eine kleine, aber feine "Weinhauptstadt", in der wunderschöne Heurige zum Aussteigen aus dem hektischen Alltag einladen. Besonders empfehlenswert sind die beiden Heurigen, die unter dem Namen Gabriel und Rudel-Gabriel firmieren.

Salzburg Die Stadt quillt schier über von kleinen Kraftorten, die sich zu einer großen Schwingung verbinden, wenn man an einem Tag kommt, der nicht von Touristenmassen in der Altstadt gekennzeichnet ist. Die Festung ist ein eigener Platz der Kraft; ebenso die Franziskanerkirche mit ihrem Einbau einer Hausfront mit Fenstern und Tür von der Galerie (hier wohnte Salome von Altenau, die Frau des Fürsterzbischofs Wolf Dietrich von Raitenau, der wesentliche Anstöße zur Neuplanung der Altstadt gab); das Wolf Dietrich-Mausoleum und die Gräber berühmter Leute, so Mozarts Frau Constanze, wiederverheiratete Nissen; der kleine Friedhof neben St. Peter; der Mirabellgarten; der Kapuzinerberg; Schloss Hellbrunn; und zahlreiche andere. Salzburg, in Sichtweite des Untersberges und des Gaisberges, von wo aus die Christianisierung der "Ostmark" ihren Ausgang nahm, ist auch heute noch aufgrund seiner kulturellen Dichte und Vielfalt ein Ort, an dem Geist und Seele neue wertvolle Impulse gewinnen können.

Sankt Magdalena Im Gschnitztal in Nordtirol bei Trins hat der Geomantie-Forscher Jörg Purner eine kleine Bergkirche erkundet, die auf vorromanische Zeit zurückgeht und wo sich vertikale und horizontale Energiezonen miteinander verbinden. Ende des 18. Jahrhunderts gelobte ein Adelsherr, eine Kirche erbauen zu lassen, um so Buße für seine Sünden zu tun. Er ließ ein Maultier frei laufen, damit es ihm die Stelle zum Kirchenbau bedeute. Es lief, bis es nicht mehr konnte und am Fuße eines Berges starb. Dort sollte die Kirche entstehen, doch weiße Vögel nahmen manche Holzscheite des Baumaterials und trugen sie oben auf einen Felsen, auf dem man ein Bild mit Magdalena, der Schutzpatronin der Büßer fand. Dort entstand die kleine Bergkirche dann, die eine rege Wallfahrt anzog und wo so manches Wunder geschehen sein soll. Der Berg war offensichtlich schon in vorchristlicher Zeit ein altes Bergheiligtum. Eine gräfliche Geldstiftung sollte dem Priester immer bis zur Sommersonnenwende auszuhändigen sein. Hinter dem Altar fand sich ein Steinbecken, das nie austrocknete und Verbindung zu einer unterirdischen Quelle hatte. Bauern gingen und gehen noch heute zum Berg, um Schutz gegen Naturkräfte und Segen für die Ernte zu erbitten. Die Trinser nennen das "Sunnebeten". "Zufällig" heissen zwei Berge in der Umgebung Zeusspitz und Thorspitz. Die ursprüngliche sakrale Stätte auf dem Berg war wohl spätestens in keltischer Zeit für die Fruchtbarkeitsgöttin Rätia errichtet worden.

Untersberg siehe Seite 73

Wien An dieser Stelle kann und will ich Reiseführern über Wien natürlich keine Konkurrenz machen. Auf drei Besonderheiten möchte ich jedoch besonders hinweisen. Im Stephansdom befindet sich das Original des Gnadenbildes von Maria Pócs. In Wien sollte man nicht versäumen, das Hundertwasserhaus zu besuchen, das wirklich zumindest ein oder zwei Stunden lang eine ganz andere Form von Bauen und Leben erfahren lässt und alle Sinne anspricht. Wenn du Zeit hast, fahr zum Kahlenberg mit seiner kleinen Kirche, einem Wallfahrtsort für viele Polen, weil von hier aus Jan Sobieski Wien von der Belagerung durch die Türken befreite. Man hat hier einen wunderschönen Blick auf Wien und die Donau und weiß sich an einem historischen Ort. Hier sollen auch die Nibelungen auf dem Weg zu König Etzel entlang gekommen sein.

Zwettl Das bekannte Kloster in Niederösterreich wurde 1137 gegründet. Hadmar I. und der erste Abt von Zwettl waren einem Traum gefolgt: Maria war ihnen in einer Sylvesternacht erschienen und hatte sie beauftragt, eine grünende Eiche zu suchen und dort ein Kloster zu gründen. An einem kleinen Bach fanden sie das Wunder; die "weißen Mönche", die Zisterzienser gründeten hier in der (damaligen) Einsamkeit eine neue Wirkungsstätte. Zwettl vermag auch heute noch, nach vielen baulichen Veränderungen im Verlauf von Romanik, Gotik und Barock, den Geist der Einkehr zu vermitteln, wenn man außerhalb der Saison hierher kommt.

Dein eigener Kraftort in Österreich Trage hier guten Mutes einen Ort in Österreich ein, den Du als besonderen Kraftort für Dich erlebst.

- ➢ ....

Schweiz

Aesch/Maur Hier, nicht weit von Zürich entfernt, ist nach Ansicht zahlreicher Radiästheten, eine der stärksten Energiestrahlungen in der gesamten Schweiz zu erspüren. Auch beim nahen Denkmal in Forch soll eine starke Strahlung bestehen. Da immerhin Blanche Merz, die große, leider verstorbene Pionierin auf diesem Gebiet, Aesch als Kraftort genannt hat, soll er in dieser kleinen Übersicht auch nicht fehlen. Spüre selber hin, was und wie du empfindest.

Altenrhein - Staad am Bodensee Vergoldete Zwiebeltürme, leuchtende Farben, geschwungene Linien, ungleiche Fenster, unebene Böden, bunte Keramiksäulen, schattige Wandelgänge und begrünte Dachflächen sind die Merkmale von Friedensreich Hundertwassers Architektur. In seiner Bauweise wollte er alle Gleichmacherei, Sterilität und Anonymität ausschalten. Sein Traum und sein Ziel war, dem Einzelnen eine menschengerechte Umgebung zu ermöglichen und gleichzeitig der Natur wieder zu ihrem Recht zu verhelfen. Hier in Staad am Bodensee ist in einer alten Markthalle ein Hundertwasserhaus entstanden. Das Ensemble ist inzwischen zu einem kulturellen Kraftort geworden, der weit über die Region hinaus die Menschen anzieht. Man kann diesen Ort auch für Veranstaltungen anmieten. Kontakt: info@markthalle-altenrhein.ch; CH 9422 Staad am Bodensee; Tel. +43-71-8558185

Ascona Ascona im Tessin und sein Berg der Wahrheit, der "Monte Verità", waren Anfang des 20. Jahrhunderts Orte, wo sich zivilisationsmüde Menschen von einer individuellen Lebensform die Lösung gesellschaftlicher Konflikte erhofften. Naturheilkunde, Vegetarismus, Frauenemanzipation, Erforschung irdischer und kosmischer "übernatürlicher" Kräfte bildeten die Impulse, derentwegen sich gesellschaftliche Pioniere und Außenseiter hier ansiedelten und waren zugleich die Lebensthemen, die sie hier verfolgten. Wahrheitssucher und Menschen, die vor einem Leben als Durchschnittsbürger hierher flüchteten, machten für zwei bis drei Generationen von Mitteleuropäern den Reiz Asconas aus. So siedelten

sich in der Folge Politiker und Künstler, Literaten und Wirtschaftsbosse hier an. Auch wenn die ursprüngliche Aufbruchsstimmung nicht mehr greifbar sein mag, ein numinoses Fluidum der Inspiration wird sensible Seelen immer noch berühren.

Bad Ragaz Der Kurort in der Ostschweiz im Kanton St. Gallen liegt am Ausgang der Taminaschlucht in das Rheintal. Sein Thermalbad hat eine 37° warme radioaktive Therme, die bereits seit 1382 genutzt wird. In Bad Ragaz pflegt man noch heute den alten Brauch, am ersten Sonntag im Mai hohe, kegelförmige Gestelle, die mit Laub dicht umhüllt, mit Bändern und Wappen verziert sind, unter Schellenklang in den rauschenden Bach Tamina zu werfen. Diese Gestalten werden "Maibären" genannt, haben aber mit Mai und Bär nichts zu tun, sondern mit einer alten Sprachform "Majbar", was mit abmähen und abhauen sowie einem lauten Spiel der Jugend zu tun hat. Damit sollen die Kräfte von Dämonen in der Erde verbleiben, während die Dämonen selber im Wasser verschwinden. Es handelt sich also um einen Fruchtbarkeitsritus für das Land, welcher der Jugend auch die Gelegenheit bietet, einander näher zu kommen.

Bruder Klaus-Weg siehe Seite 108

Dornach Im Kanton Solothurn liegt Dornach, das zunächst wegen seines Wein- und Obstbaus und vielleicht noch wegen der Ruine der Burg Dorneck bekannt sein dürfte. Hier befinden sich jedoch, und deshalb scheint Dornach in dieser Übersicht auf, der Sitz der von Rudolf Steiner 1913 gegründeten Anthroposophischen Gesellschaft und das berühmte Goetheanum. Steiner war zunächst Theosoph und Generalsekretär der deutschen Sektion, bevor er seine eigene Bewegung schuf, die sich durch Steiner- und Waldorfschulen, biologisch-dynamischen Acker- und Gartenbau (Demeter-Produkte), sowie in Kultur (Eurythmie, Malerei), Kosmetik und Medizin (Wala, Weleda, anthroposophische Kliniken) weltweit einen guten Namen gemacht hat. In Dornach hat die anthroposophische "Freie Hochschule für Geisteswissen" in ganz eigen gestalteten Bauten ihren Sitz. Dornach ist durch Steiner und die Anthroposophie zu einem wichtigen geistigen Kraftort der Erde geworden.

Einsiedeln siehe Seite 88

Emma Kunz-Grotte, Würenlos siehe Seite 71

Falera Das idyllische Bergdorf Falera in Graubünden unweit Chur beherbergt die wohl bedeutendste Megalithanlage der Schweiz. Hier sind vorgeschichtliche Dorfanlagen nachgewiesen, und die 26 Menhire von Falera und Planezza waren wohl, wie anderswo auch, Kalendersteine. Seit 765 gab es hier eine Kirche. St. Remigius existiert mithin seit über eintausend Jahren. Kirche und Friedhofsmauer bilden die Form eines Schiffes mit Bug und Heck, sozusagen eine Arche Noah. Falera dürfte ein weiteres Beispiel dafür sein, wie sich das Christentum altüberlieferte Kraftorte zunutze machte und die "heidnischen Kulte" nun einfach christlich "überstrahlte".

Kerns "Einer der schönsten heiligen Bäume in der Schweiz ist die Muttergottestanne in Kerns", schreibt Pirmin Meier. Sie befindet sich an einem Waldweg oberhalb des Bruder-Klaus-Weges (siehe dort), allerdings wird man eine Hinweistafel vergebens suchen. Die Tanne ist zwar bereits abgestorben, aber ihre Höhlung mit der Marienstatue ist geblieben. Die Muttergottestanne symbolisiert die "Versöhnung von archaischer und christlicher Religion, wie es im christlichen Abendland selten angetroffen wird", mein Meier. Kerns gehört wie Sachseln und Flüeli und Ranft zum Kanton Obwalden, dem mystischen Herz der Schweiz.

Locarno Hoch droben über Locarno am Lago Maggiore im Kanton Tessin liegt die Wallfahrtskirche Madonna del Sasso. Dem Franszikanermönch Bartolomeo d´Ivrea war nach strengem Fasten an einem Berghang die Gottesmutter Maria erschienen. Nach dieser Vision ließ er von einem Mailänder Künstler eine Statue anfertigen und stellte sie in eine Kapelle, die er am Ort seiner Vision errichtete. Er selbst lebte dann als Einsiedler in einer Grotte weiter unterhalb. Aus diesen Anfängen entwickelte sich ein Kloster. Ein Prozessionsweg wird von frei stehenden Skulpturen gesäumt, welche die Geburt Jesu und die Aussendung des Heiligen Geistes thematisieren. Von Madonna del Sasso ging 1949 eine "Wandertournee" der Marienstatue durch den ganzen Kanton Tessin aus, weil die Kapuzinerbrüder auf diese Weise gleichgültig gewordene Menschen wachrütteln wollten. Jeden Tag reiste die Madonna hoch auf einem Wagen befestigt von einer Pfarrei in die nächste. Der Lago Maggiore ist unter Radiästhesie-Experten seit langem als ein Gebiet bekannt, an dem unglaublich hohe Energiewerte gemessen werden.

Matterhorn Eines der Wahrzeichen der Schweiz, der steile Felsgipfel der Walliser Alpen, erhebt sich 4478 Meter in den Himmel. Über ihm verläuft die Grenze zwischen der Schweiz und Italien. Von Zermatt aus führen Zahnrad- und Seilbahnen hinein in das Bergmassiv, u.a. zum Kleinen Matterhorn. Trotz der je nach Saison und Wetter zahlreichen Besucher ist mir das Matterhorn, vor allem nach der Auffahrt mit einer der Bahnen, wie ein europäisches Mandala vorgekommen, wie ein Kristallisationskern für Meditationen über Natur und Mensch, über Welt und Ewigkeit. Gerade wegen seiner charakteristischen Pyramidenform strahlt das Matterhorn eine Kraft aus, als ob es eine Grundform des Archetyps "Der Berg – Das Stillehalten" aus dem chinesischen Weisheitsbuch *I Ging* darstellte.

Montsalvens Östlich von Broc in der französischen Schweiz, nicht weit vom berühmten Ort Gruyère (Greyerzer Käse), führt eine kleine Straße zum Berg Montsalvens. Dort steht eine Burgruine, die gerne mit der berühmten Burg Montsalvatsch aus der Gralssage in Beziehung gebracht wird. Eine Legende berichtet, dass ein fränkischer Ritter voller Sehnsucht nach der Gralsburg durch die Lande gezogen sei, bis er auf eine Burg im Greyerzer Land verwiesen wurde. Als er in Broc ankam, wurde es düster, ein gewaltiges Unwetter kam vom Himmel und sein Weg wurde überschwemmt. Der Ritter konnte mit seinem Pferd nur noch eilends den Berg hinan reiten – wo er sich unversehens vor dem Eingangstor einer Burg wiederfand, eben der Burg Montsalvens. Zwar erreichte er also nicht die eigentliche Gralsburg, aber die Gefährtin der Tochter des Burgherrn wurde seine Frau. Sie stammte von der nahen Grasburg. Wer weiß, wo wir unseren Gral finden mögen ...

Pilatus Die Bergwelt des Pilatus, der über 2000 Meter hoch ist und südlich von Luzern liegt, ist wild zerklüftet und macht, im Unterschied zur Rigi, einen stark männlichen Eindruck so der Autor Pirmin Meier. Das Geisterreich hier am Pilatus war daher eher von Drachen und Salamandern bestimmt. Aber auf dem Pilatus noch mehr als auf der Rigi hat eine entfesselte Tourismusvermarktung schon früh dafür gesorgt, dass Energiephänomene, geistige Kräfte und dergleichen nur noch selten und schwierig zu erfahren sind. Der Besuch von Eigental und seiner vom Rümligletscher geformten Landschaft am Rande des Pilatus, ebenso wie der Weg zum Pilatussee, bieten laut Meier eine gute Chance, den Pilatus abseits der größeren Besucherströme zu erwandern.

Rheinfall Der Rheinfall bei Neuhausen im Kanton Schaffhausen ist nach meinem persönlichen Erleben ein natürlicher Kraftort besonderer Güte. Er wird zwar in diesem Zusammenhang meist nicht genannt, sondern als "Touristenattraktion" bezeichnet, aber ich empfinde hier etwas von den Urgewalten der Natur, von der Vermischung von Wasser und Luft in der sprühenden Gischt, von der Reinigung und Durchlüftung der Elemente Wasser und Luft, und damit der Beseligung des Elements Äther, wie ich es sonst nicht so häufig habe finden können. Der Rheinfall war, wie man heute zu wissen glaubt, fester Bestandteil des keltisch-germanischen Naturkultes.

Rigi Der Rigi, ein sanfter Bergzug mit lieblichen Bewaldungen und Höhlen, liegt zwischen Luzern und Schwyz an der Nordostseite des Vierwaldstätter Sees. Hier tummelten sich einst, so Überlieferungen noch aus der Mitte des 19. Jahrhunderts, Erdmännchen, Elementargeister und andere Naturwesen. Die Erschließung der Bergzüge für den Tourismus hat sie jedoch immer mehr verschreckt und wohl ganz in den Berg vertrieben. Dort drinnen sollen auch die berühmten "Drei Schwestern" wohnen, Töchter eines frommen Bauern, die sich der unziemlichen Nachstellung durch einen hohen Herrn entzogen und seither am und im Berg leben, wo sie gelegentlich

Wandernden erscheinen. Der Dreischwesternbrunnen bei Rigi-Kaltbad erinnert daran. Er soll Heil- und Fruchtbarkeitskräfte haben (auch wenn er angeblich kein Trinkwasser ist). Der Rigi ist das "weibliche Gegenstück" zum Pilatus, der eher die Yang-Kraft zum Ausdruck bringt.

Schwabenweg Thurgau Zwischen Konstanz und Fischingen verläuft eine Strecke der zahlreichen Pilgerwege, die es in Europa gibt, und die oft irgendwann und irgendwie zum Pilgerweg nach Santiago de Compostela führen. Dieser Weg ist 44 Kilometer lang und führt von Konstanz über Bernrain, Schwaderloh, Märstetten, Kaltenbrunnen, St. Magarethen, Münchwilen, Sirnach und Oberwangen nach Fischingen. Eine Besonderheit in Märstetten ist eine wunderbare Sonnenuhr, die von einem Tierkreis umkrönt wird – erneut ein Hinweis darauf, dass Religion, Astrologie und Astronomie einander nicht fremd waren. Es gibt auch geführte Exkursionen auf dem Schwabenweg; dazu solltest Du Dich im Internet schlau machen. Von Konstanz sind es übrigens 1950 Kilometer nach Compostela. Näheres dazu findest du in den zahlreichen Pilgerführern für den Jakobsweg in der Schweiz

Val Müstair (Münster) siehe Seite 134

Zurzach Im Kanton Aargau am Hochrhein liegt diese kleine Stadt, in der neben ihrem Thermalbad vor allem die gotische Stiftskirche und die Reste der römischen Siedlung *Tenedo* mit den Fundamenten des Kastells bedeutsam sind. Eine oberägyptische Christin soll mit einem römischen Soldaten verlobt gewesen sein, aber dann zunächst in einer nach ihr benannten Schlucht bei Solothurn, später als zurückgezogene Nonne in Zurzach gelebt haben. Zu ihrem Grabmal führt die später entstandene Wallfahrt. Die Verehrung der hl. Verena trat jedoch vermutlich an die Stelle eines keltischen und gallo-römischen Fruchtbarkeitskultes. Die Hauptwallfahrtstage am Dienstag nach Ostern und am 1. September, dem Festtag der Heiligen, stimmen mit alten Festen zum Beginn der Fruchtbarkeit im Frühjahr und zum Dank für die Ernte überein. Die Pilgerreise nach Zurzach soll damals wie heute den

Frauen Eheglück und Kindersegen bringen. Bei Wallfahrten in älterer Zeit pflegten die PilgerInnen Wasser aus dem Verena-Brunnen zu trinken und geweihtes Öl aus einem Kupferkrug vor der Gruft zu schöpfen.

Dein eigener Kraftort in der Schweiz Erlaube Dir, den Ort in der Schweiz hier in das Buch einzutragen ein, der für Dich einen besonderen Kraftort darstellt.

➢ ....

Zu allen drei Ländern gibt bzw. gab es spezielle Reiseführer, die teilweise jedoch vergriffen sind. Ich möchte zumindest einige herausragende nennen.

- Die außerordentlich kundige Blanche Merz hat neben anderen Büchern wie *Die Seele des Ortes* einen eigenen Führer zu Kraftorten in der Schweiz geschrieben, *Orte der Kraft in der Schweiz* (AT Verlag 1999)
- Von Pirmin Meier stammt das eher literarisch gefasste Buch *Magisch Reisen Schweiz*.
- Von Christine Cerny stammt das einfühlsame Buch *Magisch Reisen Österreich*.
- David Luczyn hat ein umfassendes Buch *Magisch Reisen Deutschland* verfasst. (Die drei letzten sind bei Goldmann München erschienen und wohl nur noch antiquarisch erhältlich.)

7. Der Gralsweg und Kraftorte von Altamira bis Walsingham

Der Gralsweg und Gralslinien

Der heilige Gral ist ein Sinnbild, das in mehreren Kulturepochen und ihren Mythen und Religionen immer wieder aufgetaucht ist. Im Legendenkreis um Merlin und König Artus finden wir den Gral als Symbol der Reinheit und Weisheit und der Überwindung des Todes, im Christentum als Schale, in der Jesu Blut aus seiner Seite aufgefangen wurde und beim Abendmahl als Inbild des Kelches des Wassers und Weins des ewigen Lebens. Der Gral wird auch mit dem Stein der Weisen gleichgesetzt, der sowohl Weisheit und Erleuchtung wie erneut Überwindung des Erdentodes bedeuten kann. Manche sehen im Gral ein äußeres Zeichen für das dritte Auge, das geöffnet werden kann und muss, bevor der Mensch für seine göttliche Herkunft und seine göttlichen Aufgaben erwacht.

In alten keltisch-irischen Überlieferungen entspricht der *Cauldron*, der Kessel mit magischen Eigenschaften, wohl dem Gral. Wir kennen ihn meist aus den Asterix- und Obelix-Heften als Kessel, in dem der Oberdruide den Zaubertrank braut. Der Kessel steht jedoch erst in zweiter Linie für magische Kräfte, die in ihm entstehen und die der Mensch zu seinen eigensüchtigen Zwecken einzusetzen versucht. Dann wird daraus der so genannte Hexenkessel. In erster Linie jedoch weisen Kessel, Schale, Gral und gleichartige Symbole auf Kräfte der Heilung und der prophetischen Gaben, auf Heiligung und spirituelle Erhebung nachdem die dazu notwendige Bewährung im Leben im Hier und Jetzt und die erforderliche Transformation vom Ego zum Selbst, vom kleinen Ich zur Öffnung für die große Einheit erfolgt ist. Das strebten mittelalterliche Alchimisten genauso an wie ägyptische Adepten und griechische Initianten.

Einige Autoren beschreiben "Gralswege", "Drachenwege" und "Gralslinien" in Europa. Das sind Linien der Kraft, an denen Orte der Kraft liegen. Die Linien bilden sozusagen Kanäle, die bestimmte Schwingungen, Informationen und Kräfte aufnehmen und weiterleiten. An manchen Orten entlang dieser Linien verdichten sich solche Kräfte und erfahren einen sichtbaren Ausdruck. U.a. schreiben Jens Martin Möller in *Geomantie in Mitteleuropa* (J. Kamphausen Verlag, 1995; *Orte der Kraft*, siehe Anhang) und Laurence Gardner in *Bloodline of the Holy Grail* (Element Books 1996) darüber.

Möller unterscheidet zwischen einer "Gralslinie", einer "Siegfriedlinie" sowie einer "Bangor-" oder "Artuslinie". Sie gehören zusammen. Die Bangorlinie verbindet Atlantis im fernen Atlantik mit Irland und England, und führt weiter nach Frankreich. Grals- und Siegfriedlinie nehmen die Verbindung zur Bangorlinie auf und führen die geistigen Kräfte weiter in den ganzen Kontinent hinein. Sie laufen parallel und leiten Energien und Informationen nach Mittel- und Osteuropa.

Wir können hier ein ähnliches Netzwerk von Kraftlinien und Kraftwegen erkennen, wie es von Santiago de Compostela ausgeht bzw. dort zusammen findet. Zahlreiche Jakobs-Pilgerwege, die inzwischen fast ganz Europa von Norden, Osten und Süden durchziehen, führen zum Wallfahrtsort Compostela. Während diese Jakobswege auch heute noch vornehmlich der christlichen Wallfahrt dienen, scheinen die Gralslinien zumindest früher dem Zustrom geistiger Kräfte und der Verbreitung einer Bewusstseinsentwicklung gedient zu haben, die spirituell, jedoch nicht religiös-dogmatisch ausgeformt war.

Die **Bangorlinie** oder **Artuslinie** verläuft von Winchester und Stonehenge in England (wo offensichtlich die irisch-atlantischen-keltischen Kräfte aus dem Westen empfangen wurden) südlich über das französische Le Havre nach Chartres und Orléans. (Bangorlinie nach dem irischen Kloster Bangor, einem Ausgangspunkt keltisch-irischer Mission.)

Die **Siegfriedlinie** geht von Rennes über Paris östlich nach Worms, Bayreuth und weiter bis nach Prag.

Die **Gralslinie** führt von Nantes östlich über Orléans, Troyes, Nancy ins deutsche Karlsruhe, weiter nach Wolframseschenbach, ins tschechische Sternbeck, um sich dann bis Krakau und Lemberg fortzusetzen.

Möller beschreibt zwölf Orte an den Gralswegen, die eine besonders spürbare Wirkung ausüben sollen. Ich zähle sie kurz auf.

1. **Winchester** als alte englische Königsstadt mit romanischer Burg, Halle und "Tafelrunde" sowie gotischer Kathedrale über einer großen Krypta.
2. **Chartres**, ein Weltkulturerbe, an dem sich druidisches Erbe, gnostische Weisheit und gotisches Wissen verbinden (mehr siehe Seite 101).
3. **Nantes**, Sitz der Herzöge der Bretagne und bretonischer Bischofssitz, Ort der Verkündung der (begrenzten) Religionsfreiheit für Hugenotten (Edikt von Nantes 1589), gotische Kathedrale mit Grabmal Franz II; westlicher Ausgangspunkt des Gralsweges in der Bretagne.
4. **Orléans** ist uns natürlich vor allem durch Johanna von Orléans bekannt, die junge tapfere Frau, die ihrer inneren Stimme folgte und zu einer echten Gralsritterin des Mittelalters wurde (und Frankreich gegen englische Machtansprüche verteidigte). Hier hatten die Kelten einen ihrer Hauptorte und hier auch hatte sich der Kelte Vercingetorix gegen Cäsar erhoben. Seit dem 4. Jahrhundert ist Orléans Bischofssitz, die gotische Kathedrale auf sehr alten romanischen Ruinen ist dem Heiligen Kreuz geweiht; 848 residierte hier König Karl der Kahle.
5. **Troyes**, ebenfalls seit dem 4. Jahrhundert Bischofssitz mit einer Kathedrale aus dem 13. Jahrhundert, erhielt von Bernard von Clairvaux eine Templerverfassung! Chrétien de Troyes hat hier um 1180 die erste französische Gralsdichtung über den Gralssucher Parzival (Perceval, Parsifal) geschaffen, die Wolfram von Eschenbach wiederum zu seinem Parzival-Epos anregte.
6. **Nancy** wird durch die Burg der Herzöge von Lothringen und eine Franziskanerkriche aus dem 15. Jahrhundert geprägt. Nach Werner Greub ist es ein Stammland des Grals; heute ist Nancy Partnerstadt von Karlsruhe.
7. **Karlsruhe** (mehr siehe Seite 163).
8. **Maulbronn** beherbergt die wohl besterhaltene Zisterzienserabtei in Deutschland, die bereits 1147 gegründet wurde. Der Brunnen im Refektorium hat eine eigene Ausstrahlung. An der dortigen Klosterschule lernten berühmte deutsche Dichter und Denker, so Kepler, Hölderlin, Schelling und Hesse.

9. **Schwäbisch Hall** war bereits seit der mittleren Steinzeit Siedlungsgebiet. Die Pfarrkirche St. Michael zeigt diesen Erzengel, der ja als Drachentöter gilt (siehe auch Offenbarung) als eine Figur mit geheimnisvoll verschlüsselten Zeichen, Symbolen und Runen.
10. **Wolframseschenbach**, nahe Ansbach und Nürnberg, ist durch den zuvor erwähnten Dichter Wolfram von Eschenbach bekannt, der mit seiner Ausformung der Gralslegende den Komponisten Richard Wagner, den bayerischen König Ludwig II sowie den Philosophen Friedrich Nietzsche beeinflusst hat.
11. **Sternbeck** (Sternberg) ist eine Stadt in Nordmähren, die im 13. Jahrhundert von Jaroslaw von Sternberg nach einem bedeutenden Sieg über die Mongolen (“Hunnen”) gegründet wurde. Das bezeugt die Burganlage aus jener Zeit. In Sternbeck soll sich die Gralslinie mit einer “Bonifatiuslinie” kreuzen, die nach dem Missionar gleichen Namens benannt ist, und Stätten seines Wirkens aufzeigt. Durch die Kreuzung beider Linien werden, so heißt es mancherorts, die atlantisch-keltischen Kräfte mit den jüdisch-christlichen verknüpft.
12. **Lvov** (Lviv, Lemberg, Lamberg) gehört heute zur Ukraine. Es wurde 1270 gegründet, ab 1300 galt dort deutsches Recht. An diesem zentralen Ort des östlichen Galiziens (zur Erinnerung: es gibt ja auch ein spanisches Galizien mit Compostela als westlichstem Punkt) gab es viele Jahrhunderte hindurch ein einigermaßen friedliches Miteinander, oder doch zumindest Nebeneinander zahlreicher Religionen und Glaubensformen. Hier im östlichen Galizien sollte im 18. Jahrhundert die jüdische Mystik als “Chassidismus” wieder auferstehen durch Baal Schem Tow, den “Herrn des guten Namens”. Seit 1989 ist Lviv Partnerstadt von Freiburg im Breisgau. (Quelle zu Gralswege u.a. nach Möller, Orte der Kraft, S. 165ff)

Am Schluss seines Beitrags zu den Basler Psi-Tagen 1990, die ich moderiert und zu denen ich ein Buch herausgegeben hatte, schreibt Möller die folgenden nachdenklichen und bewegenden Sätze:

Wird hinter dem tschechischen Sternbeck im Osten ein neuer

> Stern über dem ukrainischen Lemberg aufgehen – ist das alte Lamberg (Lammberg, Widderberg) Symbol und opferbereites Zeichen der Hoffnung und Versöhnung der europäischen Völker, die mit ihrem atlantischen Erbe gemeinsam "Hüter der (Geistes-) Flamme" und damit des Abendlandes sein sollten? Wird der sowjetische Präsident Michail Gorbatschow die vielen ihm bisher vor allem von den Deutschen entgegen gebrachten Hoffnungen und Wünsche erfüllen können, zugleich "Drachentöter" und Gralsritter zu sein, damit die von West nach Ost der aufgewandten Sonne zugewandte "Gralslinie" zur alles verbindenden und durchströmenden "Herzlinie" Europas wird? (aaO, S. 167f)

Als "Drachentöter" erweist sich der Gralsritter, der nicht nur äußeren Herausforderungen mutig und mit Gottvertrauen entgegen tritt, sondern der vor allem den Lindwurm seines Egos zu zähmen (nicht zu töten – wir brauchen unser Ego schließlich auch, um hier auf der Erde zu leben!) und sinnvoll zum Nutzen seiner selbst und aller Geschöpfe einzusetzen weiß. Das wünsche ich uns auf unseren eigenen Gralswegen zur Mitte des Lebens.

Hinweise auf Kraftorte von Altamira bis Walsingham

Altamira, Spanien Bei Santillana nahe der spanischen Stadt Santander wurden 1879 bei Ausgrabungen die ersten Höhlenbilder der Altsteinzeit entdeckt. Die mehrfarbigen Deckenbilder mit Tierdarstellungen, ein Höhepunkt der Kunst in der so genannten Eiszeit, zählen heute zum Weltkulturerbe der Unesco. Sie vermitteln als Kraftort besonderer Art Gefühle aus einer archaischen Zeit. Dazu zählt auch der Eindruck einer "Bildmagie", die versucht, Eigenschaften von Natur, Menschen und Tieren zu bannen und zu beherrschen. Felsbilder in Höhlen und an offener zugänglichen Stellen finden sich überall auf der Erde, in Norwegen und Namibia, in Libyen und Saudi Arabien, in den Lascaux-Höhlen in Frankreich und den Petroglyphen südlich von Galisteo in New Mexico.

Amritsar, Indien Diese Stadt im Nordwesten Indiens, im Bundesstaat Punjab, ist durch ihren "Goldenen Tempel" berühmt. Er ist das Hauptheiligtum der Sikhs und nimmt für sie eine ähnliche Stellung ein wie Jerusalem für Juden, Rom für Christen und Mekka für Muslime. Amritsar bedeutet "Teich des Nektars der Unsterblichkeit". Der Tempel und der See um ihm herum sollen die irdische Darstellung eines inneren Tempels der Unsterblichkeit sein, den Eingeweihte auf einer der inneren, rein geistigen Ebenen schauen können. Erbaut wurde der Goldene Tempel unter dem vierten Guru der Sikhs, Ram Das, an einer Stelle, an der ein Krüppel im Heilwasser eines kleinen Teiches gesundet sein soll. Auch der Buddha soll in Amritsar gewesen sein, etwa 2000 Jahre bevor der Tempel erbaut wurde.

Angkor Vat, Kambodscha Angkor war vom 9. bis zum 15. Jahrhundert Hauptstadt des Khmer-Reiches im Kambodscha. Angkor Vat ist eine ausgedehnte Anlage von Tempeln und Gebäuden, die heute teilweise nur noch als Ruinen existieren. Das Zentralheiligtum Bayon wurde um 1200 bis 1220 erbaut. 1000 Buddhastatuen wurden hier verehrt, die zwischen fünf Türmen in Form riesiger Lotusknospen stehen. Angkor ist ein Weltkulturerbe. Es vermittelt auch heute noch die seltsame Stimmung eines untergegangenen großartigen Traumes im Dschungel.

Aquilea, Italien In dem Städtchen in der Provinz Udine, nahe der Adria und der Insel Grado, finden sich eine romanische Basilika mit frühchristlichem Mosaikfußboden und karolingischer Krypta sowie mehrere römische Bauten. In der Kaiserzeit war Aquilea eine der größten Städte Italiens. Ab dem 6. Jahrhundert waltete von hier (und später von Grado und Barbana aus) ein Patriarch, dem bis zur Neuordnung durch Karl den Großen die Kirche bis hinauf nach Salzburg unterstand. Von Passau über Großgmain und den Lungau führt ein Radpilgerweg bis nach Aquilea. Hier in Aquilea, Grado und Barbana spürt mancher Besucher noch etwas von der urchristlichen Religion, die auch "Religion des Lichtes" hieß, in der geistige Weite und lichtvolles Bewusstsein die vorrangigen Ziele waren. Am ersten Julisonntag findet ein Votivumzug der Fischer von Barbana nach Grado zu Ehren Mariens statt, die seit über tausend Jahren hier als Wundertäterin verehrt wird.

Arunachala, Indien Der heilige Berg Arunachala liegt bei Tiruvannamalai in Südindien, etwa ein bis zwei Autostunden südlich von Madras (jetzt: Chennai). Er ist bei uns durch den Meister und Weisen Ramana Maharshi bekannt geworden, der an seinem Fuße lebte, zunächst in einer der Höhlen, danach in einem Ashram, der um ihn herum entstand. Die Umrundung des Berges gilt als eine besondere Form der Pilgerschaft; der Ashram ist ebenfalls einen Besuch wert, weil die Schwingung Ramanas noch jetzt spürbar erscheint.

Übrigens: Wer nach Madras/Chennai kommt, sollte dort auch die San-Tomé-Kirche mit den Gebeinen des Apostels Thomas und den Mount Saint Thomas unweit der Stadt besuchen. Das so genannte Thomas-Christentum verbreitete sich von hier aus über ganz Indien und in andere asiatische Länder. Ebenso war das theosophische Adyar-Zentrum im Süden der Stadt, wo Madame Blavatsky und Annie Besant wirkten, der geographische Ausgangspunkt für die Verbreitung der Theosophie, die das Fundament für zahlreiche andere spirituelle Wege (Anthroposophie, Arkanschule) bildete.

Assisi, Italien Fast jeder Leser wird schon von dieser Stadt in Umbrien in der Provinz Perugia gehört haben, die als Heimat des Hl. Franziskus und in der Folge als bedeutender Wallfahrtsort weltweit einen Namen hat. Er und seine geistige Gefährtin Santa Chiara, die Hl. Klara, sind in Assisi beigesetzt. Der größte katholischen Orden, der Franziskanerorden, hat hier seinen Stammsitz. Ein Erdbeben hat vor etlichen Jahren zwar wertvolle Kunstschätze zerstört. Die Erinnerung an den Mann und die Frau aus dem 13. Jahrhundert, die mit einigen anderen eine Hinwendung zur Liebe zu allen Menschen und zur Achtung vor der ganzen Schöpfung ("Bruder Sonne, Schwester Mond") vollzogen, bleibt als Vorbild jedoch bestehen. Unter Papst Johannes Paul II. fanden in Assisi Gebetstage der Weltreligionen statt.

Athos, Griechenland An der Südspitze der östlichsten Halbinsel der Chalkidike in Nordgriechenland liegt der Berg Athos, der über 2000 Meter hoch in den Himmel ragt. Auf ihm und um ihn herum liegt die Mönchsrepublik Athos, die autonom, jedoch nicht souverän ist. Ihre zwanzig Großklöster gehören zum Weltkulturerbe. Die befestigten Klöster entstanden ab der Mitte des 10. Jahrhunderts und wurden zu einem religiösen Zentrum der Orthodoxie. Athos atmet auch heute noch eine intensive religiöse Stimmung; es ist in weiten Teilen allerdings nur Männern zugänglich.

Auroville, Indien 1986 wurde Auroville in Südindien im Bundesstaat Pondicherry auf Anregung des Yogameisters und Philosophen Sri Aurobindo und seiner Lebensgefährtin "La Mère" (Die Mutter) gegründet. Zunächst mit Hilfe des Staates, der Unesco und zahlreicher europäischer staatlicher und privater Stellen entstand der Kern für eine Lebensgemeinschaft, die beispielhaft für das friedliche Zusammenleben von Menschen, Kulturen, Hautfarben, Religionen und Sprachen werden sollte. Als symbolischer Akt für die Einheit aller Menschen wurde die Erde aus 121 Staaten der Welt in einer Urne vereint. Um einen modernen Kuppelbau als Tempel aller Religionen und Menschen werden Landwirtschaft, Gärtnerei, Handwerk und Sozialstudien betrieben. Auroville ist sicher auch heute noch (ich habe es 1990 besucht) eine Oase des Friedens in der Welt.

Bermuda-Dreieck, Atlantik Dieses Seegebiet im südwestlichen Nordatlantik wird durch die Eckpunkte Bermudainseln, Puerto Rico und Florida gebildet. Immer wieder sollen in diesem geheimnisumwobenen Dreieck Schiffe und Flugzeuge spurlos verschwinden. Gern werden dafür mysteriöse Kräfte übernatürlichen Ursprungs verantwortlich gemacht. Im Sinne mythischer Kraftorte auf der Erde ist das Bermudadreieck so etwas wie ein "schwarzes Loch", in dem Materie zu verschwinden scheint, das jedoch gleichzeitig eine hohe Energiestrahlung besitzt.

Bighorn Medicine Wheel, USA Wie ein großes Rad mit 28 Speichen und einem Durchmesser von rund 24 Metern liegt nahe den Bighorn Mountains in Wyoming das Bighorn Medizinrad. Es ist von sechs Steinhaufen umgeben. Bis heute bleibt ungewiss, wer es erbaut hat, wann es entstand und welche Symbolik die einzelnen Bestandteile zum Ausdruck bringen sollten. Es ähnelt seinem Muster nach zwar einem Medizin-Wigwam der Cheyenne-Indianer, wie es für die Sonnentanzzeremonien noch heute verwendet wird, dennoch bleiben Ursprung und Sinn unklar. Manche sehen die Funktion dieses Medizinrads als einfaches astronomisches Observatorium.

Borobodur, Indonesien In Mitteljava steht dieses buddhistische Heiligtum, das als bdeutendste Tempelanlage des Mahayana-Buddhismus gilt und um 800 erbaut wurde. Das siebenstufige pyramidenähnliche Monument wird von einer über 40 Metern hohen zentralen Stupa gekrönt. Im Bauwerk finden die Stufen des achtgliedrigen Pfads des Buddhismus symbolischen Ausdruck.

Chichicastenango, Guatemala Ein Wallfahrtsort im westlichen Hochland von Guatemala mit der frühbarocken Kirche Santo Tomás. Auf den Treppenstufen zur Kirche finden vor allem an wichtigen katholischen Feiertagen recht eigentümliche Rituale und Zeremonien der Gläubigen statt, in denen sich Bräuche der alten Quiché-Maya-Indianer bis auf den heutigen Tag erhalten haben.

Fatima, Portugal Der berühmte Marienwallfahrtsort etwa zwei Autostunden nördlich von Lissabon entstand, nachdem drei Kinder im Jahre 1917 sechs Monate hindurch von Mai bis Oktober jeweils am 13. des Monats Marienerscheinungen hatten. Eine wachsende Menge war bei den monatlichen Erscheinungen zugegen, so beim "Sonnenwunder" am 13. Oktober 1917. 70.000 Menschen erlebten, wie die Sonne sich drehte, am Himmel tanzte und in den Farben des Spektrums leuchtete, sich dann der Erde zu nähern schien und schließlich wieder zum Himmel zurück flog. Drei Geheimnisse von Fatima hatten die Kinder erhalten; das dritte wurde erst vor wenigen Jahren als die Bedrohung des "Bischofs in Weiß" (Papst) durch einen Attentäter enthüllt. Die Hauptwallfahrten finden vom 12. zum 13. Mai und vom 12. zum 13. Oktober statt. Wenn man abseits der kirchlichen Hochfeste nach Fatima reist, kann man sehr viel von einer innigen, lichtvollen Stimmung erleben.

Fuji (Fujiyama. Fuji-san), Japan Der heilige Berg Japans ist sicher der wichtigste Wallfahrtsort des Landes. Er wird in unzähligen Tuschzeichnungen, Haikus und inzwischen natürlich auch Fotos und Filmen besungen und verehrt im Bestreben, seinen Zauber irgendwie festzuhalten. Mit mehr als 3700 Meter ist er der höchste Berg Japans, dessen oft von Schnee bekränzter Gipfel ein 600 Meter breiter und 150 Meter tiefer Vulkankegel ist. Der letzte Ausbruch fand 1707 statt. Am Kraterrand sind Tempel, Herbergen und wissenschaftliche Stationen zu finden. Zu Füßen des Berges liegen fünf Seen; das gesamte Gebiet ist Teil eines Nationalparks. Der Fuji als Wahrzeichen des Landes besitzt seine Anziehungskraft auch aufgrund des Mythos, dass er die Wohnstatt der Sonnengöttin Amaterasu Omikami sei. Den Sonnenaufgang am Fuji zu erleben bedeutet so etwas, wie der natürlichen Herabkunft des Göttlichen auf die Erde und des gleichzeitigen Aufstiegs der Göttin zum Himmel beizuwohnen. Bis zum Ende des 19. Jahrhunderts säumten abgetragene Strohsandalen der Tausende von Pilgern die Wege zum Gipfel. Noch bis 1868 durften Frauen nicht zum Fuji und zu manchen anderen Heiligtümern Japans wallfahrten.

Guadelupe, Mexiko 1531 ist dem Indianer Juan Diego auf dem Tepeyac-Hügel, der heute im Norden der Hauptstadt Mexikos liegt, eine Frau erschienen. Sie sprach die Azteken-Sprache Nahuatl und brachte eine Botschaft der Liebe und des Mitgefühls, die umso bemerkenswerter war, weil die Spanier zehn Jahre zuvor das Land der Azteken verwüstet und Zigtausende getötet hatten. Die Frau erschien als ein weibliches Antlitz Gottes und ihr Bild wurde auf wundersame Weise dem Umhang Juans eingeprägt. Es zeigte eine dunkelfarbiges Gesicht wie das der "Mestizen", eine europäische Kleidung und einen indianischen Beutel. An diesem Ort entstand später die Basilika Unserer Lieben Frau von Guadelupe, die zum wichtigsten Wallfahrtsort Mittelamerikas geworden ist. Hier verbinden sich katholisch-europäischer Glauben mit alten aztekischen Bräuchen und Riten. Heilige Fahnen, Blumen, Musik und Gesänge begleiten die Pilger, die durch das ganze Jahr in Scharen herbei strömen. Viele tragen keine Schuhe auf ihren Pilgerfahrten, die oft mehrere hundert Kilometer weit sind. Ein besonderer Brauch ist, über den gesamten Vorplatz auf den Knien zur Basilika zu kriechen und zu rutschen. In Guadelupe trägt der Glaube ein eigenes, urtümliches und emotional aufgeladenes Gesicht.

Hardwar und Rishikesh, Indien Im Norden Indiens, etwa sieben bis acht Autostunden von Delhi entfernt, liegen diese beiden Pilgerstädte am Fuße des Himalaya-Massivs. *Hardwar* bedeutet "Tor zu Gott". Der Durchbruch für das Leben spendende Gangeswasser hier soll durch Gott Shiva bewirkt worden sein, der die tosenden Fluten zähmte, indem er sie über seinen eigenen Kopf leitete. Eine Marmorplatte mit dem angeblichen Fußabdruck des Gottes am Ganges bildet ein Zentrum für die Wallfahrt. In Hardwar finden (abwechselnd mit Varanasi, Ujjain und Allahabad) alle zwölf Jahre große spirituelle Zusammenkünfte statt, die Kumbh Melas heißen.

Rishikesh liegt unweit von Hardwar an einer alten Handels- und Pilgerstraße, die von Delhi über Dehra Dun und Rishikesh nach

Tibet führte. Im Namen selbst steckt der Begriff Rishi, der Seher der Vorzeit bezeichnet, die das göttliche Urwissen geschaut und in den Veden übermittelt haben. In dieser kleinen Stadt am Ganges haben sich bald unzählige Yogis niedergelassen, unter denen die Ashrams von Maharishi Mahesh Yogi (Transzendentale Meditation) und Swami Shivananda (Divine Life Society) wohl die bei uns bekanntesten sein dürften. Wer Yoga lernen oder in die Atmosphäre des alten Indiens eintauchen möchte, ist in Rishikesh und Hardwar an der richtigen Stelle. Übrigens: Beide Orten sind auch laut Gesetz alkoholfrei und rein vegetarisch. Das sollten auch westliche Reisende respektieren.

Jerusalem, Israel-Palästina Im Bergland von Judäa liegt zwischen 700 und 850 Metern Höhe jene Stadt, die drei Religionen als Zentrum ihres Glaubens bzw. als besonders heilig betrachten. Hebräisch heißt sie *Jeruschalajim*, arabisch El-Kuds. Hier stand der zentrale Tempel der Juden, dessen Zerstörung und die folgende Vertreibung und Zerstreuung der Juden in alle Welt gläubige Juden bis auf den heutigen Tag beklagen, auch an der so genannten Klagemauer in Jerusalem, und dessen Wiedererrichtung sie herbeiflehen und erhoffen. Hier wurde Jesus Christus der Prozess gemacht – ohne dessen grausiges Kreuzigungsurteil es wohl nicht zur Auferstehung, zum Erlösungsglauben und zur Entstehung der christlichen Religion gekommen wäre. Der Leidensweg, die "Via Dolorosa", und die so genannte Grabeskirche stehen im Mittelpunkt christlicher Pilgerreisen hierher. Jerusalem ist jedoch auch nach Mekka und Medina die drittheiligste Stadt der Muslime. Der Felsendom und die Al-Aksa-Moschee auf dem Tempelberg legen davon Zeugnis ab. Der oktogonale Kuppeldom wurde schon 691 gebaut, und zwar auf einem Felsen, der als Stätte des Abraham-Opfers gilt. Von dieser Stelle aus soll Mohammed seine visionären Himmelfahrten auf seinem Zauberpferd Buraq begonnen haben, um in einer höheren Welt den Koran als Gotteswort aus der Hand des Erzengels Gabriel zu erhalten.

Gerade Jerusalem wäre zu wünschen, dass sich die Angehörigen und Politiker aller Religionsgemeinschaften auf den Kern ihres jeweiligen Glaubens besönnen: ein friedliebendes Miteinander!

Kairouan, Tunesien Neben Mekka, Medina und Jerusalem ist Kairouan in der Tieflandsteppe im südlichen Tunesien eine der vier heiligen Städte des Islam und ein bedeutender Pilgerort für das nördliche Afrika. Der Bau der "Großen Moschee" namens Sidi Okba wurde bereits 672 begonnen, als sich der Islam überraschend schnell nach Westen ausbreitete (von Saudi Arabien aus betrachtet). Teile gehören zum Weltkulturerbe. Spannend ist, das hier in Kairouan noch häufiger als an anderen Orten in Tunesien Heiligengräber zu sehen sind, so genannte *Marabouts*, die vor allem wundergläubige Menschen anziehen, die zu den hier begrabenen Heiligen (den *Sidis*) beten. Spannend ist das deshalb, weil im Islam eigentlich nur Allah = Gott verehrt wird und eine Heiligenverehrung sonst nur aus den mystischen Sufi-Richtungen bekannt ist.

Katharinenkloster, Ägypten Unterhalb des Berges Sinai, wo dem Alten Testament zufolge Moses den brennenden Busch sah, wurde im 6. Jahrhundert unweit der Ortschaft Nuweiba das Katharinenkloster errichtet. Im 4. Jahrhundert war die Märtyrerin und Heilige Katharina von Alexandria verfolgt, gerädert und geköpft worden, weil sie sich geweigert hatte, antichristliche Lehren anzunehmen und auch nicht den Kaiser heiraten wollte, da sie sich als Braut Christi betrachtete. Im Katharinenkloster wird ihr Schädel als Reliquie aufbewahrt; im Europa des Mittelalters entstand aus der Legende ein Kult, der das Kloster zum Pilgerzentrum machte. Mit einem Führer kann man von Nuweiba aus einen siebentägigen Fußmarsch durch die Wüste unternehmen, um an den Toren des Klosters auf die gleiche Weise anzukommen wie Pilger in den früheren Jahrhunderten. So wird das Katharinenkloster auf sehr intensive Weise als Ort der Kraft erlebt.

Lhasa, Tibet Die "Götterstätte" und heilige Stadt des Lamaismus, der tibetischen Ausprägung des Buddhismus, in der noch zahlreiche Elemente der alten schamanischen Bön-Religion enthalten sind, ist bekanntlich von der so genannten Volksrepublik China 1959 mit militärischer Gewalt in großchinesische Reich einverleibt und seither besetzt. Der Potala-Palast war bis dahin Sitz des Dalai Lamas, des "Gott-Königs". Er geht auf das 7. Jahrhundert zurück und erhielt im 17. Jahrhundert mit dem dreizehnstöckigen "Roten Palast" seine heutige Form. Zumindest im Gebet mag man hin und wieder in der Vorstellung dorthin reisen und der Menschen dort solidarisch gedenken, die ihre Religion immer noch nicht frei ausüben können und die auf vielfältige Weise "dekulturiert" werden. Der jetzige Dalai Lama, der mit dem Friedensnobelpreis geehrt wurde, ist darum bemüht, den Kern von Religion und Kultur auch in der Diaspora aufrecht zu erhalten. Die Tibeter erinnern mich in ihrem Schicksal an "moderne Juden", die erleben, wie sie aus ihrem Heimatland vieltausendfach vertrieben werden und sich nun bemühen, verstreut in vielen fremden Ländern die Seele und den Geist ihres Volkes zu bewahren und neu weiter zu entwickeln.

Lough Derg, Irland Der Name dieses Ortes heißt "Der rote See". Auf einer kleinen Insel in diesem roten See im Herzen Irlands nahe dem Dorf Pettigo gründete ein Schüler des heiligen Patrick ein Kloster. Patrick war durch eine Vision des Fegefeuers inspiriert worden. Der Wallfahrtsort aus dem 12. Jahrhundert mit seiner achteckigen Basilika lädt ein zu drei Tage und drei Nächte andauernden Gebeten, einer barfüßigen Fastenwanderung und Tag- sowie Nachtwachen, die mit Fasten vorbereitet und an den weiteren Tagen von spartanischem Essen begeleitet werden. Die Pilger und Pilgerinnen (die alle über 15 Jahre alt sowie in der Lage sein müssen, selbständig zu gehen und zu knien und außerdem nicht unter ernsthaften körperlichen Beschwerden leiden dürfen) bereiten sich symbolisch auf die Ankunft Christi vor und feiern am dritten Morgen die Eucharistie. (Kameras, Radios und Musikinstrumente sind nicht erlaubt; wetterfeste Kleidung ist sinnvoll; Betten gibt es in der Pilgerherberge; die besten Monate sind wohl Juni, Juli und August; im Mai, August und September werden eintägige Retreats angeboten.)

Lourdes, Frankreich Der Vollständigkeit halber sei an dieser Stelle auch an Lourdes erinnert. 1858 wurde das kleine Dorf am Rande der Pyrenäen, das noch nicht einmal eine Eisenbahnverbindung hatte, weltberühmt. Die junge Bernadette Soubirous, ein kränkliches Kind, das nicht lesen und schreiben konnte, wurde mit

Marienerscheinungen gesegnet. Maria erschien Bernadette am Ufer eines kleines Flusses, der vor allem als Abwasserkanal diente. Sie führte das Kind über eine Müllhalde zu einer bis dahin unbe-kannten Quelle in einer Grotte, die seither als Heilquelle gilt. Maria offenbarte sich als "Unbefleckte Empfängnis", erbat Prozessionen, strahlte Mitgefühl und Liebe aus und forderte die Menschen dazu auf, diese Eigenschaften ebenfalls zu entwickeln. Bernadette wurde Nonne und eine bedeutende Heilige; sie kehrte nie mehr zur Grotte zurück. Lourdes ist wahrscheinlich der meistbesuchte katholische Gnadenort auf dieser Erde. Neben dem Gebet und den zahlreichen körperlichen wie seelischen Wunderheilungen ist die nächtliche Kerzenprozession ein Erlebnis, welches das Herz anrührt.

Machu Picchu, Peru Die heilige Stadt und sagenhafte Festung der Inka birgt immer noch zahlreiche ungelöste Rätsel. Hoch in den Anden, etwa 100 Kilometer nordnordwestlich der alten Inka-Hauptstadt Cuzco liegen die Ruinen der vielleicht letzten Zufluchtsstätte der Inka vor den Eroberungs- und Unterwerfungszügen der spanischen Kolonialmacht. Zitadelle, Sonnenturm, Fürstengräber und Tempelgebäude sind in vollendeter Technik aus feinst behauenen und ineinander gefügten Steinquadern errichtet. Manche Forscher meinen, dass Machu Picchu eine Kultstätte und kein Zufluchtsort war, wo Inka-Fürsten und die "Jungfrauen der Sonne" ihre Götter verehrten und Himmelsorakel befragten. Besonders mysteriös bleibt auch die Funktion des Intihuatana, eines massiven, aus einem einzigen Felsblock gemeißelten Steins, der wohl dem Sonnengott geweiht war. Möglicherweise wurde hier zur Wintersonnenwende der Sonnengott symbolisch "festgebunden", damit die Sonne auch im künftigen Jahr wieder erscheinen würde. Reisende sollten die extreme Höhenlage beachten und die in Peru üblichen Vorbeugemaßnahmen gegen Höhenkrankheit, Atemnot etc. anwenden.

Medjugorje, Bosnien Seit 1981 hatten sechs junge Leute in diesem kleinen Dorf in Bosnien immer wieder Marienerscheinungen. Die Wallfahrt dorthin führt viele Pilger zu *Podbrdo*, zum "Hügel der Erscheinungen", und in die Pfarrkirche St. Jakob zu Messe und

Rosenkranz. Für zahllose Menschen ist Medjugorje zu einer Oase des Friedens und der wundersamen seelischen Erhebung geworden. Raketen und Bomben, die während des Jugoslawienkriegs auf die Kirche abgefeuert wurden, sollen nicht explodiert sein.

Mekka (Al-Makka), Saudi Arabien Die heiligste Stadt des Islams ist der Geburtsort des Propheten Mohammed und der wichtigste Pilgerort. Hauptheiligtum ist die Kaaba, ein würfelförmiger Bau, in den ein schwarzer Meteroit eingelassen ist. Die Kaaba und dieser Stein waren bereits in vorislamischer Zeit Ziel von Wallfahrten – allerdings wurden damals, bevor der islamische Monotheismus die Oberhand gewann, noch zahlreiche Stammesgötter verehrt. Die *Haj* oder Hadsch, die Pilgerreise nach Mekka, ist der Höhepunkt für gläubige Muslime. Bevor sie in Mekka ankommen, waschen sich die Pilger und kleiden sich weiß als symbolische Zeichen der Reinigung. Nach dem Besuch in der heiligen Moschee wird die Kaaba sieben Mal gegen den Uhrzeigersinn umrundet und der schwarze Stein geküsst. Es folgt ein Trunk aus einem besonderen Brunnen und dann die Wanderung zum Berge Arafat, etwa zwanzig Kilometer entfernt, wo Mohammed seine letzte Predigt gehalten hat. Am nächsten Tag feiert man das Ende der Wallfahrt gefeiert und wirft Steine auf Säulen oder Geröllhalden als symbolische Ablehnung des Bösen. Für Nicht-Muslime ist ein Besuch der Kaaba übrigens nicht erlaubt.

Mont St. Michel, Frankreich Die kleine, rund 90 Meter hohe Granitinsel vor der französischen Küste im Département Manche hat nur 100 Einwohner. 966 wurde hier eine Benediktinerabtei errichtet, die später als Kloster und als Festung Bedeutung erlangte. 708 war dem heiligen Aubert, dem damaligen Bischof von Avranches, der Erzengel Michael erschienen und hatte ihn angewiesen, auf dem Gipfel eine Kapelle zu bauen. Der Schriftsteller Maupassant nannte es "die wundervollste gotische Wohnstatt, die Gott je auf Erden gebaut hat"; keltischen Mythen zufolge war die kleine Insel eine Grabstätte im Meer, wohin die Seelen der Toten in einem Nachen reisten. Insofern erinnert das auch an den Avalon-Mythos. Bei Ebbe kann man zum Berg gehen, aber Vorsicht:

Treibsand! Die Wallfahrt nach Mont St. Michel zielt nicht auf einen Heiligen oder eine bestimmte Reliquie, sondern auf die Kraft der Ortes an sich.

Mounds, USA In den USA gibt es unzählige von Menschenhand geschaffene Erdhügel und Erdwälle, die so genannten *mounds*. Sie finden sich insbesondere im Mittelwesten von Minnesota bis Ohio. Die meisten Anlagen stammen nach bisherigen Untersuchungen aus dem 5. bis 6. Jahrhundert n.Chr., die frühesten jedoch von 500 v.Chr. und die spätesten aus dem 16 Jahrhundert n.Chr. Es sind konische Hügel, die auch geometrische oder tierähnliche Formen aufweisen, und keiner bestimmten Kultur zugeschrieben werden können. Viele Mounds mögen Grabhügel gewesen sein; sie sind aus Erde und manchmal aus Steinen aufgeschüttet worden. In manchen hat man durchaus Skelette gefunden; die meisten scheinen jedoch eher anderen rituellen Zwecken gedient zu haben. Die Formen der "Bildhügel" lassen sich meist nur aus der Höhe klar als solche erkennen (siehe Nazca!): Schlangen, Adler, Füchse, Bären, Elche, Büffel und seltener auch Menschen. Der berühmteste Mound ist der **Great Serpent Mound** im Adams County in Ohio. Fast fünfzig Meter über dem Wasserspiegel folgt ein knapp ein Meter hoher Erdwall in der Form einer Schlange den Windungen eines Baches. Ihr Rachen steht weit offen und sie scheint gerade ein Ei zu verschlingen. Im **Cahokia Mounds State Park** in Illinois kann man die Ruinen einer Stadt sehen, in der zahlreiche Mounds als Basis für Tempel und Priestersitze gedient haben. Manche Forscher sehen hier Bezüge zu mittelamerikanischen Kulturen, zum Beispiel zu den Tolteken und zu Teotihuacán (siehe auch dort).

Mystery Hill, USA Im Bundesstaat New Hampshire, hinter North Salem und nördlich von Boston, erhebt sich wie eine bewaldete Anhöhe der Mystery Hill, der rätselhafte Hügel. Steinkammern ähnlich keltisch-europäischen Dolmengräbern, bis zu 1,50 Meter hohe Menhire und Bruchstein-Mauern bilden mit einer 4,5 Tonnen schweren Steinplatte eine eigentümliche geheimnisvolle Anlage. Manche Forscher sehen hier ein authentisches Megalithmonument, das 2000 v.Chr. entstanden sein soll. Andere glauben, keltische

Schriftzeichen zu sehen, wie man sie sonst in Spanien und Portugal gefunden hat. Wurde die Anlage auf dem Mystery Hill von iberischen Vorvorfahren des Wikingers Erik der Rote errichtet?

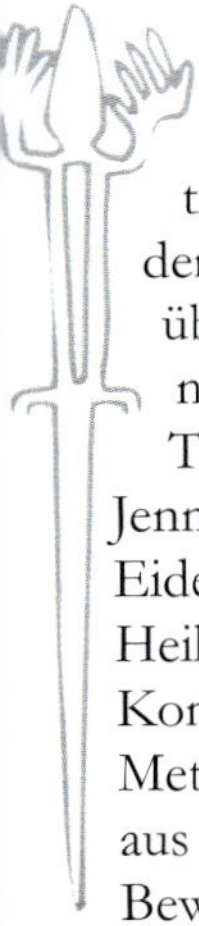

Nacza, Peru Fast im Alleingang hat die deutsche Mathematikerin und Astronomin Dr. Maria Reiche die Erforschung und vor allem den Erhalt der rätselhaften Wüstenfiguren getragen, die sich am Westrand Perus, zwischen den Anden und dem Pazifik, südlich von Lima und westlich von Macchu Picchu, über ein großes Wüstengebiet erstrecken. Hunderte gerader Linien, gigantische geometrische Muster und vor allem riesige Tierdarstellungen bilden das "größte Skizzenbuch der Welt", wie Jennifer Westwood (siehe Literaturverzeichnis) meint. Spinne, Eidechse, Blume, Affe, Wal, Schlange, Lama, ein Mann mit einem Heiligenschein und zahlreiche Vögel, darunter ein Kolibri und ein Kondor, bevölkern die Wüste als Figuren zwischen 25 und 275 Metern Länge. Die Linien, Formen und Gestalten lassen sich nur aus der Luft erkennen, was zur Spekulation Anlass gab, die Nazca-Bewohner hätten fliegen können, zum Beispiel in einfachen Heißluftballons. Am Ende des danach wieder fruchtbaren Nazca-Tales findet sich neben Statuen und Steinreliefs ein 25 Meter hoher "Menschenkopf". Gerade Linien und Rechtecke, Dreiecke sowie Trapeze erwecken den Eindruck von Start- und Landebahnen. Manche dieser Linien sind viele Kilometer lang, die meisten bis zu 8, eine sogar 65. Die Tierzeichnungen sind älter als die Linien; Tiermotive dürften als das Werk von "Nazca-Indianern" zwischen 500 vor und 500 nach Christus entstanden sein. Da dieses Volk nicht überlebt und bis auf mit stilisierten Naturmotiven dekorierte Keramik keine bleibenden Hinweise hinterlassen hat, wissen wir heute nicht, warum Figuren und Linien entstanden sind.

Nemrud Dag (Nemrut Dagi), Türkei Über fünfhundert Kilometer von Ankara in Südost-Anatolien entdeckte 1881 ein deutscher Ingenieur auf dem Plateau eines über 2000 Meter hohen Berges unglaubliche Kolossalplastiken. Bruchstücke von Statuen eines Königs und etlicher antiker, teils griechischer, vielleicht auch zoroastrischer Götter liegen wie verstreut herum. Die Figuren waren bis zu neun Meter hoch. Nur ein weiblicher Kopf ist zu sehen, der einer Fruchtbarkeitsgöttin. Einige Reliefs sind gut erhalten; eines zeigt das erste dokumentierte griechische Horoskop. Um einen Löwen, der wohl den König symbolisiert, sind Gestirne so eingeritzt, dass Astrologen das Datum berechnen konnten: 7. Juli 62 v.Chr.

Ein Geröllhügel von etwa 150 Metern Durchmesser erhebt sich 50 Meter hoch über das "Götterfeld". Unter dem künstlich aufgeschütteten Kegelberg soll das Grab des Königs Antiochios sein. Alle Versuche, den Berg zu erforschen, sind bisher misslungen, vor allem wegen des kontinuierlich nachrutschenden Gerölls. Birgt er einen Hohlraum? Mit dem Grab des Königs? Oder liegt hier gar die Arche Noah verborgen?

Nirvana (Nirwana, Nibbana) Dieser Begriff aus dem Sanskrit bedeutet *Erlöschen* oder *Vergehen*. Nirvana ist ein höchstes Ziel im Buddhismus. Erlöschen oder Vergehen bezieht sich zunächst jedoch nicht auf das Auslöschen des menschlichen Lebens oder den Körpertod. Vielmehr geht es um das Erlöschen der Übel von Begierde, Hass und Nichtwissen von der Wirklichkeit. Denn diese drei Übel sind die Quellen allen Leidens im Leben der Menschen. Nirvana in diesem Sinne bedeutet nicht die Auslöschung des Menschen, sondern die Auflösung des Egos und der Abspaltung eines Ego-Kerns vom Rest des Lebens. In einem zweiten Sinne bezeichnet Nirvana auch die "eigentliche Wirklichkeit", das "wahre Sein" jenseits von Maya = Relativität des Ego-Bewusstseins. Die im Westen oft anzutreffende Ansicht, Nirvana sei irgendwie ein "Nichts", ist irrig. In unserem Zusammenhang bezeichnet Nirvana eine Ebene besonderer Bewusstseinskraft – also keinen einen abgezirkelten Ort –, die jedoch bereits im Hier und Jetzt Wirklichkeit werden kann.

Petra, Jordanien Im südlichen Jordanien liegt eine Ruinenstätte mit einer Felsnekropole. Dies war bis zur Errichtung der römischen Provinz *Arabia Petraea* durch Trajan (106 n.Chr.) die Residenz der Nabatäerkönige. In die Felshänge wurden mehrgeschossige Anlagen gearbeitet; der Stil zeigt zunächst ägyptisch-assyrische, später eine Mischung aus griechischer und römischer Architektur, wie sie von Tempel- und Fassadenbauten bekannt ist. Es ist nicht sicher, ob es sich bei manchen Bauten um Grabstätten, Tempel oder vielleicht Schatzhäuser handelt. Der junge Schweizer Forschungsreisende Johann Ludwig Burckhardt entdeckte diese lange Jahrhunderte hindurch vergessene Felsenstadt im Jahre 1812 auf einer Reise von Damaskus nach Kairo. Petra ist Unesco-Weltkulturerbe.

Rennes le Château, Frankreich Der kleine Ort liegt etwa 30 Kilometer südlich von Carcassonne in Südfrankreich. Hier war ein Stützpunkt der Westgoten, die im Jahre 410 Rom überfielen und ausraubten. Wichtiger jedoch: Rennes liegt unweit von Montségur, der Stammburg des Templerordens, die 1307 geschleift wurde, allerdings ohne den geheimnisvollen Schatz bzw. die Schätze zu finden, welche die Templer in ihrem Besitz gehabt haben sollen. Die Vermutungen reichen von Dokumenten über die Flucht von Jesus und bzw. oder seiner Familie nach Südfrankreich und seine dynastische Nachfolge im Stamme der Merowinger über gnostisches Geheimwissen bis zu großen materiellen Schätzen. In gewisser Weise schien der Gemeindepfarrer von Rennes, Bérenger Saunière, an diese Geheimnisse, Dokumente oder Schätze herangekommen zu sein, denn plötzlich erhielt er aus unbekannten Quellen bis zu seinem Tode 1917 enorme Gelder. Er verwendete sie, um die Kirche zu restaurieren und eine Inschrift über dem Tor anbringen zu lassen, die "Dieser Ort ist schrecklich" lautet, eine Villa zu bauen, in die er nie einzog, und einen Magdalena-Turm errichten zu lassen, von dem aus er eine gute Fernsicht hatte. Hier ist nicht der Platz, um auch nur annähernd alle Dinge zu nennen, die in Rennes und in der näheren Umgebung zu entdecken wären. So möge der Hinweis genügen, dass dieser Ort auf das Engste mit einer Form des Christentums und der Mystik verwoben ist, die neuerdings durch Bestseller-Romane breite Aufmerksamkeit findet. (Mehr dazu in: *Der Heilige Gral und seine Erben*, von Licoln, Baigent und Leigh; bei Bastei-Lübbe.)

San Giovanni Rotondo, Italien An diesem Gebirgsort, 40 Kilometer von Foggia in der Provinz Apulien entfernt, hat der inzwischen heilig gesprochene Pater Pio von Pietrelcina viele Jahrzehnte gelebt, gebetet und gewirkt. Er wurde weit über die Grenzen Italiens und weit jenseits katholischer Kreise bekannt als Priester, der die Wundmale Jesu trug und noch mehr als ein streng-gütiger und dabei wundertätiger Beichtvater, der Abertausenden von Menschen geholfen hat, wieder Verbindung zu ihrer Seele und zu Gott zu finden. Er verfügte über Innenschau, die ihn befähigte, geradewegs in das Herz und das Leben der Menschen zu blicken, die zu ihm kamen. Er benannte ihre Schwächen und Sünden genau und half ihnen, einen neuen Anfang zu machen. Heutzutage sind Ort und Kirche zwar stark frequentiert, doch finden auch noch Jahrzehnte nach seinem Tod leidgeprüfte und suchende Seelen Trost und Orientierung. Unweit an den Hängen des Monte Gargano liegt übrigens die Höhle des Erzengels Michael. (Siehe auch Marienheilgarten in Großgmain bei Salzburg mit der Pater Pio-Statue).

Rom, Italien: Grab von Johannes Paul II Zur "ewigen Stadt" mit ihrer wechselvollen, teils blutigen Geschichte, und ihrem heutigem Lärm und allgegenwärtigen Unrat in den Straßen muss an dieser Stelle nicht viel gesagt werden. Auch nicht zum Vatikan als dem Zentrum des katholischen Christentums und zum Petersdom, der sixtinischen Kapelle, der Pietà von Michelangelo, die Maria zeigt, wie sie den Leichnam Jesu in ihren Armen hält, oder zum Grabmal für den "ersten Papst" und Apostel Petrus. Rom verdient jedoch auch hier deshalb besondere Erwähnung, weil mit dem schlichten Grab für Johannes Paull II. ein Kraftort *sui generis* entstanden ist. Trotz der langen Schlangen wartender Pilger und Neugieriger aus aller Welt und des Geschiebes: auch nur ein Augenblick vor der schlichten Grabplatte und ein kurzes Gebet vermitteln eine Erhebung und seelische Erhellung, die auch noch lange nach dem Besuch anzuhalten vermag, wie ich aus eigenem Erleben bezeugen kann. Solltest du in Rom sein, versäume nicht, an diesem Ort unter der Peterskirche eine spirituelle Erfahrung ganz besonderer Art zu machen. Hier ist ein "neuer" Kraftort, der in seiner Ausstrahlung vielen alten in nichts nachsteht.

Sphinx und Cheops-Pyramide, Ägypten Die größten Pyramiden der Welt stehen bei Gizeh, südwestlich von Kairo: die Cheops-, die Chepren- und die Mykerinos-Pyramide. An der Chephren-Pyramide ist die Aufgliederung in Talweg-Aufweg-Totentempel noch am besten zu erkennen. Der Taltempel steht neben dem mächtigen Sphinx mit seinem Löwenleib und dem Menschengesicht. Der große Sphinx von Gizeh als liegender Löwe mit Königskopf ist wohl der mächtigste und abschreckendste Wächter der Grabtempel. Die Cheops- und die Chephren-Pyramiden sind fast gleich groß, doch gilt die Cheops-Pyramide als etwas ganz Besonderes. Über die Maße und über vieles andere ist viel gerätselt worden. Die Ausrichtung weist haargenau nach Norden! Allein dies lässt Bewunderung aufkommen, und man ist sich heute nicht im Klaren, ob es sich bei dieser Pyramide um ein Orakel, eine Einweihungsstätte, ein Observatorium oder wirklich um ein "ewiges, fest gemauertes Haus" (Umschreibung des Begriffs Pharao!) handelt, in dem sich der König zur himmlischen Fahrt rüstete. Nur eins ist sicher: Pyramiden drücken den Wunsch ihrer Schöpfer nach Ewigkeit aus. (Quelle: *Magisch Reisen Ägypten*, Bernd A. Mertz, S. 68f, Goldmann Verlag, München 1991; vergriffen.)

Taj Mahal, Indien Das berühmte Bauwerk ist aus meiner Sicht kein Kraftort im eigentlichen, positiven Sinne. Denn dieses Mausoleum, das der Großmogul Shah Jahan für seine Lieblingsfrau Muntaz-Mahal nach deren Tod 1631 errichten ließ, und das etwa 1648 vollendet wurde, hat doch auch viel Blut gekostet und ist mit Mitteln gebaut, die dem Volke abgepresst wurden. Der Shah wurde später übrigens seinerseits zum Opfer von Herrschsucht, weil ein Sohn ihn gefangen setzte, um den Thron selbst zu besteigen. Shah Jahan wurde in Räumen eingesperrt, von denen aus er immerhin einen Blick auf den Taj Mahal hatte. Da dieses Grabmal im persischen Stil und mit einer Ausstattung mit Marmor und Halbedelsteinen, wie es bei den Mogulherrschern in Indien Sit-

te war, jedoch eine ungewöhnliche Schönheit besitzt, sollte es hier erwähnt werden. Ich finde jedoch – und das gilt auch für andere Bauwerke, seien sie christlich oder anders motiviert –, dass der "Preis", der für sie bezahlt wurde, durchaus auch bedenkenswert ist.

Teotihuacán, Mexico Nordöstlich von Mexico-Stadt auf einem über 2000 Meter hohen Plateau liegt Teotihuacán. Über ein Gebiet von knapp 25 Quadratkilometern erstreckte sich tausend Jahre bevor die Spanier das Reich der Azteken im heutigen Mexiko zerstörten, die blühende alte Hauptstadt des Landes. Sie wird noch heute von zwei Pyramiden dominiert, der Sonnen- und der Mond-Pyramide. Die Sonnenpyramide hat eine Seitenlänge von rund 225 Metern und ist damit von der Grundfläche ähnlich groß wie die Cheops-Pyramide; sie ragt jedoch "nur" siebzig Meter in die Höhe, während ihr ägyptisches Gegenstück (Vorbild?) etwa 140 Meter hoch ist. Die Basislänge der Seiten der Mond-Pyramide beträgt ungefähr 145 Meter; sie ist auch weniger hoch als die Sonnenpyramide. Dass ein Sonnensymbol höher ist als ein Mondsymbol, findet sich auch an den beiden Türmen von Chartres: der von der Sonne gekrönte ist höher als der vom Mond gezierte. Bis heute weiß man nicht, wer diese Stadt erbaute und warum. Inzwischen scheint lediglich sicher, dass es nicht die Azteken waren, die erst viel später hierher kamen. Der aztekische Name Teotihuacán bedeutet soviel wie "der Ort derjenigen, welche eine Straße zu den Göttern haben". Auch das erinnert an die ägyptischen Bauweisen von Straßen, auf denen die Seelen von der Erde in den Himmel gelangen sollten. Übrigens: Wer in Mexiko-Stadt ist, sollte unbedingt das weltberühmte Museum für Anthropologie besuchen.

Tikal, Guatemala Vielleicht weniger bekannt als ihr Pendant, die Kultstätte Palenque in Mexiko im Westen, ist Tikal die vermutlich älteste Stadt der Maya in Guatemala. Die Besiedlung fand wohl zwischen 200 v.Chr. statt und dauerte bis 900 n.Chr. Die Stadt wurde bereits vor der Eroberung durch Europäer aufgegeben. Die hohen Tempelpyramiden zählen zum Weltkulturerbe. Bis zu 50.000 Bewohner lebten hier. Heute liegt Tikal mitten im Dschungel und vermittelt, gerade in Zeiten, in denen der Mayakalender sehr populär geworden ist, eine gewisse Ahnung von dem teilweise noch recht archaischen kulturellen Bewusstsein, das den Hintergrund für seine Astronomie, Religion und Philosophie bildete.

Varanasi (Benares, Kashi), Indien Diese Stadt am Ganges ist die ewige Stadt, die heilige Stadt, die Stadt des Lichts. Sie gilt den Hindus mindestens soviel wie Jerusalem, Rom und Mekka anderen großen Religionen. Der Ganges wird als Bindeglied zwischen Göttern und Menschen angesehen. Wer hier stirbt, muss angeblich entweder gar nicht mehr wiedergeboren werden oder wird zumindest bei der Wiedergeburt stark begünstigt. Das Gangeswasser gilt als heilig und wundertätig. Es ist zwar biologisch so gut wie tot – Leichen von Mensch und Tier schwimmen darin aufs Meer zu, Abwässer und Unrat muss er aufnehmen und abtransportieren –, aber dennoch ist ein Bad im Ganges für gläubige Hindus obligatorisch. Ein Wunder ist sicher, dass nicht von Epidemien oder auch nur von Einzelerkrankungen berichtet wird. Varanasi ist voller Tempel, die für Nicht-Hindus jedoch oft gesperrt sind. Ein Bakschisch mag helfen. Der Vishvanatha-Tempel im Herzen der Altstadt enthält ein silbergefasstes Shiva-Lingam, das täglich mit vielen Litern Milch übergossen wird. In der Nähe ist ein Brunnen (Gyan Kup bzw. Gyan Vapi), dessen Wasser dem Trinkenden Weisheit *(gyan)* schenken soll. Damit die Gläubigen ein Bad im Ganges nehmen können, wurden Terrassentreppen angelegt, die so genannten *ghats*. Indien ist ein Kosmos für sich, und Varanasi nimmt darin noch einmal eine Sonderstellung ein. Es bedarf durchaus auch einiger innerer Festigkeit, um mit den vielen verschiedenen Eindrücken stimmig umzugehen.

Walsingham, England Beim Dorf Walsingham an der Küste von Norfolk gibt es einen Wallfahrtsort, an den sowohl Anglikaner als auch Katholiken und Orthodoxe pilgern. Im 12. Jahrhundert hatte die Witwe des Landherrn drei Visionen. Maria nahm sie mit in jenes Haus in Nazareth, wo ihr Erzengel Gabriel erschienen war. Die Witwe bekam den Auftrag, ein gleiches Haus in Walsingham bauen zu lassen. Auf weitere Zeichen hin fand sie den Bauplatz neben einem Brunnen. Ein Augustiner-Priorat entstand, um das

Heiligtum zu bewahren, außerdem eine Frauen-Kapelle. In der Reformation wurden Schrein und Priorat zerstört, der Brunnen bestand jedoch fort. Es ist ein so genannter "Wunsch-Brunnen": Menschen trinken zunächst daraus und dann senden sie ihren Wunsch aus. Inzwischen ist das Heiligtum wieder errichtet, eigentümlicher weise mit drei Schreinen für die drei genannten Konfessionen. Jeden Nachmittag erfolgt eine Segnung mit Weihwasser, um 18 Uhr versammeln sich alle Pilger zum Gebet. Am letzten Wochenende im Mai findet eine besonders stark besuchte anglikanische Wallfahrt statt. (Quelle: *Westwood, Pilgerreisen*, S. 208; siehe Anhang)

Magische Orte und Seelenreisen

Zum Schluss noch ein vielleicht fast selbstverständlicher Hinweis. Auch Chakras, die Zentren der Kraft im feinstofflichen Körper, im Energiekörper bzw. der Aura des Menschen, sind Kraftorte, an die man "reisen" kann – in Visualisation oder Imagination, in Gebet oder Meditation. Seher und Mystiker berichten von weiteren Kraftorten auf der Astral- und Kausalebene, in Zwischenreichen und in Himmeln sowie in rein geistigen Welten.

Wesentlich scheint mir, im Sinne einer echten Ganzheit von Körper und Geist und als Grundlage für die "Komplettheit" des Lebens, die wichtigste Kraft immer in sich selbst, im eigenen Bewusstsein zu suchen, und den wichtigsten Ort der Kraft gerade dort zu erkennen, wo wir im Jetzt und Hier sind, wahrnehmen und wirken.

Dazu wünsche ich dir und uns allen Inspiration und Segen sowie Glück und Gelassenheit!

Anhang

Ausgewählte Literaturhinweise

Merz, Blanche: Orte der Kraft, Institut des Récherches en Géobiologie, Chardonne 1989 (der Klassiker zum Thema!)

Riley, Jana: Tarot – Handbuch der Kartendeutungen, Urania Verlag Scheiz, Neuhausen 2001

Rohr, Wulfing von: 5 Kräfte meiner Seele – Tiefenpsychologie, Archetypen, Symbole, Krafttiere, Mythen und Spiritualität, Lüchow Verlag, Stuttgart 2005

ders.: **Worauf es in Wirklichkeit ankommt** – Ein Wegweiser zum bewussten Leben, Via Nova Verlag, Petersberg 2004

ders.: **Meditation** – Ein Praxisbuch für den Alltag, Lüchow Verlag, Stuttgart 2005

ders.: **Einführung in die Horoskopdeutung**, Neuauflage mit Chiron, Lilith und Isis, Urania Verlag Schweiz, Neuhausen 2004

ders.: **Reihe Magisch Reisen** (Hrsg.); Goldmann Verlag, München 1989-1994 (zu über fünfzehn Ländern; nur noch antiquarisch)

ders.: **Orte der Kraft – Kräfte des Lebens** (Hrsg.), Fischer Verlag Schweiz, Münsingen 1991

Singh, Rajinder: Die Weisheit der erwachten Seele, Urania Verlag Schweiz, Neuhausen 2000

Spezzano, Chuck: Karten der Heilung – Verschwörungsmuster entdecken und auflösen (Set mit Buch & Karten), Urania Verlag Schweiz, Neuhausen 2003

Westwood, Jennifer: Pilgerreisen – Wege zum Selbst, Urania Verlag Schweiz, Neuhausen 2002

dies.: **Sagen, Mythen, Menschheitsrätsel**, Frederking & Thaler Verlag, München 1990

Ziegler, Gerd Bodhigyan: **Tarot – Spiegel deiner Bestimmung**, Urania Verlag Schweiz, überarbeitete Neuauflage 2005

Ohne Verfasser: Die großen Kathedralen, Klöster und Pilgerstätten Europas, International Publishing, Germering 2002

Dank

Last but not least ein herzliches Dankeschön an die Illustratorin Marlena Lewandowska, an die Koordinatorin und Layouterin Dorota Konieczka für ihre wunderschönen Gestaltungsideen und die Druckvorbereitung, an Silvie Bachmann, die kreative und lebendige Projektleiterin bei Carta Mundi, an die hilfreiche Lektorin Astrid Ogbeiwi, an die Korrektorin Renate Zinsberger, an Antje Hellmanzik (antje.hellmanzik@t-online.de) für weitere wichtige Hilfen und Korrekturen, an Marcus Caluori für allzeit kompetente und gelassene Anleitung, und schließlich auch an Albrecht Karnbach und die Kolleginnen und Kollegen im Vertrieb, die vorgeschlagen haben, mehr Kraftorte aus dem deutschsprachigen Raum ins Buch zu nehmen.

Dank an zahlreiche Autorinnen und Autoren, mit denen ich im Verlaufe der Zeit zusammenarbeiten durfte und mit denen die leider zumeist vergriffene Reihe "Magisch Reisen" (Goldmann Verlag München) entstand. Falls du manche Bücher aus dieser Reihe noch antiquarisch bekommen kannst, solltest du dir diese besorgen. Besonders inspirierend und empfehlenswert sind Bücher von Jennifer Westwood, vor allem "Pilgerreisen – Wege zum Selbst" (Urania Verlag Schweiz).

Über den Autor

Wulfing von Rohr, geb. 1948, ist Kultur- und Bewusstseinsforscher, Yogalehrer und Experte für Spiritualität sowie interkulturellen und interreligiösen Austausch. Er hat in München, Luzern und Salzburg Friedenstreffen organisiert. Viele Jahre war er Referent bei der Tagung der Internationalen Gesellschaft für Tiefenpsychologie. Zwanzig Jahre hat er als Fernsehjournalist Dokumentationen gemacht, für Terra X über die Anasazi, in Guatemala, der Türkei, Pakistan, Indien und anderen Ländern. "Großen dieser Welt", u.a. Indira Gandhi, Anwar el Sadat, Papst Johannes Paul II, Patriarch Gregorius III., dem Dalai Lama, Sant Rajinder Singh, Pater Enomiya Lassalle, Lech Walesa, den Physikern und Nobelpreisträgern Steven Weinberg und Gerd Binnig, den Physikern Roger Penrose und Herbert Pietschmann ist er begegnet bzw. hat Gespräche mit ihnen geführt. Er ist als Autor, Koautor und Übersetzer von Büchern über Naturheilkunde, Spiritualität und Geheimwissen bekannt geworden und hat die Reihe "Magisch Reisen" herausgegeben. Pioniere und geistige Lehrer wie Edward Bach, Dane Rudhyar, Chris Griscom, Rabbi Tzvi Freeman u.a. hat er als erster dem deutschen Publikum vorgestellt. Für Dr. Chuck Spezzano hat er Seminare und Bücher übersetzt. Nach zwölf Jahren in Santa Fe wohnt er in der Kulturstadt Salzburg, am magischen Untersberg.

Kontakt für Vorträge, Seminare, etc.: wulfing@aon.at

Weitere Karten-Sets bei Urania und ein Buch vom Autor

Carpe Diem –
Das Zeitkarten-Orakel

Die ersten und bislang einzigen Karten, die es dir erlauben, nach Zeitpunkten und nach der Dauer von Entwicklungen zu fragen.

ISBN 3-03819-011-X

Einführung in die
Horoskopdeutung

Standardwerk zur Astrologie für alle Planeten, Zeichen, Aspekte und Häuser; neu auch zu Chiron, Lilith und Isis

ISBN 3-03819-050-0

Meine Kraftfarben finden –
Lebenshilfe durch Farben

33 Farben für Chakars und Aura, Körper und Seele, Psychologie und Spiritualität.

ISBN 3-03819-077-2

Die Kraft der Engel

Karten und Buch

Hilfe, Trost, Schutz, Problemlösung und Meditation für jeden Tag des Jahres

ISBN 3-908644-34-8

1 Broceliande

Der magische Wald

Space Photo Courtesy of NASA
Mixed Media © Carta Mundi 2006

2 Brocken

Unheimliche Begegnungen

3 Berg Sinai

Berg der Gesetzgebung

4 Olymp

Ein Sitz der Götter

Space Photo Courtesy of NASA

5

Emma Kunz -Grotte

Höhle der Energie

Space Photo Courtesy of NASA

6 Untersberg

Ein Herzchakra Europas

7 Ayers Rock

Heiligtum der TraumZeit

Space Photo Courtesy of NASA

8 Shambala

Sitz der geistigen Hierarchie

Space Photo Courtesy of NASA
Mixed Media © Carta Mundi 2006

9 Atlantis

Streben nach Macht

Space Photo Courtesy of NASA

10 Eden

Erinnerung ans Paradies

11 Avalon

Wasser des Lebens

Space Photo Courtesy of NASA

12 Walhall

Wo Helden unsterblich werden

13 Mariazell

Wunder des Gebets

14 Czestochowa

Wunder des Glaubens

Space Photo Courtesy of NASA
Mixed Media © Carta Mundi 2006

15 Einsiedeln

Wunder der Gnade

Space Photo Courtesy of NASA

16 Maria Pocs

Wunder der Tränen

17 Altötting

Wunder des Herzens

18 Marienheilgarten

Wunder der Liebe

19 Chimayo
Wunder der Erde

20 Chaco Canyon

Sonnenstadt der Anasazi

21 Tara

Kultzentrum der Druiden

Space Photo Courtesy of NASA

22 Chartres

Streben zur Vollkommenheit

23 Stonehenge

Ein Tempel des Kosmos

Space Photo Courtesy of NASA

24 Ephesos

Gesichter der Göttin

Space Photo Courtesy of NASA
Mixed Media © Carta Mundi 2006

25 Eleusis

Initiation in die Mysterien

26 Bruder Klaus -Weg

Wege des Lebens

27 Aachen

Mitte des geeinten Europas

Space Photo Courtesy of NASA
Mixed Media © Carta Mundi 2006

28 Gigantija

Verehrung der Göttin

Space Photo Courtesy of NASA

29 Bodh Gaya

Baum der Erleuchtung

Space Photo Courtesy of NASA

30 Carnac
Zentrum der Megalithen

Space Photo Courtesy of NASA
Mixed Media © Carta Mundi 2006

31 Cumae

Sibyllinische Verheißungen

32 Delphi

Rätsel der Pythia

Space Photo Courtesy of NASA
Mixed Media © Carta Mundi 2006

33 Osterinseln

Botschaften aus der Vorzeit

Space Photo Courtesy of NASA
Mixed Media © Carta Mundi 2006

34 Iona

Der Geist der Inseln

Space Photo Courtesy of NASA
Mixed Media © Carta Mundi 2006

35 Externsteine

Im Hain der Götter

Space Photo Courtesy of NASA
Mixed Media © Carta Mundi 2006

36 Burg Lockenhaus

Letzte Zuflucht der Templer

37 Santiago de Compostela

Die Botschaft des Jakobus

Space Photo Courtesy of NASA
Mixed Media © Carta Mundi 2006

38 Glastonbury
Geheimnisse des Grals

Space Photo Courtesy of NASA
Mixed Media © Carta Mundi 2006

39 Konya

Universelle Mystik

Space Photo Courtesy of NASA
Mixed Media © Carta Mundi 2006

40 Kyffhäuser

Warten auf eine neue Zeit

41 Newgrange

Höhle des Lichts

42 Val Müstair

Gebet in den Bergen

Space Photo Courtesy of NASA

43 Findhorn

Bewusstes Leben

Space Photo Courtesy of NASA

44 Damanhur

Visionen der Zukunft

45 Polaris

Geist der weißen Bruderschaft

46 Santa Branca

Gemeinschaft mit der Natur

Space Photo Courtesy of NASA

47 Taize

Leben im Geiste Christi

48 Dein eigener Kraftort

Was **Dein** Herz berührt

Space Photo Courtesy of NASA